国家社会科学基金项目(编号 12XMZ075)
国家旅游局旅游业青年专家培养基金项目(编号 TYETP201554)
"西南民族大学优秀学术文库"项目

民族社区的旅游形象
识别与再造研究

黄　文　著

科学出版社

北　京

内 容 简 介

民族社区是构成社区的活体细胞，民族社区研究是旅游研究的重要内容，而民族社区的旅游形象识别与再造研究不管是对休闲识别和学术研究，还是对民族社区的受益和对外来游客主体的吸引，都有着至关重要的影响。本书共分为八章，内容包括绪论、民族社区旅游形象的理论综述、香格里拉镇旅游形象的现状分析、香格里拉镇旅游形象的他者识别和自我识别、香格里拉镇旅游形象的再造体系和再造措施以及结语。本书立足于旅游人类学的主客理论、旅游经济学的推拉理论、消费心理学的知觉理论，结合田野调查的经历与旅游项目规划的实践，在研究方法、民族社区形象再造结构模型和再造体系等方面进行了创新。

本书可供旅游管理类、民族学等相关专业的研究生及从事民族社区工作的管理人员参考。

图书在版编目(CIP)数据

民族社区的旅游形象识别与再造研究 / 黄文著. —北京：科学出版社，2017.11（2018.5 重印）

（旅游文化与管理系列丛书）

ISBN 978-7-03-053923-6

Ⅰ.①民… Ⅱ.①黄… Ⅲ.①民族地区–旅游地–形象–研究–中国 Ⅳ.①F592.7

中国版本图书馆 CIP 数据核字（2017）第 166453 号

责任编辑：张 展 杨悦蕾 / 责任校对：陈书卿 熊倩莹
责任印制：罗 科 / 封面设计：墨创文化

科学出版社 出版

北京东黄城根北街16号
邮政编码：100717
http://www.sciencep.com

成都锦瑞印刷有限责任公司 印刷

科学出版社发行 各地新华书店经销

*

2017 年 11 月第 一 版 开本：B5（720×1000）
2018 年 5 月第二次印刷 印张：11 1/4
字数：227 千字

定价：80.00 元

（如有印装质量问题，我社负责调换）

前　言

　　旅游作为一种普遍的社会现象和重要的经济活动，随着国民经济的不断提升、人们消费水平的不断提高及休闲、参与、体验需求的不断膨胀，越来越受到旅游政策制定者、经营者、研究者等的重视。民族社区拥有丰富的自然景观及独具特色的人文景观，且随着农村城镇化及全球化的推进，民族社区的社会文化与自然资源已然成为经济发展的载体，对民族社区进行深入的研究显得尤为重要。

　　随着旅游业的蓬勃发展，旅游形象的深层次开发深化和识别再造已迫在眉睫，对于拥有丰富旅游资源的民族社区，其旅游形象不仅只靠景区的直接支撑，还需社区发挥巨大的推动作用。在"景区＋社区"的合力效应下，才能吸引更多潜在及更有效的旅游目标市场消费，增加旅游产业的经济附加值。本书研究的前提是对民族社区旅游形象进行他者识别和自我识别研究，最终的目的是要运用民族社区的传统经验和旅游景区的消费市场预测进行旅游形象再造的对策建议，以实现民族社区旅游形象的可持续性发展。本书针对民族社区依托景区交通、服务设施形象再造及社区基础设施形象再造体系，提出了香格里拉镇旅游形象要垄断经营，满意度、定价与需求弹性预测，科技运用，教育培训，安全保障和旅游信息咨询中心建设六大再造措施。

　　作者聚焦旅游形象进行识别及再造，提出建立"景区＋社区＋市场"的民族社区旅游形象，将前人及自己的研究成果做了系统的整理后奉献给读者，希望能成为旅游管理专业大学生、研究生和相关领域专业人员有价值的参考读物。

　　本书分八章讨论了民族社区的旅游形象识别与再造，各章内容大致如下：

　　第一章绪论，论述了旅游形象是一种抽象的理念，其载体包括旅游产品和旅游服务等内容，其主体涉及旅游者、社区居民、当地政府主管部门、旅游运营商等利益相关者。旅游形象随着旅游者在景区和社区的移动而发生空间尺度的变迁。主体的经验背景和感知产生变化，实际上会产生不同于自我的"他者"意象，形成和"自我"认同相对立的视角。用不同的文化习俗解释同样的旅游形象意味着截然不同的情况。在不同的经济环境下，民族社区旅游形象识别再造的规律可能完全被重置。在此选题背景下，引申出本书的研究问题，对民族社区的旅游形象识别和再造的创新及框架进行了阐述。

　　第二章理论综述，探讨了民族社区和旅游形象的以往研究，将民族社区的内容分为资源管理、文化记忆和活动产出三方面来理解，将旅游形象的内容分为认知体现、情感体现和整体体现三方面来进行梳理。同时综述了研究方法,论述了旅游人类学田野调查、深入访谈、计量经济学统计方法等。

第三章阐述了香格里拉乡旅游形象的现状,并从民族社区的三个属性内容,即资源管理、文化记忆和活动产出三方面对现有形象识别进行了剖析。

第四章进行了民族社区旅游形象他者识别的研究,确立逻辑假设和变量,通过数据分析显示调查结果,旅游基础设施发展和再造旅游形象优先要素显著正相关,旅游市场需求和民族社区态度对再造旅游形象优先要素产生正面影响,再造旅游形象优先要素对再造民族社区旅游形象措施产生正面影响。实证研究表明,民族社区应从旅游基础设施发展、旅游市场需求、民族社区态度三个方面参与旅游形象再造。

第五章进行了民族社区旅游形象自我识别的研究,并从旅游形象的三个属性内容,即认知识别、情感识别和整体集合三方面对旅游形象的自我识别进行了剖析。

第六章和第七章对香格里拉乡旅游形象再造的体系和措施提出对策建议。首先,民族社区再造旅游形象体现在景区的游览设施和社区服务设施的发展上,并且通过市场将外部性问题转化为内部性问题,共塑再造体系。其次,理顺旅游主体,如交通运营主体、民居接待主体和商品销售主体,以及旅游内容,如探险旅游形象、自然旅游形象、季节旅游形象等与形象再造的整合关系。然后,配合旅游者需求和民族社区居民认同的形象契合,提出六大再造措施:垄断经营兼顾满意度、定价与需求弹性预测、科学技术运用、教育培训和志愿者规范、治安和食品安全保障及旅游信息咨询中心建设。最后,对旅游形象再造措施进行社会和经济环境的效益评估。

第八章结语,提出民族社区识别和再造旅游形象的两种发展观,一是以旅游景区市场为驱动,二是以民族社区供给为关键。为此,需要对景区和社区演变的动力机制进行多学科的综合定量分析,根据民族社区的时空演变规律来确定其旅游形象的分区、分级、分时序发展及科学有效的可持续发展措施,将对旅游形象的再造起到重要的制衡作用。

在本书编写过程中,四川大学邓玲教授、杨振之教授,西南民族大学喇明清教授、杨嘉铭教授等提出了许多宝贵意见,并给予了大力支持和帮助;科学出版社在本书编辑出版过程中给予了许多帮助,在此一并表示衷心感谢。

最后还要感谢国家社会科学基金项目"西部民族地区的遗产廊道保护传承研究"(项目编号:12XMZ075),国家旅游局旅游业青年专家培养基金项目"西部民族地区遗产廊道与区域旅游发展研究"(项目编号:TYETP201554),"西南民族大学优秀学术文库"项目对本书出版的支持。

由于编写本书所引用的参考文献众多,未能一一列出,在此向原作者致谢。由于作者的学术水平和视野所限,书中难免存在不妥之处,恳请广大读者批评指正。

目　　录

第一章 绪 论

第一节 研究背景和内容

一、研究背景

旅游作为一种普遍的社会现象和重要的经济活动，随着休闲和体验观念的普及，越来越受到旅游政策制定者、经营者、研究者等的重视。旅游社区化是中国旅游向国际化发展的一个起点和标志。社区具有观赏型的地方自然景色、文物古迹、建筑风貌、民族服饰、宗教风情，以及体验型的当地节庆、表演、语言、传说、艺术陶冶、手工艺制作等立体的旅游产品。民族社区的旅游产品及其服务的产生和运作基于社会共同的热情，具有强烈的自我文化联系和本土文化认同纽带，吸引多元化的外来意识形态和思维观念的旅游消费，其旅游形象的结构层次丰富[①]，市场发展潜力巨大。

民族社区是构成社区的活体细胞，民族社区研究是旅游研究的重要内容，包括基于自然资源和生态环境的资源管理问题、基于历史发展和民俗文化的遗产开发保护问题，以及基于社区参与的旅游效益机制问题等[②]。随着全球化和城市化的发展，民族社区的社会文化和经济发展的互动已越来越广泛。一般来说，民族社区的社会文化认同越强烈，旅游形象特色越鲜明，旅游经济发展的供给资源就越丰富，旅游市场的感知需求就越旺盛，推动民族社区的基础设施建设和改善民生的条件也就越成熟。民族社区的旅游形象是民族社区研究的核心内容。

旅游形象是一种抽象的理念。旅游形象的载体包括旅游产品、旅游服务等内容，随着旅游者在景区和社区的移动而发生空间尺度的变迁。旅游形象的主体涉及旅游者、当地居民、当地政府主管部门、旅游运营商等利益相关者。由于主体的经验背景和感知存在差异，民族社区的旅游形象实际上会产生不同于自我的"他者"和主体之间相互对立的视角。用不同的文化习俗解释同样的旅游形象客

---

① 马聪玲. 中国节事旅游研究——理论分析与案例解读[M]. 北京：中国旅游出版社，2009：12-28.

② 肯·罗伯茨. 休闲产业[M]. 重庆：重庆大学出版社，2008：5-8.

体与旅游行为会得到截然不同的情况。在不同的经济环境条件下，针对不同的利益相关者，民族社区旅游形象再造的规律可能完全被重置。

在政策背景方面，党的十五大报告明确提出实施可持续发展战略。自十六大以来，在科学发展观的指导下，党中央相继提出发展低碳经济、循环经济，建立资源节约型、环境友好型社会，建设创新型国家，保护和修复生态环境，建设生态文明等发展理念和战略举措，促进经济社会发展与自然相协调。十七大报告进一步明确提出了建设生态文明的要求，并将到 2020 年成为生态环境良好的国家作为全面建设小康社会的重要要求之一。十七届五中全会明确提出了提高生态文明水平。绿色建筑、绿色施工、绿色经济、绿色矿业、绿色消费模式、政府绿色采购等得到推广。绿色发展被明确写入了"十二五"规划并独立成篇。十八大报告首次单篇论述"生态文明"，"把生态文明建设放在突出地位，融入经济建设、政治建设、文化建设、社会建设各方面和全过程，努力建设美丽中国，实现中华民族永续发展"。将生态文明建设摆在"五位一体"的高度来论述，彰显出中华民族对子孙、对世界负责的精神。中国共产党全国代表大会报告第一次提出"推进绿色发展、循环发展、低碳发展"，以"建设美丽中国"。习近平总书记提出建设"新丝绸之路经济带"和"21 世纪海上丝绸之路"的战略构想，融通古今、连接中外，顺应和平、发展、合作、共赢的时代需求。李克强总理在十二届全国人民代表大会第四次会议上作的政府工作报告中提到，要推动产业创新发展，加快发展文化对外贸易，加强文化遗产保护利用，落实促进民族地区发展的差别化支持政策，保护和发展少数民族优秀传统文化及特色村镇。党的十八届五中全会强调"实现'十三五'时期发展目标，破解发展难题，厚植发展优势，必须牢固树立并切实贯彻创新、协调、绿色、开放、共享的发展理念"。十八届六中全会及《国务院关于促进旅游业改革发展的若干意见》等赋予了民族地区经济、社会、文化、政治、生态文明建设的任务与要求。2016 年 3 月，《中华人民共和国国民经济和社会发展第十三个五年规划纲要》正式发布，提出了绿色发展的理念和建设生态文明社会的任务，科学判断其生态文化旅游融合发展的目标、方向与重点，积极探索以遗产廊道为线索的生态文化旅游融合发展的新模式、新机制和新路径，亟待为生态脆弱地区和民族地区的绿色转型发展提供中国范例与地方经验。本书关注西部民族地区遗产廊道与旅游区域发展，其经济状况、文化生活、宗教信仰、伦理观念、社会环境结构等因素使其旅游发展具有鲜明的地方性和民族性。以规划为龙头、以融合发展为动力、以旅游景区为重点、以基础设施为保障、以市场整治为抓手、以开放理念为引领，努力推动文化旅游产业创新发展。西部民族地区遗产走廊也是国家西部地区发展、地方转型、生态安全、民族稳定的重要议题之一。党的十九大报告指出，坚持大扶贫格局，注重扶贫同扶志、扶智相结合，深入实施东西部扶贫协作。建设生态文明是中华民族永续发展的千年大计，实行最严格的生态环境保护制度，形成绿色发展方式和生活方式，坚定走生产发展、生活富裕、生态良好的文明发展道路，建设美丽中国，为人民创造良好生产生活环境、为全球生态安全做出贡献。

原四川省文化厅厅长郑晓幸建议设立国家藏羌彝文化产业走廊投资引导基金，加快民族区域文化产业发展。目前，藏羌彝文化产业走廊项目总体进展顺利，涉及的相关省区也编制了专项规划，项目储备体系基本成形。

因民族地区文化产业发展的特殊性和文化产业项目本身所具有的轻资产特征，在项目投融资过程中遇到了诸多困难，项目推进速度相对缓慢。从总体来看，青藏高原东缘藏区遗产廊道实施成效不大的主要原因是缺乏政府资金的引导，社会资本参与文化产业发展的积极性没有充分发挥，亟待采用新的手段加快该区域的文化产业发展，亟须探索一条适应藏羌彝文化产业走廊项目发展的融资路径。

藏羌彝文化产业走廊是我国第一个国家层面的区域文化产业发展专项规划项目，规划的提出对藏羌彝地区的文化产业发展与民族手工艺的繁荣有着重要意义。针对区域内文化企业融资难的现状，在国家层面，参照国家创投引导基金设立模式，设立国家藏羌彝文化产业走廊投资引导基金，加快民族区域文化产业发展。在具体实施中，可采取政府参股模式，加大力度吸引有实力的企业、大型金融机构等社会和民间资本参与，实现杠杆效应。将基金进行市场化运作、专业化管理，公开招标择优选定若干家基金管理公司负责运营、自主投资决策，基金公司可按照一定的条件筛选一些他们认为具有潜力的、前景不错的创业企业进行投资。此外，政府也应鼓励文化企业主动向这些基金公司申请投资，鼓励地方政府设立专项投资资金，借鉴东部发达地区建立文化企业第三方评估机构、与金融机构战略合作等模式，以发挥引导基金更大撬动功能，提高资金使用效率，培育出更多优秀的民族特色文化企业，从而实现藏羌彝文化产业走廊区域可持续发展。

由西南民族大学培育的藏羌彝走廊民族问题与社会治理协同创新中心于近期获批为四川省 2011 协同创新中心。2015 年，四川省 2011 协同创新中心工作会暨省部级人文社会科学重点研究基地学术年会在西南民族大学举行。藏羌彝走廊民族问题与社会治理协同创新中心由西南民族大学牵头，联合四川大学、四川民族研究所、湖南大学等，组成相对独立的非法人实体的协同创新中心，中心包括了从事藏羌彝民族问题区域社会治理等重大问题研究的相关高校和省级以上的研究院(所)。此次会议是该协同创新中心自获批以来召开的第一次工作会议，将研究确定协同创新中心理事会、学术委员会成员，协同创新中心将要建立的学术研究平台、2016 年的主要研究方向和项目等重大问题。协同创新中心根据其宗旨和目标，在藏羌彝走廊民族关系与社会治理研究创新平台、藏羌彝走廊跨境民族问题与国家安全研究创新平台、藏羌彝走廊民族社会问题与依法治理研究创新平台、藏羌彝走廊民族文化问题与中华民族共同体认同研究创新平台、藏羌彝走廊文化资源保护问题与产业发展研究创新平台五大创新平台开展协同研究工作。西南民族大学校长、2011 协同创新中心"藏羌彝走廊民族问题与社会治理协同创新中心"主任曾明教授表示，藏羌彝走廊在我国区域发展和文化建设格局中具有特殊地位，建设藏羌彝走廊民族问题与社会治理协同创新中心，可以整合各种社会资源，开展协同攻关，提出针对性强、科学价值大的理论成果和对策建议，对于服务国家"一带一路"战略、全面建成小康社会、确保国家长治久安等具有重大意义。

以"协同创新"为主题的"高等学校创新能力提升计划"（简称"2011 计划"），是继"985 工程""211 工程"之后，中国高等教育系统启动的第三项国家工程。"2011 计划"由教育部、财政部于 2012 年联合启动实施。2013 年，"四川省2011 协同创新计划"启动实施。目前，已建成的协同创新中心和培育基地中，四川省内"985 工程""211 工程"高校牵头的占 56%，博士学位授权高校牵头的占88%，有 60%的省属地方高校参与协同。截至目前，四川省已建成"四川省协同创新中心"64 个、"培育基地"9 个，基本覆盖五大高端成长型产业、五大新兴先导型服务业、七大战略性新兴产业及多点多极区域。

本书以四川省稻城县香格里拉镇为田野调查点，观测旅游景区和民族社区对旅游形象的识别和再造的影响。香格里拉镇连接着亚丁国家级自然保护区景区和稻城县城，位于中国香格里拉生态旅游区的核心区域。香格里拉镇是景区和社区文化及经济产生互动的地理枢纽，具有重要的区位条件和战略地位。

本书的整体地域背景为藏族聚居区。藏区传统上按方言划分，主要分区成三片：卫藏、康巴、安多。以拉萨为中心向西辐射的高原称为"卫藏"。卫藏又分三块：拉萨、山南市称为"前藏"，日喀则市则称为"后藏"，前藏和后藏之间是雅鲁藏布江中游的尼木峡谷。整个后藏地区地形复杂，由北至南可分为冈底斯山—念青唐古拉山脉、雅鲁藏布江河谷、拉轨冈日山脉、朋曲流域、喜马拉雅山脉五部分。这一地区是藏区的政治、宗教、经济、文化中心。以念青唐古拉山—横断山脉向北的藏北、青海、甘南、川西北大草原称为"安多"。安多以草原为主，所以安多藏区以出良马、崇尚马而闻名。康巴藏区位于横断山区的大山大河夹峙之中，具体说来，即是四川省西部的甘孜、阿坝两个自治州、西藏自治区的昌都市和云南省的迪庆州。藏区有典：法域"卫藏"，马域"安多"，人域"康巴"[①]。稳藏必先安康，康区是藏区稳定的重心。香格里拉镇位于康区甘孜州的南缘，具有重要的维护稳定的战略地位。

在中国西部地理单元中，甘孜州地处中国青藏高原东南缘、四川省西部，是地貌上从最高一级地貌单元向云贵高原第二级地貌单元和四川盆地之间的过渡地带。甘孜州是中国除西藏以外，海拔变化最大，地貌类型最多，地貌景观最雄伟、壮丽、多样化的行政区。海拔 1404～7556 米，地貌类型分布有低中山峡谷

---

① 周爱明. 西藏教育[M]. 北京：五洲传播出版社，2002：33.

区、中高山峡谷区、高山峡谷、极高山区、高原、山原、宽谷、沼泽、湖泊等。香格里拉镇处于较特殊的地理地貌环境中，既有终年积雪的高海拔山岭，又有茂盛的低海拔河谷、草场、溪流，景色殊异。

稻城县位于甘孜州南部，其东面和南面与四川省凉山州木里县接壤，西面与四川省甘孜州乡城县、云南省香格里拉县毗邻，北面与四川省理塘县连界。稻城县城距州府康定432公里，距省会成都810公里，南距云南香格里拉县300余公里。当地居民目前对外联系和旅游者前往景区的主要通道是公路交通，康定机场和稻城亚丁机场已开通。川藏铁路将从成都出发，拟沿川藏南线即国道318线建设，经过雅安、康定、理塘、左贡、波密、林芝等地，到达拉萨，线路全长1629公里，其中四川境内约650公里①。稻城地区由于特殊的地理位置和气候特点，地处偏远，交通不便，人烟稀少，自然景观保存完好，同时得益于深厚的宗教文化传统，被称为"最后的香格里拉"，是很多人所向往的旅游胜地。

在中国精神文化背景里，香格里拉的"世外"理念和中国主流社会的"入世"精神世界构成存在强烈的反差，这足以产生身处异境的距离感。这种历史距离感又足以使人认识到人类发展的沧桑变迁。同时，香格里拉并不让人感到陌生和生硬。中国古代南北朝时期有陶渊明的《桃花源记》，唐宋时期有以卢照邻、宋之问、王维、孟浩然为代表的山水田园诗派。在我们的日常生活中一直依附的"天人合一"文化传统上，依然有某些本质是相通的，并且有生生不息的归隐联系。传统不是一个外化躯壳，而是内在可持续、可意会的神韵。民族社区的旅游形象在中国的文化版图上具有独特的印记。

在中国目前的整体旅游规划中，稻城县香格里拉镇位于中国香格里拉生态旅游区核心区。中国香格里拉生态旅游区由川西南、滇西北、藏东南的9个市州组成，涵盖82个县（市、区），即四川省甘孜州、凉山州、攀枝花市的40个县（市、区），云南省迪庆州、大理州、怒江州、丽江市和西藏自治区昌都市、林芝市。其中，核心区包括西藏自治区昌都市、云南迪庆藏族自治州、四川甘孜藏族自治州和四川凉山彝族自治州的木里藏族自治县，共辖33个县级行政单位，总面积30万平方公里。延伸区包括西藏自治区林芝市、云南丽江市、四川凉山州和阿坝州、青海玉树州的玉树县、囊谦县和果洛州的久治县、玛多县、班玛县②。中国香格里拉生态旅游景区整体建设有利于控制区域条块竞争的负面影响和核心景区的管理运营。社区居民不能在自然保护区内长期居住和频繁出没，只能在外围地带开展正常的生产生活。旅游运营商和旅游者在区内的行为活动受到当地政府

① 四川省旅游规划设计所. 四川省甘孜藏族自治州旅游发展总体规划（2000年—2015年）[Z]. 成都：四川省旅游规划设计所，1999.

② 中华人民共和国国家旅游局. 中国香格里拉生态旅游区总体规划（2007—2020）[M]. 北京：中国旅游出版社，2008.

主管部门的规范和约束。为了民族社区建设更加安定繁荣，识别再造民族社区的旅游形象是一种特殊而且相当新的旅游规划问题。

二、研究内容

本书根据 2004 年 4 月至 2009 年 4 月在四川甘孜稻城县香格里拉镇的田野调查资料，对香格里拉镇的旅游者和社区居民识别和需求旅游形象的研究状况作了初步现状分析。稻城县香格里拉镇的旅游业虽然发展很快，但要实现旅游业持续、健康发展，面临的挑战也十分严峻，特别是在旅游业和社会稳定、经济环境有密切联系的条件下。因此以"主人—客人"的人类学理论，对香格里拉镇民族社区的地域特点、文化特质进行描述，把香格里拉镇民族社区的旅游形象置于主客良性互动中进行研究。本书从民族社区的角度，首先切入旅游市场来观察旅游形象，进行他者识别。其次分析旅游形象获得社区认同的程度，进行自我识别。再次通过景区、社区和市场的整合创造旅游形象再造的体系。最后从"主人—客人""景区＋社区"的概貌分析中认识香格里拉镇民族社区的旅游形象在旅游发展进程中的演变，提出再造措施，理顺再造过程中的内部逻辑关系，进行效益评估。

本书的内容涉及旅游形象在景区与社区组合中的重要性和可变性。民族社区的旅游形象，是旅游者识别旅游地区、知晓旅游产品、回忆旅游行为、产生愉悦旅游感受、消费推荐旅游商品的根源。旅游形象再造从旅游市场导向转型为"景区＋社区＋市场"的导向，有必要建构一种民族社区对旅游形象的识别评量模式以探索旅游形象再造关键因素，凭借行政资源和市场调配的有效运用，强化社区服务的质量，提升食、住、行、游、购、娱等产业达到资源合理分配的目标。在论证这个新问题的过程中，既需要本土观念，也需要科学知识，认识到主位与客位界定之间的区别。

历史、文学、艺术、建筑、文物、宗教、文化机构、教育机构、设计机构、传媒机构、艺术团体、体育团体、文化设施、商业老字号等共同构成传统文化版图[①]。本书截取民族社区具有原始魅力的断面，将社区作为旅游形象再造本真的原点，以带动景区促进旅游经济和民族文化遗产的可持续性保护开发。

在民族社区识别旅游形象的基础上，对旅游形象的再造作技术评价，运用定量与定性相结合的方法。此外，考虑到结论的现实价值，本书将贯穿比较研究的思路，将国外理论方法提出的背景与我国国情和当前发展阶段进行比照，并借鉴旅游规划的研究思路，将其拓展到区域旅游经济发展研究。将旅游形象的再造统

---

① 倪健民，宋宜昌.从地理版图到文化版图的历史考察[M].北京：中国国际广播出版社，1997：46 —61.

筹于一个民族社区的环境之中，构建民族社区，包括其旅游交通运营主体、旅游民居接待主体、旅游商品销售主体等，识别旅游市场需求的旅游形象，营造民族社区特色的旅游形象。采取"景区＋社区＋市场"的整合营销，全面整合旅游形象的识别和再造。

社区识别旅游形象并影响旅游形象的再造有不同的形式，包括城郊旅游目的地、海滨旅游目的地、山地旅游目的地、家庭旅游目的地、商务会展旅游目的地、节庆旅游目的地等，由于目的地类型的差异，其研究视角也有所不同。民族社区旅游形象的研究涉及民族社区的宗教，包括神话和仪式等形象化的表征，以及社会学、人类学、地理学、心理学、技术或经济方面的事实。这需要运用人类学来探索民族社区居民的主动参与和创造，以及其中有机存在的内在心智活动的表达。在这个探索过程中，因为旅游景点、旅游吸引物无法与其社会背景和民族文化隔离开，旅游形象和民族社区紧密联系。因此，旅游者是旅游形象的识别创造者，社区是旅游形象的再造维护者。

当地政府主管部门、旅游运营商、旅游者和社区居民等利益相关者在旅游开发和原生态保护间存在博弈，即在各决策主体的行为相互作用下产生诸多旅游形象的决策均衡问题。一是来自民族社区的当地居民对旅游发展具有推力，将原生自然生态和民族文化资源推介为旅游资源。二是来自主管政府和旅游运营商对旅游市场释放的拉力，实施旅游开发，带动旅游经济快速成长。三是在这种推拉的过程中，原生态保护包括自然和人文的持久性价值正面临衰竭的危机，这值得对旅游发展的整体结构，包括旅游形象的识别和再造等进行反省。

在制定一个人口、土地、环境等可控资源参数和固定收益的条件下，单个决策主体的最优选择只依赖于自身的选择，以追寻利益最大化。而在博弈环境下，经济作为一个外部整体，各利益相关者的选择是相互影响的，存在社区的个体理性和区域的集体理性之间的矛盾与冲突[1]。民族社区的旅游形象和旅游收益的精炼均衡战略组合，需要在分析旅游者、民族社区居民、当地政府主管部门、企业经营者等利益相关者期望效用最大化的基础上，通过观察判断他者的行为来修正自我选择，从而使最终决策能实现个体效益最大化。

在上述列举的关于民族社区旅游形象的研究角度中，一般研究者都会强调旅游形象对民族社区的重大影响，主要在于旅游市场的特征、战略空间及其具体的分析技术方面。但是，本书的选题与作者对人类学的学科理论方向的考察紧密联系。民族社区以当地居民为主体，由于其获取的市场信息不对称，其行为方式和行动举措会直接、间接地影响主管政府和旅游运营商的战略结果。

因而，本书一方面通过旅游经济发展的思想来指导民族社区的旅游形象的研究技术路线。自然环境要素引入经济产业发展，将决定随机变量的概率分布机制

① 于维生，朴正爱. 博弈论及其在经济管理中的应用[M]. 北京：清华大学出版社，2005：48—55.

作为虚拟参与相关者，扩充社区选择、旅游市场特征和旅游者行动信息，分析决策者最关心的民族社区旅游形象的"景区＋社区"的均衡战略组合。另一方面，通过旅游人类学将旅游形象的识别和再造带入传统人类学领域。人类学研究从互动文化和强化体验的角度，不同程度地对旅游规划的前期工作、旅游资源的保护开发、旅游设施的实施效益和旅游活动的计划履行产生持久的影响。从这个意义出发，研究旅游形象的识别和再造随着民族社区的现状变化、市场发展的他者识别、民族社区的自我认同、旅游区域产业结构的体系调整而发生旅游形象再造措施的演变是本书主要研究的问题。

第二节　研究目的和意义

一、研究目的

在旅游形象演变的历程中，旅游者、居民、当地政府主管部门和旅游运营商面临着旅游开发和原生态保护之间的博弈冲突。作者对民族社区的旅游形象的观察延续了近十年。在现阶段中国文化地域环境下，旅游发展以市场导向为主，在现有基础上，旅游市场扩张，旅游开发是必然的发展趋势。经济发展是内在需求，合理开发比原样保护更为迫切。

民族社区要扩大旅游收入，争取目标市场的最大化收益，综合民族社区的社会、文化、生态收益，除了旅游者角度之外，还需要从社区、公众、环境的角度出发，探讨识别原始旅游形象，再造适应旅游市场需求的旅游形象。而旅游形象的再造关系到旅游发展的内部博弈，即旅游者和民族社区对旅游形象认同的对立与统一。这不仅在中国的民族区域、四川省甘孜州稻城县和亚丁国家级自然保护区，而且在全国乃至在全世界范围内，都存在相似的保护开发意义。

本书以人类学的视野和他者的眼光来记录探索民族社区与旅游形象之间的互动关系，试图总结在旅游经济发展的浪潮中，保存民族社区的自身认同的有效方式。在地理区位困境和物资较为匮乏的环境下，外来文化和本土民族文化使得香格里拉的旅游形象在全球化和城市化发展及民族文化发展的夹缝中遭受困境。稻城香格里拉要改变自身命运，必须扭转调整旅游发展的区位封闭，吸取外来信息和旅游的物质与文化带来的收益，保存民族文化遗产的特质尊严和实质经济发展的活力。

在思路上，本书以景区和社区两种发展观讨论旅游形象的识别与再造，重点对社区和旅游形象的识别与再造的相互作用关系进行剖析，探讨社区影响旅游形象初步识别的方式、社区影响旅游形象再造的策略，解决如何增加旅游形象的经济附加值的关键问题。同时，平衡旅游消费市场和旅游目的地供给市场在观念和物质方面的经济和文化收益分享。本书以四川省甘孜藏族自治州稻城县香格里拉镇为案例进行实证研究，初步提出由社区包围景区的旅游形象战略模式，以实现社区和旅游运营商的综合收益最大化。

因此，本书在阐述民族社区和旅游形象识别再造等经典理论的基础上，对影响民族社区的旅游形象识别和再造的相关因素及其影响程度进行了详细剖析，指出景区和社区对旅游形象的影响存在着稳定性和流动性、封闭和开放、内部和外部的对立关系。在对旅游形象的识别与再造中，无论是景区还是社区，都不能孤立地存在。它们所承担的职责呈对立关系，一方的存在就意味着另一方的存在，双方都是对方必要的互补面。民族社区的旅游形象既不完全是景区的，也不全然是社区的，而是相互围合的效应。

由于景区直接支撑旅游形象，是旅游者识别旅游形象的基础，而社区对旅游形象的再造有巨大推力。只有社区和景区的双重吸引，才能争取更多、更有效的旅游目标市场消费，延续文化遗产，增加旅游产业的经济附加值。本书从景区和社区出发，期望提出民族社区旅游形象识别和再造的指导措施，涉及旅游发展对民族社区的影响、旅游者的识别、民族社区的认同、旅游形象的优先要素、再造民族社区形象战略决策。进而探讨完善民族社区的基础设施，例如打造交通项目和环境治理项目，开发适宜民族社区参与的旅游活动，推广探险、特种、季节、包价等旅游产品和旅游线路，突显民族社区作为旅游中转站的综合功能。本书最终要运用民族社区的传统经验和旅游景区的消费市场预测，提出旅游形象再造的对策建议，以实现民族社区旅游形象的可持续发展。

在此研究目的下，为了旅游目的地的可持续发展，旅游社区的接待服务设施供应和旅游消费市场需求要在数量规模和质量水平上相协调，精品民族社区的打造成为旅游经济发展的必然历程。由于民族社区以农牧业为国民经济主体，工业与服务业处于较低水平，生产技术较为落后，劳动生产率较低，严重缺乏资金，教育发展较为滞后。所以，以地域文化为内容、民族特色为载体、生态环境为本底、旅游资源为依托的旅游业作为一个出口导向成长行业，自然成为民族社区摆脱经济困境的重要选择。随着旅游业的蓬勃发展，旅游形象的深层次保护开发和识别再造已经迫在眉睫。

在统筹城乡背景下，深入研究四川藏区旅游发展与社会融合改革，对于树立以工促农、以城带乡长效机制，形成城乡经济社会发展一体化的战略思路极具理论价值；通过旅游发展与社会融合创新，适应城乡发展一体化内在需求，对于在独特的城乡二元体制格局下建立城乡统一的要素市场，统筹城乡发展，解决"三农"问题具有十分重要的意义；打通农地市场与资本的对接通道，盘活四川藏区的各种资产，对于维护四川藏区人民的合法权益，推进城乡经济社会一体化发展意义重大。

1. 政策方面：西部民族地区的旅游发展与生态文明、美丽中国紧密相连

党的十五大报告明确提出实施可持续发展战略。自十六大以来，在科学发展观的指导下，党中央相继提出发展低碳经济、循环经济，建立资源节约型、环境友好型社会，建设创新型国家，保护和修复生态环境，建设生态文明等发展理念和战略举措，促进经济社会发展与自然相协调。十七大报告进一步提出建设生态文明的要求，并将到 2020 年成为生态环境良好的国家作为全面建设小康社会的重要要求之一。十七届五中全会明确提出提高生态文明水平。绿色建筑、绿色施工、绿色经济、绿色矿业、绿色消费模式、政府绿色采购等得到推广。绿色发展被明确写入"十二五"规划并独立成篇。

党的十八大报告首次单篇论述"生态文明"，"把生态文明建设放在突出地位，融入经济建设、政治建设、文化建设、社会建设各方面和全过程，努力建设美丽中国，实现中华民族永续发展"。将生态文明建设摆在"五位一体"的高度来论述，彰显出中华民族对子孙、对世界负责的精神。中国共产党全国代表大会报告第一次提出"推进绿色发展、循环发展、低碳发展"以"建设美丽中国"。而且，十八大还首次把"美丽中国"作为未来生态文明建设的宏伟目标，表明了党对中国特色社会主义总体布局认识的深化。

我国西部是少数民族的主要聚居区，也是西部大开发围绕"共同团结奋斗、共同繁荣发展"两个主题的核心区，有 40 多个民族，人口占全国少数民族人口的 71%；全国 155 个民族自治地方中，有 5 个自治区、27 个自治州、84 个自治县（旗）在西部，占西部地区总面积的 86.4%。云南、贵州、青海三个多民族省也在西部。据 2012 年旅游统计，西部地区总共接待旅游人数占全国总旅游人数的比重为 11.68%，旅游外汇收入占全国总旅游外汇收入的比重为 15.28%。

西部民族地区的经济状况、文化生活、宗教信仰、社会环境结构等使其旅游发展具有鲜明的地方性和民族性。旅游发展寓于自然风土人情生生不息之中，其产生、发展、演变，乃至形成一个体系，经历着具有其自身规律、特点的历史发展过程。因此，西部民族地区的旅游发展与生态文明、美丽中国建设紧密相连。

2. 区域方面：遗产廊道是西部民族地区旅游发展的重要线索和必然要求

以遗产廊道为主线的遗产管理与西部民族地区的区域旅游发展在资源管理、展示和保护方面有共同利益，虽然二者具有不同的社会角色、管理体制与利益相关者。将遗产廊道置于西部民族地区旅游发展的系统语境之中，包含了人、地、环境、文化资产、政策资金的相互关系，这是为经济社会、环境伦理等创造良好收益的重要线索。西部民族地区是藏族、羌族、回族聚居核心区、世界遗产所在地，既是我国经济发展相对落后的区域，也是生态环境相对脆弱的地区，其发展亟须突破水电、畜牧、农林等传统产业的发展方式，转变生产方式，以旅游业为

主的绿色低碳和生态文明发展是该区域发展的必然要求。

西部民族地区的区位条件较为边缘封闭，以遗产廊道为代表的线路、线性发展是资源流动逐步积淀、市场容量循序渐进而成的区域形态。在全面建成小康社会的新时期，随着社会主义市场经济体制改革的深入、旅游基础设施的建设和民族旅游的兴旺，需要更多、更准确、更深入地了解西部民族地区旅游发展。遗产廊道的政策、资源、发展方向、建设项目等决策有助于解决好西部民族地区的社会公平问题、历史遗留问题、社会保障问题、发展富民问题、主体参与问题及民族包容问题，逐步提高西部民族地区人民群众幸福指数。

在国家层面上，遗产廊道与交通路网重合能促进城镇资源向村社辐射。通过发挥各乡镇资源优势，加强信息互通，打破村寨、村组、街区的管理界限，连片、连线开发，可提升各种资源的有效整合；通过资源共享，促进城乡一体化发展，推动区域协同发展。遗产廊道在西部民族地区经济发展形态中，具有文化意识的象征意义，可减少社会的分隔和剧变，提高政策控制能力，提升民族地区规模聚居的舒适感，从而创造均衡、有秩序的西部民族地区的城镇体系。

在地方层面上，遗产廊道既是城镇边界也是连接，随着旅游发展，它逐渐演变成旅游交通核心线路，成为公共活动与基础设施建设的重要战线。因此，保护文化遗产和生态环境具有非常重要的意义。在对其现状调查分析的基础上，梳理遗产点的历史概况及其分布情况，可以增强社区特色、提高康体娱乐休闲品质、提升环境品质。同时，遗产廊道被重新开放利用，旨在提供新的土地利用，加强西部民族地区城镇中心和节点的吸引力，塑造民族地区品牌价值和社会管理和谐发展。

3. 产业目的：遗产与旅游是西部民族地区增强自我发展能力的关键因素

根据国家《国民经济和社会发展第十二个五年规划纲要》、国务院常务会议通过的《青藏高原区域生态建设与环境保护规划（2011—2030年）》生态修复专项规划与《国务院关于加强文化遗产保护的通知（2005）》，要求"重点支持国家重大文化和自然遗产地建设，推进非物质文化遗产保护利用设施建设试点""全面推进重点地区生态环境保护，加大产业结构调整，发展环境友好型产业"和"坚持旅游资源保护和开发并重，加强旅游基础设施建设，推进重点旅游区、旅游线路建设"，可见，遗产和旅游促使重大项目与区域经济融为一体，有益于西部民族地区的区域经济及宏观经济的运行形成良性循环。

收入水平的提高和闲暇时间的增加、交通设施的改善和国家民族的稳定团结带来了旅游业前所未有的蓬勃发展。《国务院关于加快发展旅游业的意见》（国发〔2009〕41号）明确提出"坚持以国内旅游为重点，积极发展入境旅游，有序发展出境旅游"的市场战略，强调以国内市场为基础。"推行国民旅游计划，开展全国乡村旅游倍增计划；扩大内需拉动消费、全面发展国内旅游"，以及"发展新型业态、培育旅游消费新亮点"，如文化旅游、民族旅游、教育科考旅游、体育旅游等多种文化生态旅游。遗产与旅游是西部民族地区增强自我发展能力的关键因素，体现在影响产业空间布局、产业结构、投资结构、市场竞争结构、社会收入分配、就业结构、消费结构、价格体系、行业技术、行业竞争格局、战略性资源等因素的调整。遗产廊道的经济、地理、文化跨度巨大，有文化生命力的项目投资建设能对西部民族地区传递积极可持续的经济影响。

在研究中，逐渐认识到西部民族地区旅游发展的集中问题是交通基础设施可进入性的局限、文化可持续发展及城镇化进程的独特性。但由于经费和时间较为有限，难以搭建定性与定量研究的桥梁。所以在国家社会科学基金项目和教育部项目的工作过程中，申请本课题对西部民族地区遗产廊道和区域旅游发展作深入分析，以扩展延伸研究领域，提升学术质量，对西部民族地区的社会关系和经济发展环境进一步论证。

二、研究意义

1. 学术理论意义

(1)有利于扩充文化遗产理论研究的深度和广度。以区域整体性保护理论(the regional holistic theory)和计算机地理空间技术分析遗产廊道，探索社会关系、空间结构与区域发展形态。理解文化遗产不仅是纯内生变量，而且是理解西部民族地区经济社会结构和历史变迁的关键所在。将点状的文化遗产研究范式延伸到线性文化遗产和网络形态的区域协作，将历史的时间与空间结合，结合现代旅游社会活动和社会关系，超越具体的地点、场所、场域的局限，实现更为广泛的联合。强调遗产廊道的变化和旅游线路的重组，有可能开拓文化遗产理论研究的新领域和学科方向。

(2)有利于系统推进廊道遗产和区域旅游发展的文化分析。从根本上揭示不同区域群体对遗产认同的微观差异，这包括多层面的态度、价值观念与传统认识，系统整理散见于各种研究中的零星记载，并且深入地探索遗产认同与外来文化相互影响形成的真实表现。

(3)有利于推动边缘区域的遗产问题的研究。围绕遗产这一社会系统在时空延伸方面的构成方式，尝试性地从理论上把握复杂的边缘地区遗产廊道的发展机制和普遍规律，创造出居民参与、游客体验、活态传承的新型业态，拓展遗产传承的途径，建构合理的民族地区旅游发展形态。

2. 实际应用意义

(1)有利于支持灾区后续发展和民族地区经济社会自我发展。"5·12"汶川大地震已过去近十年，18个省市的对口援建早已完成，在国家支持灾区发展的背景下，保持发展后劲面临新考验。本书以科学发展观为指导，以遗产廊道为重要的线索，依托西部民族地区的资源条件、区位交通、经济社会发展水平、生产力布局等，通过细致的田野调查分析，提出遗产管理与区域旅游发展的对策建议。本书取得的部分成果可能将有助于解决产业发展、扶贫帮困、扩大就业、生态恢复等突出问题，增强西部民族地区自我发展能力。

(2)有利于推动文化遗产传承、生态保护和旅游发展。由于环境、人口、土地、农业、森林、水等资源的性质差异和非均衡的区域发展，伴随着不同的经济增长规模和发展形式。而且，西部民族地区提高生活水平的障碍较多，日益增长的人口面临着土地、医疗卫生、教育和财政投入的局限，这些都成为可持续发展的严重障碍。本书聚焦遗产廊道的景点环境和区域差异，探讨市场机制、旅游服务、地方文化延续、管理执行机构、产权明晰等问题，有利于促进西部民族地区的文化遗产传承、生态保护和旅游发展。

(3)有利于保障民族地区的经济收益和社会稳定。本书以遗产廊道的视角探索将低碳旅游作为西部民族地区重要产业，推动区域协调发展和城镇化建设，提出科学制定遗产廊道规划和区域旅游发展相结合的对策。这不仅关系到转变经济发展方式，增加社区的经济收益与就业，而且有助于整合遗产识别，构建国家民族认同，提高科学教育水平，维护文化生态多样性和社会和谐稳定。

由于四川省地质灾害较多等不可抗力因素的影响，旅游者可能会调整、保留或推迟前往四川的旅游计划，影响到川西甘孜州香格里拉旅游地区的经济收入。危机孕育着商机，对于香格里拉镇民族社区而言，该时间段也是开发新型旅游产品、提高旅游服务水平、吸引四川省周边市场发展短线经济型旅游及目标群体的高端远程或特种旅游的时机。这不仅可以带动香格里拉镇民族社区的经济增长，而且有助于最大限度地降低经济衰退对四川省内旅游经济收入的影响。旅游形象是民族社区旅游开发的重要标杆，其感染力和真实感的强化能促进民族社区的旅游发展。民族社区的旅游形象关系到地域结构分析、地方文化特色挖掘和产业结构探索，战略意义明显。

旅游发展的首要前提是做好旅游规划，进行景区规划、城镇规划、总体规划、线路产品规划及重大旅游项目专项策划。旅游形象必须结合民族社区才能够获得生命力，才能可持续地推动旅游经济发展。旅游形象研究是旅游规划的必然要求，其关键是研究民族社区识别旅游形象的渠道和再造旅游形象的实施办法。旅游形象竞争，可以为社区增加文化底蕴，创造旅游收入。

民族社区以旅游者需求的旅游形象来包装地方传统习俗，可以获取旅游消费和地方利益，然而传统的文化精髓如果不加识别就推向旅游市场，则会使民族社区的形象体系无法升华，演变成工程化、节庆化、口号化的形象宣传，或者照搬国内外发达城市的主流配置，复制其旅游文化设施，变形为民族社区旅游发展的形象工程。这可以为旅游经济增长带来短期的收益，然而为了获取长期的社区和景区多利益分享者的整体收益，识别和再造民族社区的旅游形象是当务之急。

　　另外，旅游形象再造可以稳定民族和谐。滇西北、川西南和藏东南地区是具有世界级资源景观的区域，也是中国少数民族聚居的地区，是世界上罕见的多民族、多语言、多宗教信仰并存的地区。川西区域内分布有藏族、彝族、羌族、纳西族、普米族、哈尼族、基诺族、傈僳族、门巴族、洛巴族等属于藏缅语族的民族，以及苗、傣等其他语言的民族。而藏族内部还有众多支系，如嘉绒藏族、康巴藏族、安多藏族、白马藏族、木雅人、鱼通人、扎坝人等①。在多民族区域研究民族社区的旅游形象识别和再造具有重要的意义，改变单纯意义的标签式旅游形象，探索由内而外的民族自豪感和自我尊重的认同发展，对民族地区的良性经济社会发展产生积极作用，既可以保护野生动植物栖息地、历史遗迹及非物质文化资源，又有利于解决就业、商业发展等经济问题。

　　另外，旅游者对旅游地的选择和消费受到非经济因素的影响，这些因素包括旅游者自身的偏好、旅游地的社会安定、媒体的营销报道等。在旅游市场治理中，需要以旅游形象为标杆，加强对交通、购物、文艺演出、旅行社、导游等的综合整治，建立旅游质量监督网络。强化以旅游形象为指导，加强维权、自律、服务和协调，有利于规范经营、诚信服务，保持旅游市场的监管力度。在旅游安全保障中，需要以稳定旅游形象为目标，强化旅游景区、景点安全设施，尤其是交通安全设施的建设，加强对旅游交通运营资质、车况和司乘人员的管理。为了确保安全良性的旅游形象，要配套高原山地急救、食品卫生监管体系，景区、宾馆、饭店、家庭旅馆等场所消防设施建设，包括索道等特种设施设备的安全管理、景区警务室建设在内的旅游形象统筹。

　　可见，研究旅游形象的识别和再造非常必要，不仅能使旅游业的发展在理论上有所提升，而且可以预见民族社区旅游发展的前景，使民族社区的旅游形象的研究视野得以拓宽，具有现实和前瞻性的意义。同时，民族社区的旅游形象研究探讨民族社区的主体和旅游市场的旅游者的客体之间的交流认知。这对避免主客之间的文化冲突和敌对情绪、促进民族社区经济的可持续发展、统筹民族社区乃至整个香格里拉生态旅游区的经济社会的协调发展、统筹人与自然的和谐发展、安定人民群众生活具有积极的社会经济意义。

第三节　研究创新

　　西方旅游研究兴起的三十余年间和国内旅游研究发展的十余年间，已经产生了大量关于旅游形象的研究。这些研究主要集中于旅游者需求角度的旅游形象、

---

① 石硕. 藏彝走廊：历史与文化[M]. 成都：四川人民出版社，2005：32-69.

政府主导的旅游形象、城市整体营销的旅游形象、企业识别系统的旅游形象等。大多数研究关注旅游形象成形的静态结构，很少有研究关注旅游目的地的环境经验，特别是关注社区对旅游形象的识别与再造。因而，研究往往忽略了旅游形象识别与再造的自身影响因素。

研究民族社区和旅游形象的著述数量繁多，这样反而把旅游形象研究引入过于分散的外向型研究思路，由此得出的仅有细微差别的各种结论和观点引起了极大的混乱，使旅游形象的经营管理和旅游形象营销促销的问题更加复杂而难以理解和处理。

因此，为了避免局限性，应该全面地重新考察旅游形象的识别与再造相关的影响因素，剔除混杂成分，确定社区建立旅游形象的过程，厘清其从认同、识别到再次创造的各个历程。

本书的主要创新之处包括三个方面：

第一，提出了将旅游人类学、计量经济学和消费心理学相结合的"三维角度"的旅游形象设计，以人类学的研究理论来探讨社区发展的社会效益，以经济学的研究方法来探讨景区发展的经济收益，以消费心理学的研究方法来探讨心理收益。通过三维架构，研究民族社区再造旅游形象的措施。

本书采用人类学的研究目的是理解他者，针对人口、氏族、婚姻、家庭、禁忌、文学艺术、民俗习惯、宗教巫术等传统文化问题，采用田野调查等研究方法来记录文化，采用参与式记录等研究手段来观察有关制度和风俗的整体概况，增强对民族文化背景下的知识体系、认知观念及社会行动的理解认识。采用经济学的研究目的在于可以有效配置有限的区位、土地、自然生态和民族文化资源，使资源被有效利用，以促使当地政府主管部门、旅游企业经营者、旅游者和社区居民获得最大化的利益，并寻求民族社区保护开发转型的方式。采用心理学的研究目的是阐述暗藏于旅游形象形成规律模式中的原因及影响，试图揭示人们的大脑、心理、行为和环境的组合功能作用，以及它们如何以这种有规律的模式或特定原因将旅游经历事物和民族社区符号联系起来。

因此，本书从人类学、经济学和消费心理学这三种角度指向民族社区的旅游形象识别和再造，运用人类学以"interpret"为重，即诠释、演出、翻译、互动[1]；运用经济学以"explain"为重，即解释、说明[2]；运用心理学以"elaborate"为重，即阐述、揭示[3]。综合旅游人类学、计量经济学和消费心理学相结合的"三维角度"的旅游形象设计，进行民族社区旅游形象的识别和再造。

第二，提出了民族社区旅游形象识别与再造的"五要素"结构模型，选取中

---

[1] 泰勒. 人及其文化研究[M]. 连树声，译. 桂林：广西师范大学出版社，2004：140-190.
[2] 张辉，厉新建. 旅游经济学原理[M]. 北京：旅游教育出版社，2004：120-144.
[3] 王官诚. 消费心理学[M]. 北京：电子工业出版社，2004：7-17.

国香格里拉生态旅游区核心区的民族社区——四川省甘孜州稻城县的香格里拉镇进行了实证研究,指出旅游形象的再造战略应从旅游基础设施发展、旅游市场需求识别、民族社区态度识别三个方面综合得出民族社区旅游形象再造的优先要素和重塑造民族社区旅游形象的措施。

本书首先在理论探讨的基础上,提出了民族社区旅游形象识别与再造的"五要素"结构模型,包括旅游基础设施发展(要素一)、旅游市场需求识别(要素二)、民族社区态度识别(要素三)、社区旅游形象再造的优先要素(要素四)、民族社区旅游形象识别与再造的战略(要素五)。其次以成都旅游客运站前往甘孜旅游的 40 名游客为数据来源,进行了小样本测试,通过对问卷数据进行信度和效度分析,形成了正式问卷。最后运用分层随机抽样法在四川省甘孜州稻城县、香格里拉镇和亚丁景区收集有效样本 411 个,利用样本数据,运用最小二乘回归技术对研究假设进行实证检验,结果显示支持旅游基础设施发展和再造旅游形象优先要素显著正相关。其中,旅游市场需求和民族社区态度对再造旅游形象优先要素产生正面影响,优先要素对再造民族社区旅游形象措施产生正面影响。实证研究表明,民族社区应从旅游基础设施发展、旅游消费市场需求及民族社区态度三个方面加强参与旅游形象再造。

第三,本书经过对形象、社区等进行广泛的文献探讨,建立了"景区+社区+市场"的民族社区旅游形象再造体系。本书对西方人类学理论的梳理是民族社区发展立论的重要基础,主张存在一种共享"话语"的共同体。每种话语都有其自身规则,但外部参照系如当地政府主管部门的行政管理系统和旅游市场是重要的独立于民族社区主体话语而存在的客体,它影响着话语的表现形式。西方主流的社区保育话语一方面未经批判,另一方面在中国民族社区的适用还值得商榷。因此,亟须建立一种适应中国民族社区旅游形象识别和再造的模型。

在阐述民族社区和旅游形象识别再造等经典理论的基础上,对影响民族社区的旅游形象识别和再造的相关因素及其影响程度进行详细剖析,指出景区和社区对旅游形象的影响存在着稳定性和流动性、封闭和开放、内部和外部的对立关系。在对旅游形象的识别与再造中,无论是景区还是社区,都不能孤立地存在。它们所承担的职责呈对立关系,一方的存在就意味着另一方的存在,双方都是对方必要的互补面。民族社区的旅游形象既不完全是景区的,也不全然是社区的,而是相互围合的效应。

本书虽然是以香格里拉镇民族社区作为探讨对象,提出适合当地政府主管部门、旅游运营商、旅游者和民族社区居民多方识别和再造旅游形象的问题,包括旅游产品、旅游线路、旅游设施、旅游服务等事项的操作方法和行动计划。但是其旅游形象识别模式的架构、旅游形象再造关键因素的探索方法及旅游形象再造的社区导向原则,可作为政策制定者和研究者测量旅游形象的参考,并以此将经济和平衡置于优先地位。

第四节　研究框架

本书主要由绪论、民族社区旅游形象的理论综述、香格里拉镇旅游形象的现状分析、他者识别与自我识别、香格里拉镇旅游形象再造的体系和措施及结语组成。

第一章绪论，提出了选题背景和依据，引申研究问题的提出，对研究创新和基本框架进行阐述。

第二章理论综述，探讨了民族社区和旅游形象的研究，将民族社区的内容主要分为资源管理、文化记忆和活动产出三方面来进行归纳，将旅游形象的内容主要分为认知体现、情感体现和整体体现三方面来进行梳理。同时，在研究方法上论述了旅游人类学的田野调查和深入访谈，计量经济学的最小二乘回归技术和 T 检验等方法，统计学的结构线性模型和消费心理学的知觉识别等内容。

第三章阐述了香格里拉镇旅游形象的现状，从民族社区的三个属性内容，即资源管理、文化记忆和活动产出三方面（其中资源管理包括地理区位资源、土地人力资源和自然旅游资源，文化记忆包括历史发展、民族文化和宗教信仰，活动产出包括节日庆典、民族文化和宗教信仰）分析了民族社区的构成要素，以此对稻城香格里拉现有的旅游形象识别进行了优劣势剖析。

第四章和第五章根据基础理论构建了本书的逻辑结构，对香格里拉镇旅游形象的他者识别(旅游者识别)和自我识别(社区识别)进行了探讨。在数据分析上，确立逻辑假设和变量。调查结果显示，旅游基础设施发展和再造旅游形象优先要素显著正相关，再造旅游形象优先要素对再造民族社区旅游形象措施产生正面影响，旅游市场需求和民族社区态度对再造旅游形象优先要素产生正面影响。实证研究表明，民族社区应从旅游基础设施发展、旅游市场需求、民族社区态度三个方面加强旅游形象再造。

第六章和第七章对香格里拉镇旅游形象再造的体系和措施提出对策建议。首先，民族社区再造旅游形象体现在景区游览设施和社区服务设施的发展上，并且通过市场将外部性问题转化为内部性问题，共塑再造体系。其次，理顺旅游主体(如交通运营主体、民居接待主体和商品销售主体)和旅游内容(如探险旅游形象、自然旅游形象和季节旅游形象等)与形象再造的整合关系。然后，配合旅游者需求和民族社区居民认同的形象契合，提出六大再造措施：垄断经营兼顾满意度、定价与需求弹性预测、科学技术运用、教育培训和志愿者规范、治安和食品安全保障及旅游信息咨询中心建设。最后，对旅游形象再造措施进行社会和经济环境的效益评估。

第八章结语，提出民族社区识别和再造旅游形象的两种发展观，一是以旅游景区市场为驱动，二是以民族社区供给为关键。最后总结研究局限和未来展望，由于民族社区的旅游形象并没有独立的存在形式，而是依托景区和社区各种形态的自然人文景观和基础设施而形成，加上稻城香格里拉的景区运作和属地管理较为交叉，其保护和开发将受到多因素资源的制约。所以，需要对景区和社区演变的动力机制进行多学科的综合定量分析，根据民族社区的时空演变规律来确定其旅游形象的分区、分级、分时序发展及科学有效的可持续发展措施，展望民族特色的保存方式将对旅游形象的再造起到重要的制衡作用。

本书的研究框架结构如图 1.1 所示。

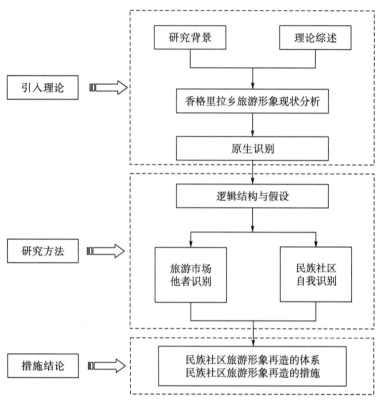

图 1.1　研究框架结构图

第二章　民族社区旅游形象的理论综述

本书提出一种旅游人类学、计量经济学和消费心理学相结合的"三维角度"的旅游形象研究。从人类学的视角探讨旅游形象的社会效益，从经济学的角度探讨旅游形象的经济收益，从消费心理学的角度探讨旅游形象的心理收益。因此，以下将分析旅游人类学的主客（host-guest）理论、旅游经济学的推拉（push-pull）理论、消费心理学的知觉理论，针对民族社区旅游形象的识别和再造规律进行全新的探索。

首先，人类学 Anthropology 一词来自希腊文 Anthropos 与 logos 两词，从字面意义理解，人类学是研究人的学问。根据英国人类学史专家艾尔弗雷德·哈登的考证，人类学最早出现于 1501 年，最初是指关于人类的体质方面的研究。从17 世纪开始，学者将其定义为研究人体结构和理性本性两个方面。自 19 世纪以来，人类学的研究范围衍生出四个主要分支：体质人类学、考古人类学、文化人类学（或社会人类学、民族学）和语言人类学。可见，广义人类学的研究范围涵盖了自然科学、社会科学、人文科学三个领域，狭义的人类学仅指文化人类学。人类学作为一门独立的学科，形成于 19 世纪下半叶，虽然至今仅百余年的历史，却被视为一项历史短而使命大的研究人类的科学[①]。

在空间维度上，人类学以研究不同人群的行为文化为目的。在时间维度上，人类学以研究人群的过去与现在为目的。通过不同社会与文化的比较，以及群体文化的变迁研究，概括人类行为的原理、原则，预测文化变化的一般性规律。因此，人类学以全世界各个不同的民族为研究对象，推导出基本结论，应用到现代社会生活的准则中，帮助解决现代社会的具体问题。

因此，本书研究民族社区的旅游形象识别需要人类学的理论，带动对香格里拉社区居民的内在精神史的研究、心理结构的研究、整个心理活动和心理机能表象的研究。其中，包括对时空背景、记忆、想象、个人、意志、象征手法和象征符号的运用，推理方法、思维范畴、劳动和机能、想象和模仿等的理解，并将对民族社区群体个性的理解，实践于旅游形象的再造中。

由于在中国的人类学界，大多数人类学者的田野工作地点分布于与本土不同

---

① 马林诺夫斯基. 科学的文化理论[M]. 张海洋，黄剑波，译. 北京：中央民族大学出版社，1999：96—123.

的族群社会，最基本的任务在于完成资料搜集与论文撰写。然而，纯学术论文的理论设想如果不经过另一层次的转化推广，只能在人数较少的学术圈中流通，很难主动传播到社会大众，获取广泛的影响。因此，旅游人类学在旅游多元发展的实践过程中，有更多的机会触及社会最实用的文化价值，获取重要的知识与情感回报，在诠释现象上有一定的比较优势。研究者按照研究需要来决定作品的形式。在探讨旅游形象的识别与再造时，最好基于记录和互动的表现手法来展现原真的民族社区。通常，人类学顺应理论的需要而展示真实，将文化的影像投射到民族志上，体现出科学典范和情感艺术相结合的表现风格。克利福德·格尔茨的看法受到广泛认同，他认为旧的殖民时代已结束，研究者、被研究者与读者的关系有所转变，民族志的呈现使得三者之间产生对话。参与旅游形象识别的原住民与外来者、研究者处于平等交流的状态，并且相互鼓励和学习，增长经验，获得认知①。

本书研究的民族社区的旅游形象识别与再造是为旅游开发者（包括主管部门和运营商）提供参考，对民族社区和旅游活动产生影响。在田野调查中，通过对民族社区的民族、社区和其涉及的祭祀歌舞仪式等民族文化遗产的认知与情感叠影分析，针对民族社区居民即香格里拉镇居民的现况调查与评估，识别民族社区对旅游形象的认可。

旅游人类学的主客理论最初见于1977年出版的《主人与客人：旅游人类学》，其中汇集了12篇案例研究记载和理论提炼。早在1974年，美国人类学协会在墨西哥城的会议中，首次将旅游植入人类学的研究讨论议题中。同样是在1977年，"世界旅游组织"经成员国同意并在联合国的推动下被组建起来，替代了1925年在荷兰海牙成立的"国际官方旅游组织联盟"，以促进经济、社会、政治发展②。"主人与客人"的理论受到广泛关注和认同引用，其中包括著名的德卡特提出的东道主与游客的互动发展③和马康纳提出的客体休闲阶层④，引起了各个学科对主客理论的研究。由于人类学注重历史发展的更新论证和检验，主客理论研究引发了大量关于旅游的本质和旅游给社区结构带来影响的诸多议题，包括参与土地利用规划、环境规划等。主客理论研究扩展到全球范围，主要关注旅游的现代化角色及旅游对文化变迁的影响，重点在于时间经验的积累对研究者诠释角度产生的变化。由于物质生活使人们生活更舒适便捷，民族社区居民可以通

① Clifford Geertz 文化的解释[M]. 韩莉，译. 南京：译林出版社，1999：55—78.
② Smith V L. Hosts and Guests：The Anthropology of Tourism(2nd edition)[M]. Philadelphia：University of Pennsylvania Press，February 1989：1—9.
③ Dekadt E. Tourism：Passport to Development/A Joint World Bank-Unesco study[M]. New York：Oxford University Press，1979：22—40.
④ MacCannell D. The Tourist：A New Theory of the Leisure Class(1st edition)[M]. California：University of California Press，1999.

过发展旅游满足自身现代化发展的需求，而且旅游业可以提供大量的经济就业机会和社会稳定因素。尤其是民族地区在教育机会较少和技能水平欠佳的条件下，越是保持原自然生态和真实文化的自我本色，越能吸引外界游客的到访和消费，因此，旅游业比其他需要技能训练的产业更受民族社区发展的重视。

　　旅游人类学研究的"主人"是旅游地的生活居民，也是一种不同于研究主体的"他者"。"客人"是旅游者，与"主人"的概念相对立。德国社会学家格奥尔格·齐美尔认为，陌生意味着远方的人来到附近。作为"客人"的旅游者和作为"主人"的社区居民，通过直接地"给予和拿取"或间接地通过中介者产生信息、物品和感情的互动。这种主客间的互动成为熟悉与生疏的混合体，对待彼此既像同类，又像异体，而且由于旅游人数、旅游时间、旅游频率的不同，主客互动的性质也不同①。艾克提出的"一般交换"也是旅游人类学的重要内容，他指出，这种互动的影响并非文化的示范和交流一对一的关系，而是会扩散到作为"主人"的社区居民的其他成员和下一批"客人"②的交往中。由于"客人"的进入，"主人"的族群认同、地位标记、语言交流及文学表现的适应、发展、变化等都是值得研究的问题。

　　一方面，运用旅游人类学的软性方法理解民族社区旅游形象的自我识别，实现旅游人类学视野中的旅游形象解析。另一方面，运用计量经济学的硬性方法，实现旅游市场需求的旅游形象解析，评估旅游形象偏好，预测旅游形象的潜在市场和发展空间，帮助制定合理的旅游形象营销计划，确保公平有效竞争。

　　计量经济学的英文"econometrics"一词最早是由挪威经济学家弗里希（R. Frich）于1926年提出的。弗里希认为可以采用多种数学方法探讨经济学，但任何一种都不能与计量经济学混淆。计量经济学主要是以经济理论和统计资料为基础，运用数学、统计学方法，以建立经济计量模型为主要手段，定量分析研究具有随机特性的经济变量关系。理论经济计量学主要研究运用、改造和发展数理统计的方法，是随机经济关系测定的特殊方法。应用计量经济学是在经济理论的指导下，以反映事实的统计数据为依据，用经济计量方法研究经济数学模型的实用化或探索实证经济规律。因此，尽管经济理论大部分都具有一定的数量特征，但计量经济学不应被视为数学应用于经济学的同义词。

　　由于民族社区和外来游客的社会经济状况、经济关系等多种因素不同程度的影响，民族社区的旅游形象出现不同程度的识别态势和市场变化，所以旅游形象是多种因素的函数，运用计量经济学来进行理论检验和预测应用。理论检验是计量经济学最主要的用途和最可靠的方面。预测应用包括政策评价，是在旅游形象研究中运用计量经济学的最终任务。

---

① 张晓萍，何昌邑. 东道主与游客[M]. 昆明：云南大学出版社，2007.
② 张晓萍，李伟. 旅游人类学[M]. 天津：南开大学出版社，2008：156.

"统计学、经济理论和数学这三者对于现代经济生活中的数量关系来说都是必要的,但各自并非是充分条件,而三者结合起来,就产生了直观重要的力量,这种结合便构成了计量经济学"[①]。美国著名计量经济学家克莱因也赞同计量经济学是数学、统计技术和经济分析的综合。计量经济学不仅是对经济现象加以测量,而且是根据一定的经济理论进行计量。计量经济学方法的基础是概率论和数理统计,是一种新的数学形式。20 世纪 70 年代以后,计量经济学理论和应用进入一个新的发展时期,应用新的理论建立宏观计量经济模型,更加侧重分析经济变量之间的长期均衡关系[②]。

旅游经济学的推拉理论分为两类,即推动(push)和拉引(pull)[③]。推动策略(图 2.1)是指旅游景区以旅行社等中间商为主要促销对象,通过推销人员的工作,把旅游产品推进分销渠道,最终推上目标市场,推向旅游者。推动策略运用的条件,是旅游景区与旅行社等中间商对旅游产品的市场前景一致看好,双方愿意合作。运用推动策略对旅游景区来说风险较小,销售周期短,资金回收快,但同时需要旅行社等中间商的理解与配合。

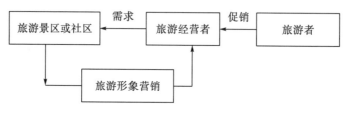

图 2.1　旅游形象推动策略图

一般来说,推动策略多用于以下情况的旅游市场促销:传播对象比较集中、目标市场区域范围较小的旅游产品服务;市场趋于饱和、品牌知名度较低、投放市场已有较长时间的品牌;需求有较强选择性,如独特自然条件和特殊文化特色的旅游产品;购买动机偏于理性的旅游产品;需要较多介绍消费和旅行知识的旅游产品。

拉引策略又称"拉式策略",见图 2.2,以最终旅游者为主要促销对象,通过运用广告、营业推广、公共关系等促销手段,向旅游者展开强大的促销攻势,使之产生强烈的兴趣和购买欲望,向经销商询购旅游产品,而中间商看到这种商品需求量大,就会组织旅游目的地的相关开发。

---

① Studenmund A H. Using Econometrics：A Practical Guide (5th edition)[M]. New Jersey：Addison Wesley，2007.

② 王升. 计量经济学导论[M]. 北京：清华大学出版社，2006：67-78.

③ Makens J C. Marketing for Hospitality and Tourism (4th edition) [M]. New Jersey：Prentice Hall，2005：112-156.

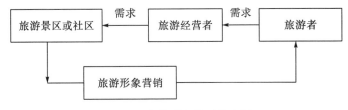

图 2.2　旅游形象拉引策略图

一般来说，拉引策略多用于以下情况的旅游市场促销：目标市场范围较大、销售区域广泛的旅游产品；销量正在迅速上升和初步打开销路的旅游品牌；有较高知名度的品牌，感情色彩较浓的旅游产品；容易进入旅游目的地的旅游产品；需求量较大的旅游产品。

在民族社区旅游形象的促销策略中，需要综合运用旅游经济学的推拉手段，适应旅游者的消费和社区的供给。经济学家对于消费者选择所做的基本假设之一就是个体消费者的行为是理性的。旅游者作为经济决策的"理性人"，会根据自身的旅游目的、时间预算、资金预算、收入能力等做出适当的旅游消费选择，而且他们关注的是"价值最大化"。其中假定旅游消费者具有特定的偏好，而且面对众多旅游目的地时，仍然会倾向于坚持自己的习惯性选择[①]。实际上，旅游消费者在从了解旅游信息到掌握旅游环境的情境并做出消费决策的过程中，需要考虑其个人偏好、印象形成等影响感知的问题。也就是说，考虑到消费者决策问题复杂性，旅游形象的感知最终是由旅游者自身来决定的。由于社区居民的识别和认同的程度不同，社区感知的旅游形象的心理特征和目标利益特征与旅游者感知的旅游形象也存在差异。下面论述有关旅游形象的消费心理学研究理论。

消费心理学是心理学的一个重要分支，它研究消费者在消费活动中的心理现象和行为规律。任何一种消费活动都既包含消费者的心理活动又包含消费者的消费行为。准确把握消费者的心理活动是理解消费行为的前提。而消费行为是消费心理的外在表现，消费行为比消费心理更具有现实性。消费心理学是一门新兴学科，它的目的是研究人们在生活消费过程中的心理活动规律及个性心理特征。消费心理学是消费经济学的组成部分。研究消费心理，对于消费者而言，可提高消费效益和体验价值；对于经营者而言，可提高经营效益和管理效率。

马克思指出，两次社会分工以后出现了以交换为目的的生产，即商品生产，随之而来的是贸易[②]。商品生产和贸易往来促使生产者、经营者和消费者不同程度地开始关注与消费心理范畴有关的问题。消费心理学以市场活动中消费者心理

①　查尔斯·R. 格德纳，J. R. 布伦特·里奇. 旅游学(第 10 版)[M]. 李天元，徐虹，黄晶，译. 北京：中国人民大学出版社，2008：225-237.

②　马克思，恩格斯. 马克思恩格斯全集[M]. 中共中央马克思、恩格斯、列宁、斯大林著作编译局译. 北京：人民出版社，1985.

现象的产生、发展及其规律作为学科的研究对象，具体而言，其侧重点在三个方面：市场营销活动中的消费心理现象、消费者购买行为中的心理现象和消费心理活动的一般规律。

消费心理学的研究内容一方面包括影响消费者购买行为的内在条件，如消费者的心理活动过程、消费者的个性心理特征、消费者购买过程中的心理活动、影响消费者行为的心理因素。另一方面包括影响消费者心理及行为的外部条件，如社会环境对消费心理的影响、消费者群体对消费心理的影响、消费态势对消费心理的影响、商品因素对消费心理的影响、购物环境对消费心理的影响、营销沟通对消费心理的影响。消费心理科学作为一门学科，其体系构建的内在逻辑规律与社会经济文化发展的拉动密不可分。消费心理学科的诞生与心理学、消费经济学及其他分支学科的生成有很大渊源，而且很大程度上是心理科学理论在实证研究中不断向消费研究领域渗透，而与消费有关的社会经济文化问题又反作用于应用心理学所致。斯科特率先提出"消费心理学"，其思想为理论界构建消费心理学体系提供了一个鲜明的信号。应用心理学的广泛研究为消费心理学体系的创立提供借鉴。关于人格的影响的研究、知觉到的风险的研究、新产品初步设计研究、定位研究等消费生态问题①，探讨范围包括文化消费问题、决策模式问题、消费者保护问题、消费政策问题、消费信息处理问题、消费心理内在结构问题、消费信用问题、消费心理控制问题等。

格式塔学习理论是认知学习理论的先驱，于 20 世纪初由德国心理学家韦特墨、苛勒和考夫卡在研究似动现象的基础上创立。该学派反对把心理还原为基本元素，把行为还原为刺激－反应联结。他们认为思维是整体的、有意义的知觉，而不是联结起来的表象的简单集合。认知在于构成一种完形，改变一个完形为另一完形②。格式塔是德语 Gestalt 的译音，意即"完形""整体"和"形状"。他们认为认知是顿悟的过程，即结合当前整个情境对问题的突然解决。格式塔心理学理论的完形法则包括四个类型，即相近、相似、封闭和简单。相近，距离相近的各部分趋于组成整体。相似，在某一方面相似的各部分趋于组成整体。封闭，彼此相属、构成封闭实体的各部分趋于组成整体。简单，具有对称、规则、平滑的简单图形特征的各部分趋于组成整体。这四种组织规律即所谓的"完形法则"，是心理学家在认知领域中的研究成果③。在与地理环境、行为环境相互作用的过程中，人被视为一个开放的系统。人类是一个整体，其行为并非由作为个体的人所决定的，而是取决于整体的内在特征，个体的人及其行为是这个整体过程中的一部分。

① 王官诚. 消费心理学[M]. 北京：电子工业出版社，2004：41－48.
② 奎克，纳尔逊. 组织行为学：基础、现实与挑战[M]. 北京：中信出版社，2004：25－34.
③ 格里格，津巴多. 心理学与生活[M]. 王垒，王甦，译. 北京：人民邮电出版社，2003：114－132.

　　旅游形象是人类旅游行为和经济交流活动的共同产物，这为综合利用旅游人类学、计量经济学和消费心理学三方面的理论提供了前提。本章主要探索民族社区的旅游形象的产生和发展，包括民族社区的概念及其与旅游组团和旅游地区的辨析，内部构成要素，旅游形象的概念及其与旅游商标和旅游品牌的辨析，外部识别内容。本章不仅对定性的认知、文化、记忆、民俗、娱乐、审美等识别问题进行理论综述，而且对定量的旅游人数、收入、项目规划、发展规模、发展时序等旅游形象再造问题进行方法综述，从而突出民族社区旅游形象识别和再造的核心价值和旅游决策部门关注可持续发展的重要内容。

第一节　民族社区的理论综述

　　民族社区在不同的发展条件下，具有特殊的社会意义、历史和属性，包含地方的宗教信仰、历史沿革、传统经验与禁忌、婚姻家庭、氏族部落、语言、古迹、舞蹈、绘画、音乐、神话文学等非物质文化遗产和自然、土地、气候、环境、食品、生物等物质要素。民族社区的旅游形象是公众集体认同形成的意象，具有多群体复合的特征。接下来将分条阐述民族社区的含义，主要分为三部分，即与自然生态相关的资源管理、与文化遗产相关的文化记忆、与节庆和商品相关的活动产出。

一、民族社区的概念综述

(一)民族社区的概念

　　社区(community)源于"communion"一词，即"共享"，从"communis"(或者"common")即普通的含义发展而来，意思是一组人共同分担一个任务。最初社区共享在基督教会语言中被用于描述"参加圣礼"。从词面上理解，社区包含两个方面，即一组人组合的能力和一组人行动的意愿①。

　　社区的简要性在于它是一个常用的的词汇，其复杂性在于它具有较为宽泛的含义。社区是一个自我定义的词汇，它是以分享的目的与目标为基础，主要包括以下9个含义②：

　　(1)一种任意大小的社会组织，居住在特定的地点，共享政府管理，通常含有共同的历史文化遗产。

---

　　①　McKercher B, Cros H D. Cultural Tourism: The Partnership between Tourism and Cultural Heritage Management(1st edition)[M]. London: Routledge，2002：132-148.

　　②　Hall D. Tourism and Sustainable Community Development[M]. London: Routledge，2003：339 -352.

（2）一个地点，由一群人所居住。

（3）一个社会的、宗教的、职业的或其他共有特点或利益的社团组织，在其生存的大环境中，在某些方面，能够自我感受并被认识到其独特性，如商业社区、学者社区。

（4）一个联合国家的群体，分享共同的利益和遗产，如西欧社区。

（5）教会的。一组依照共同生活方式、原则、规则而生活的群体。

（6）生态的。一组在特定区域内相互影响的数量组合。

（7）联合拥有、享有、联盟，如社区财产共有。

（8）相似的特性、一致性、身份认同，如财务共管社区组织。

（9）社区、公众、社会，如社区公众利益。

多元的功能定义导致讨论社区问题的复杂性，讨论研究社区的视点和用意是探讨社区概念的关键。首先，社区作为社会学普遍使用的基础概念，是群体由共同标准、利益相互联系形成的系统范围。其次，以人口学的特征分析，社区有一个主要形态，即紧密结合的丛生组团。社区是由自然意志推动，以统一和团结为特征的社会结构①。最后，以人类学的特征分析，社区有三个显著特点：共同的经济或宗教利益、共同的生态地理环境和共同的社会结构体系。也就是说，第一，社区由一群按地域组织起来的人群组成；第二，这些人群深深扎根在他们所生息的土地上；第三，社区中的每一个人都生活在一种相互依赖的关系中②。因而，进一步将这三个特点扩展为七大要素，即人口、地域、经济、社区的专业分工和相互依赖关系，共同的文化制度，居民的凝聚力和归属感，社区服务的公共设施等③。

"社区"一词最初来源于1887年出版的滕尼斯的社会学著作《社区与社会》（又译《共同体和社会》）。滕尼斯把社区看成一种传统的生活方式、组织形态和精神形态，把它看成血缘关系、地缘关系和心缘关系的综合体，或者说是人们之间基于情感关系而形成的一种相互信任的关系和社会团体④。桑德斯在《社区论》中对"社区"做了较为完整的论述。他把社区看作一个互动的体系，认为社区具有地理区域性、社会互动性、调节适应性等特征⑤。因此，社区是一个任意大小的社会组织，其成员共同居住在一个特定的地点，共享一个政府治理并且拥有共同的历史文化遗产。

① Murphy P E. Tourism：A Community Approach[M]. New York：Routledge，1985：78-89.

② Pearce P L，Moscardo G M，Ross G F. Tourism Community Relationships (Tourism Social Science Series)(1st edition)[M]. Oxford：Pergamon press，1996：55-98.

③ 滕尼斯. 共同体与社会[M]. 北京：商务印书馆，1999：15-34.

④ 桑德斯. 社区论[M]. 徐震，译. 台北：黎明文化事业公司，1982：15-20.

⑤ Lerner R M，Benson P L. Developmental Assets and Asset-Building Communities：Implications for Research，Policy，and Practice (1st edition) [M]. Berlin：Springer，2002.

　　传统意义上的社区尺度主要包括空间范围、社会功能和外部认知。社区是进行一定社会活动、具有某种互动关系的共同文化维系力的人类生活群体及其活动区域的系统综合体。作为自然和社会的实体，社区认同感是社区的一个基本要素。它既是社区内部同一性的反映，又是体现社区之间差异性的标志。社区形象是社区之间差异的集中体现，是产生旅游吸引的原动力。因此，作为空间区域差异的客观载体的社区能成为旅游目的地。一个理想的旅游社区应具有一定范围的社区地域、独特的社区文化、优美迷人的社区环境、合理高效的社区结构等特点①。同时，社区是一个历史的概念，随人类社会的发展不断向前进化。旅游社区的进化通常表现为旅游社区内部结构的不断调整、改进、完善和提高，进而引起旅游社区形成机制的更替。旅游社区进化论指出，在旅游社区的开发和管理中应不断改进旅游社区的功能，并因势利导，使其朝更成熟的方向发展②。

　　社区是西方旅游研究的重要议题，也逐渐成为现代旅游研究的核心思维。本书研究的民族社区是具有鲜明民族特色、进行一定社会活动，同时和游客产生经济互动关系，通过文化维系的生活群体，通过活动区域组合的系统。旅游用社区作为资源，将其作为产品，并在将资源转化为产品的过程中，影响人们的生活方式和经济交流。社区不再只是一个有集体归属感的家乡意象，而是成为一种在全球旅游市场中争取旅游发展的集合体。将社区作为旅游目的地的整体产品进行促销，期望社区能吸引旅游者，其中必然带来许多负面影响。实际上由于当地居民属于这个社区，生活与行动本身就已经被推上了旅游的舞台。

　　国内民族社区的研究主要集中于东西部差距、民族地区可持续发展、加速发展战略、西部经济开发、西部人力资源开发、边境开放与边境贸易、西部生态保护、民族地区城镇化与乡镇经济等方面，探讨问题包括通过区域规划和建筑物风貌控制规范的制定、土地利用类型的控制、基础设施的阶段性建设、旅游需求的评估预测、旅游教育培训和旅游公共关系、社区特色工艺的保护与开发、社区质量标准的建立与应用等。

　　下面对民族社区与组团、民族社区与地区产业发展进行探讨。

(二)民族社区与旅游组团的辨析

　　麦克尔·波特在1990年的《国家竞争优势》中首次提出工业组团，他认为在全球化经济空间下，持续增长的核心竞争力植根于地方系统和特定地点。地方系统包括生产部门、商业部门、市场部门及其地方化的规则、习俗和规范。特定

---

　　① Kozak, M, Rimmington M. Tourist Satisfaction with Mallorca, Spain, as an Off-season HolidayDestination[J]. Journal of Travel Research, 2000, 38(3): 260—269.
　　② 唐顺铁. 旅游目的地的社区化及社区旅游研究[J]. 地理研究, 1998, 17(2): 145—149.

地点是在地方系统下的具体选点，包括工业地点、城市地点、乡村地点等①。

地理组团的定义是"一种在特定领域内，由相互关联的集团和机构共同组合而成的地理集合"②。组团分析主要是针对传统工业发展，同时也对旅游业的组团作了阐述。组团成员相互关联的作用功效比累加综合的功效大。在旅游组团中，旅游者的体验质量不仅来源于组团中主要旅游吸引物的吸引力，还来源于酒店、餐馆、购物商店、交通设施等相关商业组织的综合服务质量和效率。因为旅游组团中的各个成员是相互依存的，所以单独一方表现良好，并不代表其整体的商业经济、工业组织和管理结构优化发展得好。

在旅游发展中，地方参与者采取联合发展和各方协作的战略，结合地方因素，形成产业组团的网状发展优势。在此组团理论的基础上考虑单体的"组团主动性"③，例如私人和公立的利益相关者，完善旅游垂直和水平价值链的管理，改善内部产业协调发展的旅游体系。

中国旅游组团的形成标志着旅游产业集群的建立。例如，2002 年的中国香格里拉生态旅游区，包括四川省、云南省和西藏自治区；2003 年的中国青藏高原旅游区，包括青海省、西藏自治区和甘肃敦煌地区；2004 年的鄂渝两地长江三峡无障碍旅游经济协作区，包括湖北省和重庆市；2004 年的长三角"15＋1"无障碍旅游圈，包括上海、南京、无锡、常州、苏州、南通、扬州、镇江、杭州、宁波、温州、绍兴、嘉兴、湖州、舟山及安徽黄山；2004 年的泛珠三角"9＋2"旅游区，包括福建、江西、湖南、广东、广西、海南、四川、贵州、云南、香港、澳门；2005 年的两广无障碍旅游区，包括广东省和广西壮族自治区；2005 年的环渤海旅游圈，包括天津、大连、青岛、烟台、秦皇岛、丹东、滨州、沧州、东营、葫芦岛、锦州、盘锦、唐山、威海、潍坊、营口 16 个港口城市；2006 年的青藏铁路沿线旅游区，包括青海省和西藏自治区；2006 年的湘桂黔渝 4 省区无障碍旅游区，包括湖南省、广西壮族自治区、贵州省和重庆市④。中国目前的旅游组团主要以东部旅游发展较为前沿的地区为主。

旅游组团是由于激烈竞争而产生的联盟机制，也是产生变革力量的重要元素。旅游组团超越了普通的地理边界和行政区划界定的地域空间。民族社区的旅游组团不仅是重要旅游资源的集中体现，更是旅游产业结构调整的动态结果。

---

　　① Porter M E. 国家竞争优势/The Competitive Advantage of Nations[M]. 李明轩，邱如美，译. 北京：华夏出版社，2002：88－98.

　　② 何肇发，黎熙元. 现仪社区概论[M]. 广州：中山大学出版社，1991：78－84.

　　③ Porter M E. Clusters and the new economics of competition [J]. Harvard business review, November-December, 1998：77－90.

　　④ 黄文，王挺之. 旅游区域的形象竞合研究——以中国香格里拉四川片区为例[J]. 旅游学刊，2008，23(10)：54－60.

(三)民族社区与旅游地区的辨析

一个地区的形成需要具备三个特点：①产业的精细分工；②劳动力市场的有序积累；③外部经济交往和内部产业关系的密切联系。旅游地区是一个集中供应旅游产品和旅游服务的地方系统[①]，同时，它是具有吸引价值的旅游线路和配套服务中心。在特定范围的旅游地区内，政府主管部门、旅游企业、家庭、学校、医疗机构等组织团体从地理因素和社会经济因素上在旅游地区被识别。每一个组织团体都是地方系统商业链条上的环节，共同组成商业氛围（也可称为旅游氛围），影响邻近区域的社会组织组成的总体状况，共享信息文化，相互促进创新与变化。

民族社区是具有较为完整的经济活动和特定功能范围，侧重于文化特征的传承和联系，强调区域内部和民族层面相互依存的区域。旅游地区聚合旅游目的地的基础设施供给资源，降低吃、住、行、游、购、娱等旅游交易成本，提高旅游者的体验，带来旅游消费的便利，是最大限度地吸引旅游消费的空间聚集。而民族社区是民族地方系统的集合，综合民族手工艺品的采集和制作、民族食品的制作和品尝、民族活动的组织和展演等。民族社区和旅游地区的自然承接和有机融合，是打造鲜明旅游形象、发展旅游经济的关键。

旅游地区的产业发展有两个倾向，一是聚集，二是分散。通过使地区产业及企业的适度集中，以取得空间集聚的效益。产业的适度集中有许多优越性：便于形成综合生产能力，对各种生产要素便于综合有效利用；有利于节约基础设施的投资成本，提高其使用效率；有利于利用经济信息，节约流通费用、运输成本等[②]。因而，现代化生产在地域空间分布的必然趋势是集中化。为了实现空间集聚的效益，从政策干预的角度讲，首先，应选择资源条件较为优越、经济相对发达的地区作为集聚点，形成新的增长点，逐渐向周围地区扩散转移；其次，根据集聚点主导产业的产业性质，确定并培育不同集聚点的产业经济功能，以利于不同功能集聚点之间的分工和协作；最后，建立大中小规模不等的集聚点体系，并形成各具特色、相互作用的集聚点网络。然而产业的集中有一定限度，超过一定极限，就会产生空间狭窄、资源不足、环境污染等集聚病征。集聚的好处抵偿不了过度集中所造成的弊端。促进地区产业和企业的适当分散，实现空间经济的均衡发展。除了市场机制本身对这种状况的自发调节外，政策干预是必要的，要使产业布局适当分散，并扶持相对落后地区加快发展，在实现效率目标的同时实现

---

① Martin R，Sunley P. Deconstructing Clusters：Chaotic Concept or Policy Panacea[J]. Journal of Economic Geography，2003，3(1)：5-35.

② 张梦. 旅游产业集群化发展的制约因素分析——以大九寨国际旅游区为例[J]. 旅游学刊，2006，21(2)：36-40.

空间公平。

自然条件、历史条件、人文条件的不同,造成民族社区经济发展能力的差别,导致在客观上存在地区经济发展不平衡。地区发展从不平衡到平衡的转变是伴随经济发展而实现的。在一定时期,这种不平衡是相对稳定的,这主要是经济发展战略在时间和地区上的安排造成的。这正是逐步实现地区经济发展趋于平衡的必经步骤。

旅游地区依赖于经济条件和地理空间形成旅游产业布局。民族社区的发展需要在地区产业布局的基础上,根据布局的条件要求,在民族社区发展适宜本地地理位置、自然条件和自然资源、人口和劳动力、科学技术和社会经济等条件的产业部门。同一产业部门布局在不同的地区会产生不同的经济效果。同样是餐饮供给,由于不同地区自然生态供应、气候条件和文化风俗的差异,适宜旅游餐饮供给的发展也不尽相同。因此,在进行产业地区布局时,必须全面、深入地分析影响旅游供应布局的各种条件,因地制宜地布局各产业部门,使布局合理化,以取得最佳的经济效益、社会效益和生态效益。

二、民族社区的构成要素

民族社区的空间单元具有行政、统筹、管理与自治的复合功能,政府管理功能与社区自治服务功能相协调。随着社会经济与旅游业的蓬勃发展,民族社区按照自身的传统生活行动已经逐渐形成了一种社区化的生活方式和业态分布。而民族社区蕴藏着巨大的旅游开发潜能。因此,挖掘民族社区的内容已经逐渐被研究者和从业者视为一种全新的市场研究重点。民族社区具有三个要素:一是具象空间范畴的资源管理,二是抽象社会功能的文化记忆,三是综合形态的外部认知的活动产出。

(一)资源管理

人类社会文化发展的历史是开发利用自然资源的历程。将社区资源和环境发展结合在一起,对空间、人和地点的"以社区为基础的保护"(community-based conservation,CBC)是一种有效的管理方式①。民族社区的环境容量有限,要持续发展,就要涵养可持续发展的物资资源。资源管理对象包括土地、农产品、牧产品、林产品、药用植物、干鲜野果、山野菜、芳香植物等。

社区资源管理的传统威胁包括缺乏员工、缺乏公众意识、偷猎、森林火灾、疾病、公路、供水、供电、安全、卫生、土壤退还、土地侵占等,用不同年份威

---

① Mitchell R E. Community integration in ecotourism: A comparative case study of two communities in peru [J]. MS thesis in Rural Planning and Development,1998.

胁事件的发生频率，综合居民问卷调查，进行危机递减评估。社区居民对旅游发展的支持存在临界点，超过一定的临界水平就会起到反作用①。

社区居民赖以维系的生产和生活资料是旅游资源，也是潜在的旅游市场。当地政府主管部门和旅游经营商要投资建立以社区为基础的伙伴关系。在开发旅游产品、保护文化遗产、开发乡村旅游、规划旅游交通线路、主办旅游节事活动、制定旅游规章制度、保护环境等方面都涉及资源管理，同时资源的品位条件直接关系到社区参与的方式和效果。

民族社区在旅游市场中博弈的目标是通过旅游形象的再造，加快发展旅游业，以社会责任和经济收益作为双重诉求。由于传统旅游在追求最佳经济效益时一直把注意力集中在旅游景观吸引力的发掘上，社区传统资源没有受到应有的重视。随着旅游业的迅猛发展，旅游资源开发的强度越来越大，过度开发引起旅游资源的破坏，导致旅游效益降低。为了旅游业的可持续发展，必须协调旅游开发的经济效益、生态效益和社会效益。社区既具有实施可持续发展的综合功能，又是可以把握的实体，从社区的角度来考虑旅游开发的问题有可能为实现旅游业的可持续发展找到可行的途径。

社区资源的负面损耗包括旅游对环境带来的冲击，如产生固体废弃物、气体排放、污水排放、噪声排放、光污染、视觉污染等。社区居民是直接利益相关者，有符合社区自身发展需求的行动方案、标准和目标。通过参与用地规划，社区居民有可能影响到建筑设计、交通控制体系、噪声消减规划等。有大量的例证显示社区控制在增强，如社区参与野外保护项目、社区居民影响旅游发展目标等问题研究，表明了社区参与的价值逐渐受到重视。除了旅游带来的经济和社会效益，环境效益也是社区考虑的重要因素。

社区是利益相关者形成的独立的开放体系，其资源管理受到社区居民、旅游者、政府、企业中各方多层次的影响。单独的个人或组织无法独立控制和主导旅游目的地自然资源管理的发展。任何内部组织的关系，包括林业部门、农业部门、商业部门和旅游组织都紧紧依附于景区和社区资源。

在民族社区的资源管理上，美国的黄石公园是全球第一个成立的国家公园。黄石国家公园当初创立的理念便是排除人为影响，将自然保存留给后人观赏。近二十年来，黄石公园一直被塑造为一个未经人类干预而且必须持续排除人类影响的区域。然而这样的行动计划忽视了当地原住民长期在该地持续活动的事实。考古与人类学研究显示，国家公园内的一种黑曜石是原住民用来制造石刀等工具的材料，他们在国家公园内打猎、泡温泉、供奉祖先。原住民定期燃烧部分树木，除了方便行进与狩猎之外，也丰富了当地的生态多样性。然而，在19世纪末，

---

① 张梦. 旅游产业集群化发展的制约因素分析——以大九寨国际旅游区为例[J]. 旅游学刊，2006，21(2)：36-40.

黄石公园被以区隔和孤立的方式将自然生态与原住民分离，虽然期望达到保留给后人参观的环境的目的，但实际上却阻碍了原住民使用其长久以来赖以生存的土地与自然环境。

美国黄石对待社区居民的政策影响了建立"无人公园"的理念，一直到 20 世纪 80 年代才开始改变。美国的国家公园政策在 1987 年开始有了正式的转变，尊重与主动地鼓励及提倡原住民文化，使原住民的生息成为国家公园景区的一部分。因此，虽然黄石国家公园内现在已经没有原住民居住，但是国家公园管理处目前通过咨询原住民的方式，让原住民参与国家公园的经营管理事务①。

因此，在资源管理方面，理解和应用民族社区的自然要素必须和社会、环境发展的整体规划相结合，从而形成一种可持续的主客互动系统。

（二）文化记忆

由于民族社区有多样的艺术制品、传统节日、诞生歌谣、季节变迁的故事、英雄神话、祖先传说、婚俗丧葬等。这产生了跨文化的人类问题，包括性别、婚姻、家庭、亲属关系、宗教信仰等文化记忆和历史积淀。在不同的时期地域下产生的民族社区的文化记忆涉及性别、族群、居民可支配的时间、可支配的金钱、可移动的物理范围、可接受的休闲娱乐方式，甚至涉及社会和环境的公正与平衡。

由于旅游活动将旅游者的休闲旅游和日常生产生活分隔开，所以这种转换容易激发旅游者的历史文化记忆，包括对历史人物、过往生活方式、价值观念、伦理道德等的缅怀。旅游者在民族社区旅游的过程中产生"怀旧"意象，由于时空变化产生对过去的或者相似的物像的联想，或者对民族社区符号和标识的物体产生回忆和类似的情感。民族社区的文化记忆来源于不同客源旅游地和东道主旅游地的现代生活节奏和历史发展进程的差异。这种怀旧型的缅怀具有美化的作用，将文化从现实的真实性中剥离出来，通过沉淀与过滤，形成一种历史的记忆。

在民族社区的村庄、城镇等地域联合体中，文化记忆的对象包括有形的文化遗产和无形的文化遗产。有形的文化遗产是具有文化价值的物理载体和象征符号，如历史城镇、建筑物、考古遗址、文化景观、文化物品或可移动的文化产品。无形的文化遗产包括音乐、舞蹈、乐器、节庆、风俗、书法、绘画、雕塑、服饰、艺术等涵盖文化象征符号的集合，传递社区特有的道德、等级、阶层、美学等文化信息②。

---

① Murphy P E, Murphy A E. Strategic Management for Tourism Communities: Bridging the Gaps (Aspects of Tourism)[M]. Bristol: Channel View Publications, 2004: 26.

② Hoffman B T. Art and Cultural Heritage: Law, Policy and Practice[M]. Cambridge: Cambridge University Press, 2005.

文化记忆要对有形的文化遗产进行评估与量度，获得基本轮廓的信息，对文化遗产采取分层次的优先保育政策，设定相应的商业目标，进而决定真实度与旅游开发利用方式。有形文化遗产的评估遵照一系列法规、宪章、说明等组成的国际协定。第一，识别、分类、记录在特定区域内的文化遗产和组成元素。第二，评估物理形态与文化价值。第三，分析在生产和管理过程中，影响文化遗产价值的机遇与威胁。第四，实施初步决议和建议，包括持续监控、细节记录等[①]。一般采用基于旅游市场营销的旅游形象展示，通过建筑实体、艺术展示和心理体验三方面来营造民族社区的旅游形象识别，呈现旅游者需要的文化记忆内容。

(三)活动产出

民族社区的活动产出包括旅游节庆和旅游产品，是居民活动与产出物品的融合。社区居民参与旅游经济发展，配合旅游者形成社区事件，产出社区经济、社会效益，改善社区环境。从社区的角度考虑旅游目的地的建设，以社区的互动理论指导旅游区的总体规划和布局，通过优化旅游社区的结构提高旅游流的效率，谋求旅游业及旅游目的地经济效益、环境效益和社会效益的协调和最优。

社区旅游在过去二十年的研究实践中初步建立了发展体系，在研究和规划上日益受到重视。民族社区旅游的活动设计要与社区相关，而且要给社区带来效益。在社区旅游开展的过程中，将当地居民的活动与他们的具体影响行动作为讨论中心，而不是仅仅将社区作为旅游经济发展中的一个补充要素。更为重要的是，通过旅游活动牵引出旅游产品，民族社区的动态活动和最终产出可以形成坚实的合伙运营形式，带来民族社区的整体收益。

借鉴活动产出体系，民族社区共有五个尺度的综合影响感知。

第一，活动产出的可识别：有形设施、器具、人员服装和外形。

第二，活动产出的可靠程度：能够提供可信赖、准确、稳定的需求服务。

第三，活动产出的回馈程度：愿意协助旅游者，迅速提供相应帮助服务。

第四，活动产出的确信程度：社区旅游服务人员的知识和礼貌，传递出可信任的活动信息资讯、产品和服务。

第五，活动产出的情感联系：社区的关怀、个性化的关注，提供给旅游消费者坚实的保障服务[②]。

民族社区的活动产出融合社区居民和事件，具有较突出的社会文化属性。由于中西方的旅游发展阶段、民主化进程、民间组织的发育程度及土地所有制有差

① Wirzba N, Kingsolver B. The Essential Agrarian Reader: The Future of Culture, Community, and the Land[M]. Lexington: The University Press of Kentucky, 2003.

② Butler S A. Cultural Landscapes: Balancing Nature and Heritage in Preservation Practice[M]. Twin Cities: University of Minnesota Press, 2008.

异，所以社区参与旅游项目的主动性、基本利益点、参与强度也不同①。民族社区的活动产出通过旅游消费实现旅游目的地和旅游客源地的人员、物资及信息流动。民族社区的活动产出在三个层次上实现共同参与，即语言、居住生活和文化理解，其核心部分是社区参与的体系，如图2.3所示。

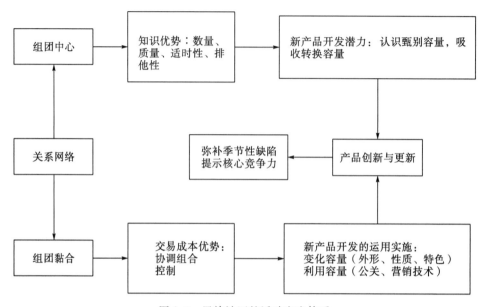

图2.3　民族社区的活动产出体系

利用社区居民对组织社区活动、扩大社区公共空间的影响力来推进旅游项目的实施。联合组团旅行社整批购买，开展包价旅游，即综合提供旅游、交通、食宿等服务。由旅游经销商买入并组织调度来协助旅游者预订交通、接送住宿、餐饮娱乐，将综合服务的部分以全包的价格售出，预先安排旅游时段和旅游进出路线，可在较短的时间内提高客流量，提升美誉度。

（四）文化遗产管理综述

1. 文化遗产管理模式

文化遗产管理（cultural heritage management，CHM）是为了保持文化遗产资产的文化价值以满足当代和未来人类的享受需要而进行的系统化保护。

徐海龙对世界上一些发达国家进行了描述和考量，总结出文化旅游、会展旅游、打造国家文化品牌、生态博物馆模式、合作管理和开发等形态，力图挖掘出

①　保继刚，孙九霞. 社区参与旅游发展的中西差异[J]. 地理科学，2006，61（4）：401-413.

先进经验模型，为我国文化遗产的产业管理开发提供借鉴和设想。[①]

中国文化遗产管理模式按特征划分可概括为以行政管理为主，具有公有制、非营利性和分级属地化管理特点的委托代理制度。

1）垂直管理模式

柳尚华提出可借鉴美国设立国家公园管理局的经验，对全国风景名胜区实行自上而下的垂直管理，管理局负责公园的资源与人员管理、日常维护，其所有的经费来自国家财政或社会捐助，景区内所有的经营项目对外实行特许经营。[②]

杨锐认为科学的规划决策系统是保证国家遗产有效管理的有力工具，在这一方面美国也积累了一些有益的经验[③]，如用地管理分区制度、公众参与、环境影响评价、总体管理规划、实施计划、年度报告三级规划决策体系等。遗产管理者和规划者们积极参与遗产周边地区的规划决策事务，利用行政、资金、税收、教育等手段尽量减少外围环境对遗产地的不利影响。

2）属地管理模式

魏小安建议取消地方政府对风景与遗产地的直接管理，使景区变成一个小级别的行政单位，使资源保护职能内在化，使资源所有权、管理权、收益权一体化。[④]

张昕竹建议引进美国式的国家公园管理体制，把风景名胜区的管理纳入公务员体制，从而弱化经营单位的盈利动机。[⑤]

3）市场经营模式

第一种是四权分离。

王兴斌针对传统的政府既管理又经营的模式、在实践中出现了转让经营权、景区经营公司上市等，在理论界提出了"四权分离"说，即旅游服务是为游客提供经历、感受与体验，而不是购买风景资源本身。[⑥] 自然文化遗产的所有权归国家所有，管理权由各级、各行政主管部门行使，旅游经营权可以进入市场运行，同时建立完整而有效的监督保护体系，实行"四权分离"管理模式。

第二种是三权分离。

杨振之等认为我国风景资源产权不明晰，所有权的实现形式和风景资源的产权管理存在法律真空，所有权、管理权、经营权三权不分，导致风景资源在旅游

① 徐海龙. 文化遗产管理开发的几种模型[J]. 生产力研究，2009(21)：118-120.
② 柳尚华. 美国的国家公园系统及其管理[J]. 中国园林，1999(1)：48-49.
③ 杨锐. 美国国家公园体系的发展历程及其经验教训[J]. 中国园林，2001(1)：62-64.
④ 魏小安. 发展旅游促进文物保护[J]. 文物工作，2002(12)：29-32.
⑤ 张昕竹. 自然文化遗产资源的管理体制与改革[J]. 数量经济技术经济研究，2000，17(9)：9-14.
⑥ 王兴斌. 中国自然文化遗产管理模式的改革[J]. 旅游学刊，2002，17(5)：15-21.

开发上出现种种弊端。^① 建议在中部和东部地区按照几大片区对风景资源实行统一管理，而在西部地区每个省（自治区、直辖市）按单位进行风景资源的垂直管理试点，即在每一个省（自治区、直辖市）设立一个属于国务院确认的权威部门的派出管理机构，各风景区设立管委会，派出管理机构领导，率先将西部民族地区的风景资源作为试验田，以明晰产权、管理权、经营权之间的法律关系，为我国风景资源立法提供实践依据。

第三种是两权分离。

徐嵩龄主张所有权与经营权分离的"两权分离"论。^② "所有权与经营权分离"的实施有两种模式：一种是"经营权转移"模式，遗产经营权或转移到旅游部门手中，或转移到私人企业手中；另一种是"一套班子，两块牌子"模式，遗产管理单位自建旅游公司，进行商业经营。

4）"国家公园"模式

"国家公园"概念源自美国，适用于公有的、不可移动的、具有较大面积的国家级遗产。世界上的大多数国家并非都采用"国家公园"体系，而是根据自身的特点做出选择。张晓和郑玉歆认为世界上一百多个国家为保护文化与自然遗产都建立了"国家公园制度"，因此它是"国际通行的"标准。^③

"国家公园体制"并不能覆盖不同类型、不同权属、不同等级的文化与自然遗产，即使对于公有的、不可移动的国家级遗产，也未必能照搬美国的"国家公园体系"。中国现时的遗产管理模式应在观念上与国际接轨，而在具体处理时保有中国自身的特点。一个较为简易且科学的管理模式体系仍可按现行系统进行调整，即对于文化遗产与可移动的自然遗产，采用"博物馆"模式；对于不可移动的自然遗产，采用"自然保护区"模式；对于具有文化和自然双重价值的遗产，采用"风景名胜区"模式、"A级景区"模式等。

5）"产权转移"管理模式

张吉林认为文化与自然遗产是经济资源，因此必须遵照市场方式，让市场推动遗产的开发与经营。^④

王兴斌呼吁将遗产部门与旅游部门合并，由旅游部门负责遗产经营，即由旅游部门取代文化部门对遗产进行管理，忽视遗产的基本特性与遗产事业的基本

① 杨振之，马治鸾，陈谨. 我国风景资源产权及其管理的法律问题——兼论西部民族地区风景资源管理[J]. 旅游学刊，2002，17(4)：39-44.

② 徐嵩龄. 中国的世界遗产管理之路——黄山模式评价及其更新（中）[J]. 旅游学刊，2003，18(1)：44-50.

③ 张晓，郑玉歆. 中国自然文化遗产资源管理[M]. 北京：社会科学文献出版社，2001.

④ 张吉林. 西部旅游业如何利用海内外资金[J]. 瞭望，2001(14)：40.

使命。①

2. 文化遗产管理原则

BobMckercher 和 Hilary du Cros 对文化遗产管理原则进行了概括，主要包括以下几点：文化遗产管理的目标是为了保存和维护人类文化遗产的代表性样本；保存内在价值非常重要；开展遗产资产的保护必须对遗产资产的公众展示和解释提出一些要求；对物质和非物质的文化遗产都给予重视变得越来越重要；受保护的遗产、资产具有不同的规模，各类资产所需的管理程序也发生相应变化；文化遗产管理存在一个不断发展变化的框架；文化遗产的管理和保护是持续的活动，其目的是给遗产保护提供某种结构。②

邹统钎系统地总结了遗产旅游的基本概念，诠释了遗产旅游发展过程中的"地格理论"及真实性与完整性原则；重点分析了遗产利益相关者的目标取向，提出了相关者利益平衡的多种保护性开发模式；介绍了遗产旅游相关的国际公约与国际组织，选择性地评述了美国、日本、韩国和澳大利亚的文化自然遗产管理的体制经验，给我国遗产旅游发展与管理提供了有益的借鉴。③

王运良提出欧洲大陆在遗产管理中出现的三个原则：对指定名录拓展与指定标准的放宽；对遗产分类别、分等级实施保护；对纪念物及其环境的保护。④ 三个原则营造了新的政治氛围，使得欧洲众多国家重新审视本国的遗产管理组织和遗产管理目标，许多国家在 1960～1975 年都制定了适宜的遗产法规。

厉春雷从地域身份构建与文化经济发展两个原则论证文化遗产管理的战略性与可持续性，为文化遗产的保护、开发及两者之间的平衡提供了坚实的理论基础，并确保了其发展的规范性、持久性和扩展性。⑤

(五)文化遗产管理概况

1. 美国

美国从建国起虽只有 200 多年的历史，文化底蕴还不太深厚，但美国联邦政府依法保护历史遗产的行为可上溯到 1906 年的《国家文物保护法案》。一百多年

---

① 王兴斌. 邓小平旅游经济思想与中国旅游产业的发展(下)[J]. 资源与人居环境，2001(4)：22－23.

② Mckercher B，Cros H. Chapter 23-Culture，heritage and visiting attractions[J]. Tourism Business Frontiers，2006：211－219.

③ 邹统钎，齐昕. 大都市郊区休闲"庄园"发展模式研究[J]. 江西科技师范学院学报，2011(5)：104－109.

④ 王运良. 文物保护单位再认识[J]. 中国文物科学研究，2008(1)：62－64.

⑤ 厉春雷. 民族文化资源、非物质文化遗产与创意产业发展[J]. 理论界，2012(4)：149－150.

来，美国保护文化遗产的法律已经形成综合体系，为遗产资源的保护打下了牢固的法律基础。《国家文物保护法案》授权总统发布公告、保护历史遗产，建立起了考古资源调查、提取许可制度；《历史遗址与古迹法》明确了中央政府履行保护历史遗产并提供技术支持的责任，无论这些遗产是否是在联邦政府所有的土地上；而《国家历史保护法案》及其修正案所涵盖的历史遗产类型要比前两部法律广泛得多。《国家历史保护法案》突出强调了遗产保护政策的两个重要方面：第一，历史保护是各级政府都要开展的活动，同时也与私有部门和个人有关；第二，历史保护是当代发展与经济活动的一部分，州级历史保护官员的设置和国家历史地点名录的建立，都是该法规定的，这两项制度在历史遗产保护中都发挥了非常重要的作用。

　　除上述三部重要法律，美国遗产资源立法的进步性还体现在法律的完整性上，这些法律既包含广而言之的"历史保护法律"，也包含"特殊类型资源或某一特定方面的保护法律"，并为州和地方遗产保护法律所补充。所有法律都坚持历史遗产的公共价值和非商业属性。遵照1966年颁布的《国家历史保护法案》，许多州和地方政府制定了保护历史遗产的法律。如伊利诺伊州有《伊利诺伊历史保护法》（Illinois Historic Preservation Act）、《伊利诺伊州历史资源保护法》（Illinois State Agency Historic Resources Preservation Act）、考古与古生物资源保护法（Archaeological and Paleontological Resources Protection）、芝加哥市于1968年制订的地标条例（Landmarks Ordinance）。

　　在立法方面，以《国家文物保护法案》和《国家历史保护法案》两套法案为基础，对历史留下的遗迹、遗址、场馆、各类主题建筑及文化娱乐表演、象征性纪念碑、艺术成果、手工制品等依法保护。因此在美国的市政建筑中，各级政府都较为恰当地处理历史与文明的协调关系，使历史文化成为国民生活的重要精神食粮。凡50年以上有雕刻、装饰等文化内涵的建筑物，都列入了保护范围并纳入法制化管理，必须经过专家咨询委员会共同表决开发利用的方式和进度。美国文化遗产保护最突出的亮点在教育上，美国政府把文化遗产纳入中小学教育的重要课堂，当书本中涉及文化遗产内容时，就组织学生到相应的文博馆室和遗产地进行现场教学，有教师讲解、老兵讲解、原住民讲解。遗产教育不是单一的参观，而是完全的现场教学。美国政府还拨专款鼓励诸如印第安人等有鲜明文化特征的民族开展自己的文化遗产传承教育，且地方教育部门专门设有针对开放式教育的执行委员会机构。

　　在登记与命名方面，美国国家公园局管理的文化遗产有三类命名。国家公园系统内的文化遗产单位，诸如国家历史公园、国家古迹、国家历史遗址等，经由国会立法或总统公告建立。迄今为止，国家公园系统有近400处遗产单位，其中，文化遗产类占总数的2/3左右。国家历史地标由内政部长命名，由国家公园局管理。目前，共有近2500处历史地点拥有国家称号。国家历史地点名录是联邦层面最基础的历史遗产命名。目前，已有 80000 余处遗产进入国家名录。该名录不仅包括所有国家公园局命名的历史遗产，也包括国家公园系统内的所有历史遗产单位以及被命名为国家历史地标的所有历史遗产。美国的国家历史遗产登录制度的最终形成，以 1966 年国家历史保护法的颁布为标志。这一法案"授权内务部长扩大和维护国家历史地点名录"，并就列入国家名录的遗产范围、类型、评估标准和命名程序等做出了明确规定。除了国家名录外，美国还有州和地方层级的遗产名录。州级名录的涵盖范围可能比国家名录更广泛一些。比如，《伊利诺历史保护法》规定，伊利诺历史保护局"应该建立和维护伊利诺历史地点名录"。列入地方层级名录的历史遗产往往有着与国家和州级名录不同的称号，有的被命名为历史地标，有的被命名为历史地段。比如在芝加哥市，名录被称作"芝加哥地标"，包括历史区域、地段、地点、建筑物、构筑物、艺术作品和其他类似的实物。

在管理举措方面，除了通过国家公园局和国家公园制度实施外，主要见于1966 年颁布的《国家历史保护法案》及其修正案。第一，该法案 106 条规定，联邦各部门应考虑其所从事活动"对任何已包含在国家名录或符合列入国家名录条件的地段、遗址、建筑物、构筑物或其他对象"的影响。第二，历史保护咨询委员会除在历史保护方面向总统和国会提出建议并与州和地方政府及其他组织、个人开展合作外，还被授权对联邦部门涉及历史遗产的政策、项目进行评审。第三，该法创设了州级历史保护官员，"确定合适的历史遗产，推荐其列入国家名录；受理要求将某历史遗产列入国家名录的申请"；保证各个层级的规划都充分保护历史遗产；同时，管理州级历史保护项目和其他相关事务。第四，该法案建立了历史保护奖励项目。内务部长可以给做出突出贡献的官员和雇员颁发奖金，奖励项目还包括总统颁发的年度奖。至于州级的历史遗产管理，以伊利诺伊州为例。《伊利诺历史资源保护法》因效仿 1966 年《国家历史保护法案》的 106 条，常被称作"州级 106"法案。第五，该法要求所有州级部门考虑其所从事的活动，对已经列入、适合列入、已推荐列入国家或各州历史地点名录的历史资源的影响。第六，该法还确定了评判私有企业活动是否影响考古资源的标准。例如在芝加哥，地标条例授权芝加哥地标委员会评审地标修建许可项目，拟议的对地标的任何改动都不得对其特征造成消极影响。

2. 法国

法国是世界上第一个制定历史文化遗产保护法的国家，迄今已有 200 多年的历史，而且也是一个文化遗产保护法制较完善的国家。因此，法国民众自觉保护文化遗产的意识特别强。目前法国有 1.8 万多个文化协会保护和展示文化遗产。

法国是实行国家集中管理文化遗产事物的国家。自 1983 年开始实行"地方分权法"后，国家退出对市镇建设的大部分管理，但仍掌握文化遗产保护区的管理，对保护区范围内的城市建设采用国家干预的方式，不纳入城市土地利用规划管理体系。被国家列为文化遗产保护区的地区，建设不受城镇"土地利用规划"管理，而是通过由国家文化部所负责制定的保护区规划来指导和控制其中的建设活动。保护区规划由国家文化部委任的建筑师负责制定，并由国家建筑师与规划师执行。这种国家集中管理遗产的制度，保证了国家管理的权威性和唯一性。

法国政府采取划定历史文化遗产保护区，保护区内的历史文化遗产多达 4 万多处，如今这样的保护区已有 100 多个。划定保护区并不意味着将其封闭，反而是敞开大门，使其成为人们了解民族历史与文化的窗口。法国人还规定了"文化遗产日"，届时采取税收优惠、宣传推介等手段促进广大国民参与文化遗产参观学习活动。法国文化部下设有文化遗产局，地方上也有相应机构，负责依法调查、监督文化遗产的现状和维护情况，但法国政府管理的重点文化遗产不足 5%。近一半的重点文化遗产由市级部门管理，另一半则由私人管理，如巴黎埃菲尔铁塔等。

3. 意大利

意大利作为欧洲文明古国和文艺复兴的发源地，有着极为丰富灿烂的文化遗产，如古罗马竞技场、庞贝古城、比萨斜塔、文艺复兴发祥地佛罗伦萨、水城威尼斯等。各地都可见到精心保存下来的古罗马时代的宏伟建筑和文艺复兴时代的绘画、雕刻、古迹和文物。意大利在行政上分为 20 个大区，其中有 5 个特区。在对待文化遗产问题上，意大利始终强调保护文化遗产是中央政府的职责，在管理体制上的一个突出特点就是实行中央政府垂直管理制度。自 1870 年统一以来就形成了一个基本理念，即意大利领土上的文化遗产体现了国家的根本利益，必须由中央政府统一行使管理权。这一基本理念和政策的形成有两个历史原因：一是自 19 世纪以来欧洲各国都十分重视文化遗产的保护，所采取的文化遗产政策大体相同，在管理模式上都基本采取中央政府统一管理的模式；二是出于保持和平衡文化差异的需要。由于意大利历史悠久，王朝更迭频繁，北部地区接近欧洲文明，南部地区如西西里岛带有更多的阿拉伯文化色彩，将文化遗产管理权集中在中央政府，可以避免地方政府出于经济发展等需要而损毁、破坏文化的差异性，有效实现对不同地域文化的平等保护。为了实现这一目的，意大利遗产部认为，保护历史文化遗产就必须防止任何理由的破坏，包括经济、旅游开发所引起的破坏。所谓保护，体现在两个基本方面：一方面是对文化遗产周边人文环境的保护，如在罗马古城区内不允许建高层建筑，不得发展工业，不得在古城外建立新区等；另一方面是对文物个体（如古建筑）的具体保护。

意大利从 20 世纪 60 年代后开始经济腾飞，工业建设和城市化速度很快，地方政府强烈要求中央政府分权，相互之间的矛盾加剧。从 1972 年开始中央政府向地方分权，地方政府的权力日益加大。但在针对文化遗产管理权是否下放给地方政府的问题上，形成了支持和反对的两派意见。20世纪90年代在考虑相关立法时，这两派意见在议会间产生了激烈冲突，最后，反对下放权力的一方占据上风并达成了共识，即强调文化遗产是"立国之本"，经济管理权可下放，但文化遗产管理权必须由中央政府行使；地方政府可以有权决定本地区的经济发展，但其所在地区的文化遗产必须由中央政府垂直管理并承担保护文化遗产的职责。

由中央政府在全国各地建立保护行政管理网络，直接委任地方代表并垂直领导。国家遗产部统一管理全国的文化遗产保护工作，目前遗产部的工作人员不到100人，设有十个司局。遗产部代表中央政府任命遗产部代表向各地派驻，履行中央政府相关法令，负责所在地区的文化遗产保护工作，其工资由中央政府统一核发。目前，遗产部已向全国各地派出代表近两万人。意大利中央政府每年用于文化遗产保护的经费占整个财政预算的1‰～2‰。意大利还通过发行文物彩票吸纳资金，此外，各大区、市政府也拨款用于文物保护，企业和私人也设有专门的文物保护基金，再加上联合国教育、科学及文化组织（以下简称联合国教科文组织）和欧盟的援助，每年能将大批资金投入到文物保护工作中。地方政府也设立文化遗产保护机构，但职责只是负责本地区文化遗产的宣传和推广。派驻各地的代表有行政执法权，主要包括两个内容：一是对个人破坏文化遗产的行为有权予以直接处罚；二是对地方政府破坏文化遗产的行为有权直接予以阻止，如果发生纠纷，交由中央政府予以评判。如果地方政府不服，可提起司法诉讼，最后由法庭判决。

意大利法律规定，凡超过50年的建筑和艺术品均可归为文化遗产。中央政府只拥有400处古建筑宫殿，其他为私人、公司和地方政府所拥有。凡列入政府文化遗产名录的古建筑，无论所有权和使用权是谁，未经中央政府批准，不得任意改变建筑的外观和结构（包括电路、下水道）；未经政府批准，不得出售，如出售必须优先卖给政府；修缮时可以向政府申请补贴，最高可以补贴100%，如果修缮或改造未经中央政府批准，当事者将面临严重处罚。这一规定同样适用于任何遗产的拥有者及人文环境的破坏者，包括地方政府。从实践上看，地方政府破坏遗产和人文景观的行为并不常见，一个重要原因就是中央政府要求其恢复遗产原状的费用相当高昂，须由地方财政买单。

除了管理机制，意大利的执法机构也是其文化遗产管理的重要环节。1969年，根据法律规定，意大利设立了专门负责打击文化遗产犯罪活动的执法机构和队伍，称为"文物宪兵"。文物宪兵共300余人，分为12支队伍。设有专门的司令部。文物宪兵是双重管理体制：一方面与其他特殊宪兵（如税务宪兵）一样，统一隶属于国防部，属于军队序列，经费由国防部统一支付；另一方面直接隶属于遗产部，日常工作听从遗产部命令，在体制上受到国防部和遗产部的双重领导。文化遗产的内部安全工作由遗产部负责，文物宪兵的主要任务是打击各种文物犯罪活动，如盗窃、盗掘、走私等。文物宪兵一般从警察队伍中挑选，组成人员的资质要求较高，既要有警务执法经验，又要有文物保护经验。每年遗产部会派专家对其进行业务培训。与其他警察相比，文物宪兵的军衔普遍较高，在执法时，有权协调指挥其他部门的警察统一行动。文物宪兵还负责查处赝品的工作，承担着追索非法流出境外文物的任务，同时积极参与国际活动，如受联合国委派，前往他国负责当地的文物保护工作。

文物宪兵司令部设有收集意大利全国文化遗产资料最权威、最丰富的文物信息中心。该中心成立于1972年，并于当年开始编制纸质名录，1992年以后采用电脑管理。目前，该中心已收录并编目的各类文物艺术品超过400万件，仅绘画作品就达32万余件，覆盖了全国所有的重要遗产地。该中心信息化水平很高，无论是绘画、雕塑，还是其他艺术品，都有详细的分类和作者、年代、尺寸、地点等说明，可以在很短的时间内被检索出来。文物宪兵在执法时可及时通过电脑进入信息中心进行查询、比对。根据法律规定，文物经营者和所出售的文物必须在遗产部登记备案，并记录在信息中心内，如果所出售的文物在信息中心被检索出是未登记备案的，文物宪兵可将其查封没收，并以伪造、走私、非法销售等罪名提起指控。

因此，文物信息中心在意大利整个文物执法中发挥了极为重要的作用。查获追回的各类文物艺术品达102万余件。该中心还与欧美各国建立了广泛联系，目前主要通过法国里昂的国际刑警总部交流信息，由于国际刑警组织并非文物专业队伍，所以信息交流仍不够直接通畅。鉴于意大利这种专门警察队伍和文物信息中心的模式在执法中富有成效，欧盟各国目前都在积极研究建立专门的警察队伍和文物信息中心，以协调统一全欧洲及包括中国在内的国际文物执法和信息交流。

4. 日本

在保护非物质文化遗产的法律制度方面，日本一直走在世界的前头。早在明治4年(1871年)就已开始，之后日本出台了多部保护文化遗产的法律，其中，《文化财保护法》自1950年通过至1996年10月已经进行了四次修订。法律规定政府拨出专款进行物质与非物质文化遗产登记和维护工作，还规定中小学生在读期间必须观看一次能剧等传统文化艺术。日本的文化遗产由文化厅委托各部、道、县的教育委员会进行直接的保护和管理。自20世纪80年代起，日本还实施了由国家组织的"民俗资料紧急调查""民俗文化分布调查"和"民谣紧急调查"，同时不断举行全国性民俗艺能大赛等，以促进对其有形和无形文化财产的研究、保护和教育的活跃气氛。

5. 韩国

韩国最早的关于文化财保护的法律是于1916年制定的《古迹及遗物保存规

则》，它是仅针对有关古迹及遗物的规定。1933 年制定了《朝鲜宝物古迹名胜天然纪念物保存令》，在保护体制上前进了一大步。韩国最初综合性的文化财保护法是于 1962 年制定的《文化财保护法》。此法的意义在于它是韩国关于文化财保护的第一个全面的国家法律，确定了有关文化财制定、管理、保护、利用、调查的制度体系。《文化财保护法》由 7 章 73 条及附则 3 条组成，这部法律为了能够体现时代变迁过程中的文化遗产保护的主要政策看法，迄今为止已修改过 21 次。现行的《文化财保护法》由 7 章 94 条及其附则组成，包括第 1 章总则，第 2 章国家指定文化财，第 3 章埋藏文化财，第 4 章国有文化财相关的特例，第 5 章市、道指定文化财，第 6 章补则，第 7 章罚责等。

除此以外，关于文化财保护的法令还有《古都保存法》《乡校财产管理法》《建筑法》《国土利用管理法》《城市计划法》《自然公园法》等。文化财厅行政指南中有《国家指定文化财周边现状及变更基准指南》《石雕文化财保存处理工事指南》《埋藏文化财调查业务处理指南》《寺庙遗物展示馆建立运营管理指南》《文化财地域水土保存管理指南》《国家指定文化财管理团体业务指南》以及关于遗迹展示馆等的管理运营指南等。地方政府文化遗产的管理遵循各地方政府制定的文化财保护条例。

6. 中国

政府及其有关部门登记的历史遗产被称为不可移动文物，包括古文化遗址、古墓葬、古建筑、石窟寺、石刻、壁画及近现代重要史迹和代表性建筑。根据其历史、艺术价值和科学价值，这些遗产有四种不同类型的命名。具有重大或重要价值的遗产被分别命名为全国重点文物保护单位、省级文物保护单位和市县级文物保护单位；这三类遗产分别由国务院、省级和市县级政府确认、公布。

一方面是重点对物质文化遗产进行保护。

1950 年新中国成立伊始，中央人民政府很快发布政令，做出了《关于保护古建筑的批示》，并颁布了《古文化遗址及古墓葬之调查发掘暂行办法》《关于地方文物名胜古迹保护管理办法》和《关于征集革命文物的命令》。1956 年，国务院着手组织第一次全国文物普查，分别于 1981 年和 2004 年先后进行了第二次、第三次全国文物普查，登记不可移动文物近 40 万处，为发展中国文物事业奠定了基础。1958 年，将"国家保护名胜古迹、珍贵文物和其他重要历史文化遗产"的法律规定正式写进了《中华人民共和国宪法》。1961 年，国务院依据宪法颁布了《文物保护管理暂行条例》，从此为建立中国文物保护法规体系奠定了基础。同年，国务院公布了第一批全国重点文物保护单位名单，开始实行以核定公布"文物保护单位"来保护历史文化遗产的制度。

但是，随着中国经济建设发展，城市规模一再扩大，在城市规划和建设过程中，因为缺乏文化遗产保护意识，不注意保护历史文化古迹，使一些古建筑、遗址、墓葬、碑碣、名胜遭到不同程度的破坏。进入改革开放时期，在基本建设和发展旅游事业中，又出现了一些问题，使城市和文物古迹的环境风貌进一步受到损害。为了采取有效措施，遏制文物古迹继续遭受破坏，以免断送长期积累起来的宝贵的历史文化遗产，1982 年 2 月，国务院批转了国家基本建设委员会、国家文物事业管理局、国家城市建设总局关于保护中国历史文化名城的请示，公布了第一批国家历史文化名城。同年 11 月，第五届全国人民代表大会常务委员会（以下简称全国人大常委会）第二十五次会议通过的《中华人民共和国文物保护法》，成为中国第一部关于历史文化遗产保护的法律。

鉴于文物保护与城市规划建设关系十分密切，必须依法规范各类建设活动，确保文物免遭破坏，国务院于 1984 年 1 月颁布了《城市规划条例》，规定城市规划应当切实保护文物古迹，保护和发扬民族风格和地方特色。1985 年 1 月，中国政府正式加入了《保护世界文化和自然遗产公约》，使历史文化遗产保护工作与国际接轨，按照国际标准在进一步加强文化遗产保护的同时，启动了申报世界遗产的工作。1986 年，国务院确定将文物古迹较集中或较完整地保存某一历史时期的传统风貌与民族地方特色的街区、建筑群、小镇、村落划定为历史文化保护区。在履行国际公约和实践中国法律法规的基础上，全国人民代表大会于 1989 年 12 月审议通过了中国城市规划建设的第一部法律，即《中华人民共和国城市规划法》，该法律明确规定编制城市规划应当保护历史文化遗产、城市传统风貌和地方特色，城市新区开发应当避开地下文物古迹。

进入 20 世纪 90 年代，中国经济建设开始步入快车道，呈现出快速增长的发展势头。新一轮更大规模的城市建设蓬勃兴起。长期因资金紧缺而起步艰难的旧城改造由于推行了城市土地有偿使用和房屋商品化的体制改革而开始了，许多历史文化名城也因此开始了大面积的旧城改造，导致出现了大量建设性破坏。经国务院批准，1993 年 10 月，建设部和国家文物局在襄樊市召开了全国历史文化名城保护工作会议。1994 年 1 月，国务院批转了建设部和国家文物局《关于审批第三批国家历史文化名城和加强保护管理的请示》，通知要求抓紧编制、修订和审批历史文化名城保护规划。建设部、国家文物局根据国务院通知精神，印发了《历史文化名城保护规划编制要求》，作为国家历史文化名城保护的重要依据。经过在十年的实践中积累经验，建设部于 2005 年 7 月发布《历史文化名城保护规划规范》，为编制历史文化名城保护规划制定了国家标准。

自 21 世纪以来，党和国家把提高文化遗产保护意识、加强历史文化遗产保护、保持民族文化的传承摆在了更加突出的位置。继 2002 年 10 月第九届全国人大常委会第三十次会议修订通过《中华人民共和国文物保护法》以后，2007 年 10 月，党的十七大将弘扬中华文化、重视文物和非物质文化遗产保护列为中国推动社会主义文化大发展大繁荣、实现全面建设小康社会奋斗目标的一项重要任务。同年 10 月 28 日，第十届全国人大常委会第三十次会议通过了《中华人民共和国城乡规划法》（以下简称《城乡规划法》），接着又于同年 12 月 29 日第十届全国人大常委会第三十一次会议再次决定修改并重新公布了《中华人民共和国文物保护法》（以下简称《文物保护法》），从而为贯彻落实党的十七大精神、切实保护好中国历史文化遗产，建立起法律构架，使保护方针和原则更加清晰明确、保护内容和措施日臻完善。国务院于 2003 年 5 月公布《中华人民共和国文物保护法实施条例》（以下简称《文物保护条例》），于 2005 年 12 月 22 日还专门下发了关于加强文化遗产保护的通知（国发〔2005〕42 号），并首次决定在中国设立文化遗产日，开始每年一度的文化遗产保护宣传普及活动。2006 年 11 月，文化部公布了《世界文化遗产保护管理办法》。不久后依据《文物保护法》规定，于 2008 年 4 月 2 日国务院第 3 次常务会议通过了《历史文化名城名镇名村保护条例》（以下简称《名城保护条例》）。至此，《文物保护条例》和《名城保护条例》两部行政法规相继公布施行，加之地方性法规与行政规章配套制定，使中国文化遗产保护走上了健全的法制轨道。

根据文物保护法的规定，尚未公布为文物保护单位的不可移动文物由县级政府文物行政部门登记公布。名录登记是制定历史遗产保护法规和其他政策的前提和基础。实际上，任何有关历史遗产保护的规制活动都聚焦在进入名录的遗产上，被列入登记名录的遗产，法律地位明晰，使其更加容易得到政府机构和其他组织的支持，特别是在经费补助、税收优惠、技术支持、管理措施等方面。此外，遗产所列名录的层级越高，通常该遗产保护项目获得的支持就越多。因此，遗产名录登记已成为有关社会经济发展的重要规划手段，如社区战略规划、功能区和土地利用规划、旅游发展规划、基本建设规划、科学研究规划、社会教育规划、税收增量资金规划、环境修复规划等。

另一方面是针对非物质文化遗产进行保护。

2004 年 8 月 28 日，我国正式加入《保护非物质文化遗产公约》，在世界非物质文化遗产保护的政策框架下，开始了我国非物质文化遗产保护的政策历程。2005 年 3 月 26 日，国务院办公厅制发了《国务院办公厅关于加强我国非物质文化遗产保护工作的意见》，其成为我国非物质文化遗产保护的主要政策依据。与之同时颁布的《国家级非物质文化遗产代表作申报评定暂行办法》，对国家级非物质文化遗产代表作的申报和评定工作做了进一步规范。同年 12 月 20 日，国务院下发了《国务院关于加强文化遗产保护的通知》，对包括非物质文化遗产在内的文化遗产保护工作做了具体详细的规范，成为现阶段指导我国文化遗产保护事业健康发展的纲领性文件。尤其是四级保护体系的制定、十六字工作方针的提出及"文化遗产日"的设立，对我国文化遗产保护事业的法制化、规范化、科学化、民主化建设起到了积极的推动作用。2006 年 4 月，《保护非物质文化遗产国际公约》生效，各国申报的非物质文化遗产一旦入选，就将被列入《人类非物质文化遗产代表作名录》，而此前联合国教科文组织分别于 2001 年、2003 年、

2005 年宣布的三批共计 90 项人类口述和非物质文化遗产代表作自动纳入上述名录。2006 年 11 月，文化部颁布了《国家级非物质文化遗产保护与管理暂行办法》，重申了对国家级非物质文化遗产的保护实行"保护为主、抢救第一、合理利用、传承发展"的方针，以及真实性和整体性的保护原则，并提出了建立国家级非物质文化遗产数据库。2007 年 2 月，商务部、文化部联合发布了《关于加强老字号非物质文化遗产保护工作的通知》，提出各地商务和文化主管部门要通力合作，切实加强对老字号非物质文化遗产的传承与保护工作，积极争取财政、建设、工商等部门的支持，保护其专有品牌、传统技艺、经营理念和文化内涵。2008 年 5 月，文化部颁发了《国家级非物质文化遗产项目代表性传承人认定与管理暂行办法》，对物质文化遗产项目代表性传承人的评定条件、申报材料、申报程序、管理和培训及义务等进行了规定。

2011 年 2 月 25 日，第十一届全国人大常委会第十九次会议通过了《中华人民共和国非物质文化遗产法》，"将党中央关于非物质文化遗产保护的方针政策上升为国家意志，将非物质文化遗产保护的有效经验上升为法律制度，将各级政府部门保护非物质文化遗产的职责上升为法律责任，是我国履行非物质文化遗产国际公约义务的体现，为非物质文化遗产保护政策的长期实施和有效运行提供了坚实保障。"

在国家政策的带动下，各地纷纷出台了地方性非物质文化遗产保护政策，例如《云南省民族民间传统文化保护条例》（2000）、《贵州省民族民间文化保护条例》（2003）、《福建省民族民间文化保护条例》（2005）、《江苏省非物质文化遗产保护条例》（2006）、《宁夏回族自治区非物质文化遗产保护条例》（2006）、《广西壮族自治区民族民间传统文化保护条例》（2006）、《浙江省非物质文化遗产保护条例》（2007）、《新疆维吾尔自治区非物质文化遗产保护条例》（2008）等。

总的来说，在国际化背景下，我国从国家、地区层面制定并实施了一系列文化遗产，特别是非物质文化遗产保护政策，为各地区各部门开展非物质文化遗产保护工作提供了政策上的指导与保障，推动了我国非物质文化遗产保护的进程。

中国的文化遗产管理模式与其他国家的管理模式不同。相对而言，中国的历史遗产管理模式更为综合，属于分级管理与属地管理相结合的模式。尽管国家级、省级和市县级文物保护单位分别由相应层级的政府命名，但国家级、省级政府及其有关部门主要负责相应级别文物保护单位的行政许可和经费补助，管理职责由市县级政府承担。

（六）遗产廊道研究综述

遗产廊道与旅游线路、交通通道、生态廊道、绿道（绿色廊道）、道路在线路上有重合，在概念内涵上各有侧重。在高速公路、铁路等公共交通发展突飞猛进的今天，作为特殊文化遗产和自然遗产组合的线性景观①，遗产廊道以多点多极的经济枢纽、文化中心、旅游中转地、旅游目的地、历史建筑的风貌改造和内部设施完善再利用、休闲娱乐氛围营造的组合要素，成为现实生活的热点②。同时，遗产廊道作为学术研究对象，更是拥有丰富而又流动的现象和材料。

　　遗产廊道调查研究起源于国外。国外遗产廊道研究理论来源有两条脉络。一是 20 世纪 60 年代发起的欧洲文化线路理论，二是 20 世纪 80 年代出现的美国遗产廊道理论。③ 最早的遗产廊道是 16～17 世纪的欧洲中世纪大旅行，线路较为固定，从巴黎经罗纳河下游河谷进入意大利北部都灵、米兰、威尼斯，中部佛罗伦萨、罗马和南部那不勒斯，取道德国莱茵河西部地区和低地国家，最后返回英国。④ 1964 年，欧洲工作理事会制定了打造"欧洲文化线路"的总体思路。D. W. 美林和 J. D. 古德赛分别于 1979 年和 1982 年提出了遗产景观和文化组合。⑤ 1980 年，西班牙的"圣地亚哥—德孔波斯特拉"朝圣线路开始实施。1994 年，在西班牙马德里召开的世界遗产专家会议上首次明确提出文化线路的遗产概念。⑥

　　欧洲文化线路不仅穿越城市，还横跨乡村。廊道线路的发展有利于推动区域经济发展，乡村遗产廊道以捷克和斯洛伐克中部的"摩拉维亚的葡萄酒乡村遗产廊道"极富魅力，融合了地方文化遗产遗迹，如乡村博物馆、城堡、酿酒作坊、手工艺作坊、酒吧、酒店、客栈、露营地、自驾车营地、自助餐厅等，把零星分布的旅游要素或文化符号连缀成一项套餐形态的受人欢迎的旅游产品，进行联合营销，实现了多赢。⑦ 例如，英国德贝溪谷遗产廊道是著名的"工业革命摇篮"，由德文特河谷的磨坊、城堡、纪念碑、公墓、教堂、博物馆等共同组成，同时在线路上配套旅游基础设施，为游人开启了工业之旅，带动了当地经济的发展。⑧ 20 世纪 80 年代中期，美国议会最早确定了第一条遗产廊道，叫作"伊利诺斯—密歇根运河国家遗产廊道"。又分别于 1986 年、1988 年、1994 年和 1996 年指定了九条文化遗产廊道，如黑石河峡谷国家遗产廊、和"特拉华—莱通航运河国家

---

① 单霁翔. 关注新型文化遗产——文化线路遗产的保护[J]. 中国文物科学研究，2009（3）：12-23.

② 丁蕴一. 美国城市生态廊道建设及其对我国的启示——以丹佛为例[J]. 中国城市林业，2010，8（3）：60-62.

③ 余青，樊欣，刘志敏，等. 国外风景道的理论与实践[J]. 旅游学刊. 2006，21(5).

④ Leary T E, Sholes E C. Authenticity of place and voice：Examples of industrial heritage preservation and interpretation in the US and Europe[J]. The Public Historian，2000，22(3)：49-66.

⑤ Majdoub W. Analyzing cultural routes from a multidimensional perspective [J]. Almatourism-Journal of Tourism, Culture and Territorial Development，2010，1(2)：29-37.

⑥ Martorell Carreño A. Cultural routes：Tangible and intangible dimensions of cultural heritage[J]. Inorganic Chemistry，1995，34(13)：3418-3424.

⑦ Kerstetter D, Confer J, Bricker K. Industrial heritage attractions：Types and tourists[J]. Journal of Travel & Tourism Marketing，1998，7(2)：91-104.

⑧ Richards G. Tourism trends：Tourism，culture and cultural routes [J]. Council of Europe Publishing，2011：21-39.

遗产廊道"等。① 这类遗产廊道强调复原和振兴旅游资源，包括工业、交通、科技、劳动、民族、宗教、早期定居点、社区开发、社会变革、商贸、农业等多元主题。② 美国通过议会划定廊道，制订了专门的保护法律和旅游规划③。国外学者研究主要遵循保护重于发展，忽略了以发展聚集资金人才、推动文化保护的功能。随着中国社会转型的深化，特别是城镇化、市场化、全球化等带来了较大的社会变迁，因此，国外研究遗产廊道的理论方法和研究范式并不完全适用于国内研究。

国外学者主要依据规模来研究遗产廊道，如国际级、区域级和本地级的遗产廊道。国际遗产廊道如横跨中亚和中东的丝绸之路、中美洲的玛雅之路、西非的奴隶线路等。区域遗产廊道如美国得克萨斯州的孜然河流廊道、美国与墨西哥边境格兰德河一带河流之路、美国东南部黑人历史之路、美国南北战争之路、英国英格兰和威尔士国家之路④、加拿大尼亚加拉地区的葡萄酒厂之路、东南亚国家庙宇之路等。遗产廊道如美国波士顿自由之路、宾夕法尼亚州历史路径、瑞典斯德哥尔摩老城路、加拿大多伦多漫步道⑤、英国斯托克—特伦特工业遗产之路⑥、肯尼亚蒙巴萨市遗产之路等。国外学者大多关注遗产廊道的长度、体验目的、游览地方、参与活动、市场规模等。

国内学界对遗产廊道的研究相对国外来说起步较晚，开始于 20 世纪 80 年代，近年来出现了较多成果。廊道的主题资源也为当地发展旅游提供了沃土，然而遗产廊道保护传承与区域发展形态的研究较为欠缺。目前还没有一种确立的理论框架来覆盖鲜活的西部民族地区遗产廊道，目前的研究大致分属以下几种类型。

（1）自然遗产廊道，依托自然资源绿道，整合和连接沿线山川、水域、生物、植被、景观等自然风光和休闲资源，形成了分区组团、团团相连的自然廊道体

---

① 王肖宇，陈伯超. 美国国家遗产廊道的保护——以黑石河峡谷为例[J]. 世界建筑，2007 (7)：124 -126.

② 王敏，王龙. 遗产廊道旅游竞合模式探析[J]. 西南民族大学学报：人文社会科学版，2014，35(4)：137-141.

③ Gardner E S. Cumberland plateau-national heritage corridor feasibility study[J]. Retrieved March, 2006，1：2007.

④ 奚雪松，陈琳. 美国伊利运河国家遗产廊道的保护与可持续利用方法及其启示[J]. 国际城市规划，2013 (4)：100-107.

⑤ Behre R. Preserving gullah culture：Heritage corridor act will help restore a dying way of life[J]. The Post and Courier，2006：20.

⑥ Laven D N，Krymkowski D H，Ventriss C L，et al. From partnerships to networks：New approaches for measuring US national heritage area effectiveness[J]. Evaluation review，2010，34(4)：271 -298.

系，如三峡遗产廊道①、桂林漓江山水廊道、大熊猫生态走廊、谷地生态廊
道②等。

（2）文化遗产廊道，依托文化遗产资源，整合历史文化名城、名镇、名村，
文物、非物质文化遗产等不同尺度文化资源，形成历史文化、民俗节庆连缀的线
路体系③，如剑门蜀道廊道、西湖群山文化景观廊道、北京长河水系廊道④、京
杭大运河廊道⑤等。

（3）现代遗产廊道，依托现代经济发展留存的建筑、环保、交通、水利、土
地利用等相关线性遗产区域，如昌九工业走廊、上海浦东会展旅游廊道⑥、景德
镇陶瓷廊道⑦、大湄公河次区域经济走廊⑧、万鲁河和哈工大工业走廊⑨等。

（4）民族遗产廊道，依托少数民族的文化变迁、宗教传延、民俗风情、文化
记忆联系的线路，如土家苗瑶走廊、壮侗走廊、阿尔泰走廊、古氐羌走廊等。

（七）文化线路

1）以文化为主线

王肖宇提出以"清文化"为主题构建"京沈清文化遗产廊道"。以满族崛起
及入关前明清战争的历史主线；清朝皇帝东巡祭祖的历史主线；清前期藏传佛教
在满族传播的历史主线；清前期满族与汉族文化交融的历史主线作为遗产廊道构
成依据。全长 600 多公里的"京沈清文化遗产廊道"在构建中囊括具有清文化特
征的物质文化遗产和非物质文化遗产⑩，引入决策科学的理论，应用层次分析法
把廊道主线涉及的文化遗产资源进行科学的计算，设定评价指标、构造判断矩
阵、进行重要度的排序，得出构建遗产廊道的具体节点，确定遗产廊道的地理
范围。

2）以构成为主线

---

① 李小波. 三峡文物考古成果的旅游转化途径与三峡遗产廊道的时空构建[J]. 旅游科学, 2006, 20
(1): 12−17.

② 李飞. 廊道遗产旅游资源保护性开发研究[D]. 北京: 北京第二外国语学院, 2008.

③ 麻三山. 遗产廊道: 湘鄂渝黔少数民族地区文化遗产保护新思维[J]. 前沿, 2009(6): 82−84.

④ 王思思, 李婷, 董音. 北京市文化遗产空间结构分析及遗产廊道网络构建[J]. 干旱区资源与环
境, 2010(6).

⑤ 周年兴, 俞孔坚, 黄震方. 绿道及其研究进展[J]. 生态学报, 2006, 26(9): 3108−3116.

⑥ 刘伟国, 苑桂英. 哈大齐旅游遗产廊道构建初探——旅游产品联合开发的新思路[J]. 黑龙江科技
信息, 2010(15).

⑦ 俞孔坚, 奚雪松. 发生学视角下的大运河遗产廊道构成[J]. 地理科学进展, 2010, 29(8): 975
−986.

⑧ 贺俏毅, 江凯达, 郭大军. 杭州京杭大运河遗产廊道保护规划探索[J]. 城市与运河, 2010(8):
59−63.

⑨ 王志芳, 孙鹏. 遗产廊道——一种较新的遗产保护方法[J]. 中国园林, 2001, 17(5): 85−88.

⑩ 王肖宇. 清文化遗产廊道构建研究[M]. 沈阳: 东北大学出版社, 2009.

从遗产廊道的基本构成(文化遗产保护、生态廊道、游憩系统)出发,探讨了遗产廊道构建的方法及 GIS 作为技术实现手段在构建分析过程中的操作方式、方法和成果。① 通过对遗产资源进行评价,应用趋势分析法和最小阻力模型对文化遗产廊道进行分析,划定保护与控制范围。基于对生态廊道和文化遗产保护的分析研究,确立游憩系统。总结 GIS 技术在遗产廊道构建中的优势,包括基础资料收集整理的便捷性、准确性和实时性;在分析过程中,具有定量性、客观性和科学性;在保护与建设范围划定中,具有精确性;在分析过程中,表现为多因子复合分析,具有综合系统性。

面对滇藏茶马古道屡遭严重破坏的事实,构建文化遗产廊道保护战略,将茶马古道及古道上的遗产单体纳入区域性整体保护体系。② 以遗产廊道理论为基础,文化遗产廊道在概念、内涵及建构模式方面形成自身的理论框架。在此框架下,须采取多项措施保障以滇藏茶马古道为对象而进行的文化遗产廊道的构建实践,以期为类似于茶马古道的线状遗产保护提供有效借鉴。遗产廊道要做好信息整理机制,及时将相关的经济发展状况、基础设施接待、天气状况、游客信息、游客需求等信息予以公开。

(八)西部民族地区旅游发展研究综述

国内学者首先界定相关概念,其中代表性观点是陈兴贵③提出的"旅游方式论",彭兆荣④提出的"旅游项目论",陶思炎⑤提出的"旅游产品论",巴兆祥⑥提出的"文化生活方式论",光映炯⑦提出的"旅游过程论",邓敏⑧提出的"旅游形式论",扶蓉⑨提出的"总和论",刘丽华、何军⑩提出的"旅游类型论",高

① 王磊. 长城文化遗产廊道的保护宽度和层次构建研究——以左云摩天岭长城段为例[C]. 城市时代,协同规划——2013 中国城市规划年会论文集(11-文化遗产保护与城市更新),2013.

② 王丽萍. 遗产廊道视域中滇藏茶马古道价值认识[J]. 云南民族大学学报:哲学社会科学版,2012,29(4):34-38.

③ 陈兴贵. 人类学在民族旅游开发中的作用[J]. 贵州民族研究,2007,27(3):59-64.

④ 彭兆荣. 旅游人类学视野中的"旅游文化"[J]. 旅游学刊,2004,19(6):20-27.

⑤ 陶思炎. 略论民俗旅游[J]. 旅游学刊,1997,12(2):36-38.

⑥ 巴兆祥. 试论民俗旅游[J]. 旅游科学,1999(2):36-39.

⑦ 光映炯. 旅游人类学再认识——兼论旅游人类学理论研究现状[J]. 思想战线,2002,28(6):43-47.

⑧ 邓敏. 民族旅游目的地社会文化影响因素研究[D]. 西北大学,2007.

⑨ 扶蓉. 农家乐休闲旅游业可持续发展模式研究——以湖南长沙为例[J]. 商场现代化,2008,x(28):278-278.

⑩ 刘丽华,何军. 国内民众的非物质文化遗产认知度实证研究——以沈阳市民的辽宁省非物质文化遗产认知为例[J]. 旅游论坛,2009(4):611-615.

婕、田敏[①]提出的"经济活动论"等。刘晖[②]认为民族地区旅游具有五大特征(民族性、神秘性、乡土性、原则性和参与性)。窦开龙[③]认为民族地区旅游具有五大基本特点(民族性、文化性、参与性、互动性和对禁忌的宽容性)。以西部民族地区旅游的外部特征为切入点,通过对研究文献的梳理,研究发现对西部民族地区旅游的认知主要集中在历史文化、交通出行、社区形象、民风民俗、个体舒适度等方面。

1)旅游方式论

民族旅游作为一种以民族文化及其自然生态环为资源进行的旅游开发,是一种有别于普通旅游的新型旅游方式。在其开发过程中不仅要遵循一般旅游开发的原则,同时还应遵循民族文化发展的基本规律。因此,民族旅游的开发离不开对民族文化的深入认识和把握。

2)旅游项目论

旅游并非"单一的实体",而是一个类型。它包括旅游设备和旅游活动及由此所产生的一方与另一方的互动,特别是不同文化之间的互动关系。旅游要素包括自然环境和风景。其中一个关键因素是为游客所创造、设立、建造、组织、制造的景物、景致、项目和活动。尤其应该注意东道主地方在组织和安排项目和活动中所借用和利用的资源及这些资源的价值,包括可以量化和不可以量化的部分。比如东道主社会为吸引游客建立一个"民族村"或"民俗村"所花费的实际费用和这一项目对本民族或族群可能造成的环境和文化上的影响。

3)文化生活方式论

民俗旅游属高档次的文化旅游范畴,是指旅游者为异域异族独具个性的民俗文化所吸引,以一定旅游设施为条件,离开自己的居所,前往旅游地(某特定的地域或特定的民族区域),进行民俗文化消费的一个动态过程的复合体,是人类文明进步所形成的一种文化生活方式。

宗晓莲总结了国外相关理论[④]。陈昕[⑤]分析认为民族地区旅游效益调试对策在于采取三种特殊模式——政府模式、精英模式和社区模式。王宁[⑥]从社会学角

---

① 高婕,田敏.民族旅游的困惑与选择——中国民族旅游与少数民族传统文化保护能否双赢的思考[J].西南民族大学学报(人文社科版),2009,30(6):204-208.

② 刘晖.旅游民族学[M].北京:民族出版社,2009.

③ 窦开龙.神圣帷幕的跌落:民族旅游与民族宗教文化的世俗化变迁——以甘南拉卜楞为个案[J].宁夏大学学报(人文社会科学版),2009,31(6):111-114.

④ 宗晓莲.西方旅游人类学两大研究流派浅析[J].思想战线,2001,27(6):47-49.

⑤ 陈昕.遗产地旅游不同利益主体逐利行为分析[J].产业与科技论坛,2012(8):118-122.

⑥ 王宁.旅游、现代性与"好恶交织"——旅游社会学的理论探索[J].社会学研究,1999(6):93-102.

度分析了民族地区旅游效益形成的机理——旅游和现代性出现联系。张文①从系统论视角构建了运行机制，认为旅游效益在于政治、文化、经济、环境几大变量的先后作用和不同力度之间的互动。曹国新②认为旅游社会效用的影响因素在于社区隔离、文化资本和"圈子"等。余凤龙分析了产权制度和管理体制与旅游效应机制的关系等③。刘晓辉认为西部遗产廊道资源富集的村寨乡镇依托资源优势开发旅游已经成为一个普遍的现实④。探讨旅游开发背景下西部少数民族村寨乡镇第三产业发展现状、经营主体、发展制约因素，对实现第一产业向第三产业的跨越式发展探明道路具有重要的意义。

韦复生认为西部民族地区由于生态脆弱性，经济结构的二元化特征，客观上要求在产业结构调整中要减少资源性经济过度增长⑤。作为文化资源的富集区，民族文化创意与区域旅游发展的耦合与创新及利用民族文化不可复制的文化特征，是西部民族地区追赶的潜在优势。陈林⑥认为走马观花式的低端旅游产品营销模式对当地生态环境、文化遗产保护、基础配套设施等形成巨大的负面压力，西部民族地区乡村旅游面临粗放且不可持续的窘境。引入分时度假产品营销模式，并通过分时度假产品交换网络推动西部民族地区乡村旅游国际化经营，提升其乡村旅游层次，给遗产廊道资源丰富的西部民族地区注入必要的发展资金，在相当长时期内为度假地带来比较稳定的、具有较强消费能力的游客资源，为当地经济输入强劲发展动力，可求得问题的解决，使西部民族地区乡村旅游走上可持续的良性发展轨道。

李力、郭潇认为民族地区旅游最大效应是使当地对外开放度加大、传统文化受到外力冲击⑦。余丹认为民族地区旅游发展的效应是非物质文化的保护模式得以创新⑧。龙梅认为民族地区旅游的正面效应在于加强民族文化自信和民族自豪，使传统文化得到保护挽救，负面效应在于使民族传统文化"三化"（商品化、

---

① 张文，安艳艳，李娜. 我国乡村旅游发展的社会与经济效益、问题及对策[J]. 北京第二外国语学院学报，2006(3)：17—24.

② 曹国新. 中国与西方旅游的古代、现代和后现代特征[J]. 旅游学刊，2006，21(6)：11—15.

③ 余凤龙，尹寿兵，杨蕾蕾. 基于旅游视角的非物质文化遗产保护性开发研究[J]. 太原大学学报，2008，9(3)：74—76.

④ 刘晓辉. 旅游开发背景下西部民族村寨乡镇第三产业发展探析——以贵州为例[J]. 贵州师范学院学报，2011，27(4)：28—31.

⑤ 韦复生. 耦合与创新：民族文化创意与区域旅游发展——西部民族地区经济结构调整与发展的新视角[J]. 广西民族研究，2011(1)：174—179.

⑥ 陈林. 引入分时度假产品提升西部民族地区乡村旅游[J]. 贵州民族研究，2010(4)：89—92.

⑦ 李力，郭潇. 旅游地传统文化变迁与社会发展的矛盾解读——以广东乳源瑶族旅游发展为例[J]. 未来与发展，2009(3)：23—27.

⑧ 余丹. 民族节庆旅游开发与非物质文化遗产保护互动模式研究[J]. 西南民族大学学报(人文社科版)，2009，30(9)：5—8.

庸俗化、变迁加速化)①。韦婷婷认为民族节日出现"三个倾向"(表演化倾向、政策贯彻倾向和促进经济发展倾向)。② 王汝辉、刘旺认为民族旅游使社区"抢客"之风盛行，文化的民族性减弱③。

张晓萍等④以大理鹤庆白族新华村民间艺人寸发标为案例分析认为民族地区旅游使传统艺人发展出现了资本转化过程。保继刚举例分析了民族地区旅游的社会、文化、经济和环境影响⑤。徐昕发现民族地区旅游语境下传统服饰文化出现复兴希望⑥。周丹发现民族地区旅游使制度层次、精神层次和心理层次民族文化均发生变迁⑦。

刘瑶瑶以小凉山地区彝族文化旅游开发为例，探讨了西部民族地区文化旅游开发对于传统文化保护的影响，进而提出了文化旅游开发的相关策略⑧。梁宏志以西部民族地区的云南省为例，梳理了云南省旅游政策的变迁历程，提出了基于政策变迁的云南旅游产业集群的培育主张，并从空间集聚和产业集群要素两个维度阐释了以政府政策推动的旅游产业集群培育方式⑨。洪玉松以丽江为例，阐述丽江在急速发展中暴露出很多问题，如发展不均衡、收益分配不合理、古城的置换与文化断裂、文化冲突所导致的年轻人的精神生活空虚与文化传承危机⑩，并提出对策。

白俊奎、朱德东认为少数民族文化有被边缘化的趋势，而将少数民族文化作为遗产廊道资源进行开发可以促进民族地区旅游业的发展，更有利于民族文化的传承与弘扬⑪。但若单一地开发少数民族文化旅游资源，成本过高且缺乏吸引力，应进行系统开发，如以流域为纽带等明确旅游带"文化主题"、系列个体旅游点"文化主题"及其联系。曾秀芳、马瑞提出的对策是明确主体义务与责任，

① 龙梅. 人类学视野下的民族旅游开发[J]. 求索，2009(9)：64—66.

② 韦婷婷. 民俗旅游冲击下的少数民族节日庆典——以广西融水苗族自治县苗族坡会为例[J]. 广西社会科学，2009(s1)：8—10.

③ 王汝辉，刘旺. 民族村寨旅游开发的内生困境及治理路径——基于资源系统特殊性的深层次考察[J]. 旅游科学，2009，23(3)：1—5.

④ 张晓萍，李芳，王尧，等. 从经济资本到文化资本和社会资本——对民族旅游文化商品化的再认识[J]. 旅游研究，2009，1(1)：23—29.

⑤ 保继刚，楚义芳. 旅游地理学：修订版[M]. 北京：高等教育出版社，1999.

⑥ 徐昕. 民族文化旅游与红瑶女性传统服饰的复兴[D]. 广西民族大学，2008.

⑦ 周丹. 民族旅游与村寨文化变迁[D]. 成都：四川大学，2007.

⑧ 刘瑶瑶. 西部民族地区文化旅游开发问题刍议——以四川小凉山彝族为例[J]. 开发研究，2012(5)：123—126.

⑨ 梁宏志. 西部民族地区旅游产业集群培育研究——以云南省旅游政策变迁为视角[J]. 云南行政学院学报，2012(5)：127—131.

⑩ 洪玉松. 西部民族地区旅游发展面临的挑战及路径选择——以丽江为例[J]. 中国商论，2011(30)：179—180.

⑪ 白俊奎，朱德东. 中国西部民族地区发展旅游业与弘扬民族文化的融汇[J]. 重庆工商大学学报：社会科学版，2010，27(1)：141—147.

政府发挥主导职能，加大宣传和推出特色产品①。伍锦昌以广西龙胜各族自治县龙脊平安壮寨为个案，提出的对策是对民族心理给予一定关注、对民族传统文化给予合理保护、使传统文化实现现代化转型②。姜爱、李永诚以恩施自治州芭蕉枫香坡社区为个案，认为关键在于提高少数民族对本民族或族群传统文化的自觉意识和抗外部性能力③。郭凌、王志章以泸沽湖里格岛为例认为应通过教育和培训来提高社区居民参与旅游开发能力④。王亚欣以内蒙古额济纳旗旅游开发为例，认为应采用收入导向模式和品牌开发模式⑤。杨振之⑥提出采取"前台—帷幕—后台"保护发展模式。李伟⑦提出对文化旅游区进行分类保护等。

　　总体来看，国内外学者过往研究大多从宏观方面入手，研究范围宽泛，但针对西部民族地区遗产廊道的调查和旅游经济发展的研究尚是空白。民族居民在长期社会生活中逐步形成的习惯习俗、伦理道德、文化传统、价值观念、意识形态等对区域旅游发展产生影响未得到细致梳理。另外，缺乏结合遗产保护传承与产业发展相结合的系统研究。而且关键缺失在于从未以遗产廊道的角度对西部民族地区旅游发展的重点突破提出有效对策。

第二节　旅游形象的理论综述

　　旅游形象与民族社区的文化密不可分，包括了一套内隐的观念、传统、价值和期望值，与外在的社会单元、地理单位、群体单元相区分。旅游形象对于旅游者选择旅游目的地和后续的旅游活动起着重要作用。大至一个国家、地区和城镇，小至一个企业、景点和线路，铸就自身的旅游形象成为旅游经济发展竞争的必由之路。旅游业发展的过程一直伴随着旅游形象趋同或趋异的争论。支持旅游形象趋同的观点是基于共同的资源结构、经济结构、组织设计、管理程序和营销程序的联合。支持旅游形象趋异的观点是基于地域文化的差异，主要存在于旅游服务和旅游产品供给的独特地方性特征之中。构建富有特色和吸引力的旅游形象

---

　　① 曾秀芳，马瑞. 旅游开发对黔东南侗族民俗文化的影响[J]. 重庆科技学院学报(社会科学版)，2009(7)：82-83.

　　② 伍锦昌. 旅游开发与民族文化变迁[D]. 桂林：广西师范大学，2005.

　　③ 姜爱，李永诚. 旅游开发与民族社区文化的变迁——以恩施自治州芭蕉枫香坡社区为个案[J]. 市场论坛，2009(10)：81-83.

　　④ 郭凌，王志章. 论民族地区旅游社区参与主体的培育——以泸沽湖里格岛为例[J]. 广西师范大学学报(哲学社会科学版)，2009，45(3)：110-115.

　　⑤ 王亚欣. 宗教文化旅游与环境保护：宗教文化旅游与民族地区生态环境保护研究[M]. 北京：中央民族大学出版社，2008.

　　⑥ 杨振之. 前台、帷幕、后台——民族文化保护与旅游开发的新模式探索[J]. 民族研究，2006(2)：39-46.

　　⑦ 李伟. 民族旅游地文化变迁与发展研究[M]. 北京：民族出版社，2005.

一直是旅游研究者最关注的问题。

在已有研究对国内外近 30 年来关于旅游形象进行综述的基础上，分析多元的旅游形象，将旅游形象定位研究归结为分解与重组的两个过程。分解是指研究旅游形象的实际案例的组合元素拆分，重组是指研究旅游形象的形成与发展的历程。Jim Igoe 等从政治生态学的角度，将旅游作为一种文化现象来分析，在地理学和人类学的范畴下考量区域发展[①]。Dimitrios Buhalis 等从目的地营销学的角度，将旅游作为一种媒介来分析，在营销学的范畴下考量区域发展[②]。以下对旅游形象的基本概念和识别内容进行综述。

一、旅游形象的概念综述

旅游本质上是一种人类对地理空间选择、经历和体验的过程。在人类学中，旅游是一种涵化发展，即通过特殊的文化传播，在旅游经济互动中发生信息的吸收、采借和影响，并产生文化变迁的现象[③]。旅游形象是在文化接触和文化传播的过程中累积和进化的集中体现。同时，由于旅游是一种现代世俗仪式，旅游者出于转换身份的需要，旅游形象是现代宗教替代的体验和代表[④]。另外，旅游也是一种上层建筑，在人口、技术、经济、环境等物质基础上的其他活动，是自身文化背景在另一文化场景中的展演，成为现代生活的表层现象在旅游活动中的具体呈现或有效补充[⑤]。

一般来说，旅游形象包括产品服务形象、管理形象、环境形象、文化形象和标志形象[⑥]。强烈的物质形象通过旅游公众的感受加工，印入形象记忆系统，再经过概念的进一步加工，得到对有形形象内在本质特征的高度概括。旅游地的社区文化以组织的价值观为基础，以社区系统和物质系统为依托，以社区个体的群体意识和行为为表现，包括社区的价值观念、社区发展的历史与传统、社区精神、社区发展的目标、旅游行业的职业道德意识和行为规范等。

旅游形象是社会公众对旅游地，包括景区和社区认识后形成的一种总体评价，是旅游地的表现与特征在公众心目中的反映。旅游形象首先是一种对旅游地的总体评价，是各种局部的、具体的评价总和；其次是由旅游者评价，而非旅游

①　Jim Igoe. Becoming indigenous peoples: Difference, inequity, and the globalization of east African identity politics[J]. African Affairs, 2006, 105(420): 399−420.

②　Dimitrios Buhalis. Towards the millennium: Global civilization in change? [J]. Tourism Management, 1996, 17(3): 230−232.

③　彭兆荣. 旅游人类学[M]. 北京：民族出版社，2004.

④　庄孔韶. 人类学通论[M]. 太原：山西教育出版社，2005.

⑤　丹尼尔·纳什. 旅游人类学[M]. 宗晓莲，译. 昆明：云南大学出版社，2004.

⑥　陆林，章锦河. 旅游形象设计[M]. 合肥：安徽教育出版社，2002：57−66.

地自身社区的自我评价；最后是源于旅游地自身的实际展现，即旅游者对旅游地的评价不是凭空产生的，不是旅游者自我臆造的，而是旅游地在旅游者的旅游意愿和旅游行为选择所综合形成的反映。

旅游形象涉及两个方面：

第一，关系程度与舆论指向。旅游地和旅游群体的关系程度，即双方的性质联系、相互作用和影响的状况，能够反映旅游形象。旅游地和某一旅游群体的关系有可能是相互合作，也有可能是相互对抗、融洽或淡漠。舆论指向是指旅游群体对旅游地的基本态度和意见指向。公众舆论是各种旅游群体的公众关系聚合的一种特殊状态。处于良好公众关系中的旅游地，公众舆论必然是正向。因此，要注意观测旅游群体对旅游地是持积极肯定态度还是持消极否定态度，旅游群体的意见指向是有利于旅游地还是不利于旅游地的发展。

第二，旅游形象定位的知名度、美誉度、认可度。旅游地被知晓、了解到获得公众信任，并使公众在观念认同的同时转化为实际选择行为。旅游形象定位是旅游地在公众心目中确定的特定位置。这个特定位置通常需要根据旅游地自身的特点、与同类旅游地相互比较的情况和目标旅游市场而确定①。

旅游形象是旅游目的地包括其旅游活动、旅游产品及服务等在人们心目中形成的总体印象。旅游形象直接影响旅游者的旅游决策和行为选择，旅游地形象策划直接影响到旅游地客源市场的构建。区域形象是对区域的认知和评估，是一个有很长形成过程的历史的积累、比较的产物。区域形象反映其环境和素质，是经济发展的重要资源。旅游形象有层次性的表现：地区形象、地段形象与地点形象，以及与其相应的旅游地的背景形象与前景形象②。旅游形象是影响旅游者个体行为的关键因素和旅游目的地发展的重要推力，是旅游地的标志性命脉。

西方研究旅游形象已有30余年。在30余年的旅游形象研究过程中，研究对象主要是旅游形象定位和旅游目的地选择③。早期研究者通过研究旅游手册和旅游传单来讨论旅游形象。发展到后期，旅游形象研究成为组建和完善旅游目的地信息系统发展时序性和智力型框架的核心，是维持和提升旅游地竞争力的驱动。从政府治理过渡到公立与私立部门的综合参与，最终指向功能用户即旅游消费者。

以一个概念框架来诠释目的地形象，研究在市场营销的视野下，回顾并讨论目的地形象的概念和量度方法。根据客体、主体、属性这三个属性来分类解析以往的研究，形成一个可量化的关于旅游形象的感知量度的概念模型。

① 邹统钎. 旅游景区开发与管理[M]. 北京：清华大学出版社，2004：15-48.

② 周志红，肖玲. 论旅游地形象系统的层次性[J]. 地理与地理信息科学，2003，19(1)：24-28.

③ Gallarzaa M G, Saura I G, Garciab H C. Destination image：Towards a conceptual framework[J]. Annals of Tourism Research，2002，29(1)：56-78.

　　构建这种框架的第一步是建立整体区域的目的地营销组织，能够指导政策性的形象营销的优先步骤，创造市场合作的机会；第二步是加强地方旅游组织的联系，这些地方组织需要地方决策信息以服务于企业商业目标。识别关键受众的需求，首先是获知关键利益相关者的需求，其次是获取信息渠道来回应识别到的旅游需求，最后是找到可以接受的花费来传递高质量的信息解决方案。这种解决方案还需要持续的再评估以保证其准确和效用，其贡献在于获得了较为广泛的旅游从业者的参与、回馈、支持和认可。

　　目的地信息系统日益成为一种营销的综合，企业和社区个体开始将综合的DIMS融合到自身的营销目标。行业支撑的目的地信息系统框架提供了一种咨询研究、获取信息的模板[①]，以使个体旅游信息系统可以得到充分完善。旅游形象与社区的互动并不是一种理论理想，而是努力使其能够为旅游研究者和旅游从业者提供一种广义的、普遍的应用框架，不是一种刻板而层级分明的旅游形象系统，其贡献在于搜集和理解社区范围的旅游从业者的观点和需求。

　　旅游业的重要特点是相互关联，组织体系包括政府、企业和社区个体，存在多样的商品和服务需求。旅游业的特点还在于必须合作，以获取旅游形象的整合；同时也需要激烈竞争，以提升自我的经济效益和文化张力。

　　除此之外，旅游形象的树立还需要多种形式的合作：旅游行业的前沿公司通常与高技术合作，推行新的技术行业标准。非政府性组织通常需要互助，鼓励一项慈善事业的实施。书商、平面印刷媒介、立体电视媒介和图书馆通常要联合起来进行促销。在旅游形象的识别和再造过程中，需要识别旅游者需求，同时也需要从社区角度来采集和传播旅游形象给旅游者。

　　形象对旅游地的选择有重要影响。一种特殊的研究思潮是主要调查旅游行为，旅游者的地理空间距离与旅游形象的关系，旅游形象的量度，旅游形象的组成和影响因素，旅游形象的短期变化，需求和实际的差别，社会人口学变量和旅游形象的关系[②]。

　　旅游形象形成的早期，即旅游行为实践之前的阶段，是旅游地选择的重要时期。在理解旅游形象影响消费行为前，重要的事情是了解影响形象的要素，这有利于识别目标市场，并选择决定营销其中的一个形象，以应对特定的分层市场。众多跨学科的研究者强调了理解旅游形象形成的重要性，其受到广泛关注，但是旅游形象研究仍然被批评为一种纯理论的、缺乏概念性框架的构建[③]。

---

　　① Ritchiea R J B, Ritchieb J R B. A framework for an industry supported destination marketing information system[J]. Tourism Management，2002，23：339—454.

　　② Baloglu S, McCleary K W. A model of destination image formation [J]. Annals of Tourism Research，1999，26(4)：868—897.

　　③ Echtner C M, Ritchie J R B. The measurement of destination image：An empirical assessment[J]. Journal of Travel Research，1993，31(4)：3—13.

因此，旅游形象形成模型将认知、情感、整体性纳入其评估结构中。个人因素和外界刺激共同作用形成旅游形象的认知形象、情感形象和整体形象。其中，个人因素包括心理属性（价值观、动机、个性）、社会属性（年龄、教育、婚姻）；外界刺激包括信息渠道（总量、类型）、先前经验等①。

以社会整合营销进行国家旅游规划的方案中的路径模型揭示了不同的信息和信息渠道的类型，年龄、教育等个体因素对旅游形象感知度的影响比外界旅游刺激的影响更强。知识习得、声誉和社会动机直接影响形象形成。多维变量形成的互相联系的矩阵处于一种假定状态，受限于单组特性固定的情况，研究表明，情感形象比感知形象更直接地影响着旅游整体形象。口碑传播等亲朋好友的推荐是最有效的旅游形象推广渠道。因此，旅游地积极为旅游者提供一种愉悦的经历，也为非旅游群体营造正面形象。广告营销主题可以针对这些动机，设计并保持旅游形象②。

在规划过程中融入社会文化的参与，寻求社区目标和旅游营销在同一个规划框架中。外来专家和地方精英主导了旅游发展规划，当地居民往往被排除于决策制定过程。缺乏了解地方价值体系通常会导致旅游发展的缓慢甚至停滞。原住居民在旅游规划中的角色受到更多的关注，但很多社区参与的案例都来源于发达国家，在发展中国家也较多局限于城市区域。

在多学科的旅游形象规划团队中，由于项目经费和项目重点存在持续的拉力，解决好平衡经济收益评估和社会文化评估的问题，是一个不可回避的现实重点。有研究采取了社会整合营销的理念，借此规划旅游形象能够考虑顾客需求、企业要求、顾客长期要求和社会的长远利益。旅游者一方面是外向型的旅游产品线路、商品服务的消费者，另一方面也有可能是隐匿的潜在公众群体。这种双重身份给旅游发展包括旅游形象的识别和再造赋予了重要的含义③。

旅游形象的识别和再造的信息采集重点是旅游者，也包括社区居民。研究建立一种外向输出市场营销信息和对内结合社会文化输入的对话，并且，将实行社区咨询作为旅游形象识别再造的核心要素。第一，从旅游者到旅游需求，再到旅游市场分层；第二，从旅游资源到政府或社会经济的优先权，再到投资机会；第三，从理解社区的利益分享群体到实际期望的初步了解，再到社区参与方式的实践。这三条思路共同形成社区旅游形象，再运用于旅游形象战略、实体发展战略、人力资源战略，注重旅游形象的质量以及游客满意度和推荐游后行为。

　　① Singh S，Timothy D J，Dowling R K. Tourism in Destination Communities［M］. Oxfordshire：CABI，2003，3－8.

　　② King B，McVey M，Simmons D. A societal marketing approach to national tourism planning：Evidence from the South Pacific［J］. Tourism Management，2000，21(4)：407－416.

　　③ Bigne J E，Sanchez M I，Sanchez J. Tourism image，evaluation variables and after purchase behavior：Inter-relationship［J］. Tourism Management，2001，22(6)：607－616.

旅游形象识别的问题关键还在于是否能够获取长期的社区资源的社会环境效益。政府有能力来进行取舍调控，但是政府利益不一定和社区利益是同步协调的，通常是要按计划履行使得经济效益最大化的日程方案。旅游形象的重要性已经得到广泛认可，因为它能影响到个体主观感知和相应产生的旅游行为和旅游目的地选择，这种重要性带来了不断增加的旅游目的地形象研究。由于旅游形象的产生过程和人类行为密不可分，所以这些学科涉及跨学科的研究，如人类学、社会学、地理学、符号学和营销学，以理解旅游消费行为[②]。

旅游形象包含的内容比旅游者见闻的物质识别多，联系周围的环境、事件发生的先后次序及先前的经验。即使是相似的旅游景观、相同的旅游设施，所产生的旅游形象也是截然不同的。每一种旅游形象，都会与旅游者自身客源地生活的某一部分回忆或价值认同密切联系。

为了和目标市场相协调，使社会和经济功能最大化，有意识地创造旅游形象，使旅游形象增值，吸引更多旅游者、投资商，吸引更多政策倾斜，在社区建立自信和文化定力。通常为了消除负面感知形象，要建立动态的、有吸引力的积极旅游形象。一部分是旅游营销，通过景区直接传递旅游形象，另一部分是有机形象。旅游形象的传输与散播过程要经历传播的各种渠道。被接受的旅游形象是在旅游形象设计推广和旅游者自身的需求、动机、先验、经历、偏好等个人因素两方面互动的过程中产生的。在这种情形下，旅游消费行为反映了旅游者自身独特的行为代表或心理投射，从而形成旅游者具有自我观感的旅游形象。

（一）旅游形象与旅游商标的辨析

随着经济的发展，整个社会的商标意识越来越强，我国旅游景点管理机构管理结构较为多元化，旅游景点名称频频被恶意抢注是近几年出现的新情况。从《商标法》规定、旅游资源特性和旅游资源管理的三权分离制度等方面来看，旅游景点成为商标抢注对象难以避免，对原使用者的影响较大，同时也损害消费者的利益，妨碍市场经济秩序。两个开发时间接近且时间上有先后顺序、距离较远、级别相似或相近的新开发的旅游目的地，采取相近的形象定位和相似的市场营销策略，一般情况下先开发旅游商标的旅游目的地居于明显的市场优势地位，而且有继续拉大差距的趋势[①]。旅游目的地开发顺序的先后对旅游目的地的经营会产生影响，先塑造商标的旅游目的地具有时间优势，而这种时间优势一般会转化为旅游目的地形象认知优势，进而转化为经营优势。

---

① 刘睿文，肖星，吴殿廷. 旅游形象认知的时间顺序对旅游目的地形象认知的影响研究——以银川沙湖与榆林红碱淖为例[J]. 经济地理，2006，26(1)：145-150.

（二）旅游形象与旅游品牌的辨析

从 20 世纪 90 年代中期开始，我国在继续进行产业结构调整、经营机制转换和大力进行旅游产品开发的同时，迎来了旅游业发展的品牌经营时代①。旅游景区品牌创建和管理成为我国旅游业发展的核心问题。而旅游景区品牌的有效传播则是旅游景区品牌创建和管理赖以实现的基础和手段。我国旅游景区品牌主要通过对旅游传播资源的最大整合而力争达到传播效果的最大化。

品牌形象是品牌资产的核心成分，品牌形象的内涵和特点是深入研究品牌形象的出发点和基础。艾克、科勒、克里斯南和贝尔分别从各自的研究角度提出了品牌形象模型。其中，贝尔模型从硬性和软性两个方面深入探讨了公司形象、产品及服务形象和使用者形象对品牌形象的贡献，其中硬性属性是对品牌有形或功能属性的认知，软性属性反映品牌的情感利益。公司形象的硬性属性包括国籍、规模、历史、市场份额等，软性属性包括顾客导向、员工形象、社会公益、环境保护等。产品及服务形象的硬性属性包括价格、性能、技术、服务、产地等，软性属性包括颜色、款式、设计等。使用者形象的硬性属性包括年龄、性别、收入、职业、教育程度等，软性属性包括个性特征、社会阶层、价值观、生活方式、爱好等②。

2000 年第一次出现"旅游品牌"一词，此后相关研究快速发展，研究文献以平均每年 51％的速度增长，到 2005 年，研究文献已由 2000 年的 5 篇增加到 59 篇，6 年间累计 181 篇。研究领域涉及景区旅游品牌、旅游产品品牌、旅游商品品牌、不同尺度的旅游地品牌、旅游品牌体系、旅游品牌作用等。构建旅游地形象的指标包括知名度指数（tourism visibility index，ITV）、品牌旅游资源指数（brand tourist resources index，IBTR）和品牌旅游环境指数（tourism brand environmental index，ITBE）③。

品牌管理是企业实施品牌化经营战略、培育强势品牌、实现企业跨越式发展的根本途径。从品牌文化管理、品牌质量管理、品牌关系管理、品牌资产管理四部分进行探究。20 世纪 70 年代，国际上盛行一种形象管理方法，即企业识别系统（corporate identity system，CIS）战略，这是一种对系统的理念、行为、视觉形象及一切可感知的细节实行统一化、标准化、规范化与系统化科学管理的体系，并且以此成为外界辨别后评价系统的依据。CIS 由企业识别发展而来。企业识别战略最早源于第一次世界大战前的德国 AEG 公司，他们在电器系列产品上采用了彼得·贝汉斯所设计的商标，成为企业统一视觉形象的雏形。旅游地的形

① 欧新黔. 中国服务业发展报告[M]. 北京：中国经济出版社，2004.
② 张俐俐. 旅游市场营销[M]. 北京：清华大学出版社，2005.
③ 陈翠华. 地域旅游品牌化评价方法研究[D]. 长春：东北师范大学，2006.

象系统要通过统一的视觉设计，运用整体传达沟通体系，将系统的经营理念、文化活动传递出去，以突出旅游地的个性与社区环境的精神气质，并能与旅游者建立双向沟通关系，从而使旅游消费者产生认同感，理解共同的价值观。建立旅游形象是一种战略性活动，包括三个方面，即理念认同、行为认同、标识认同。受企业识别系统的影响，在国内旅游目的地规划与发展中，"旅游形象""旅游形象策划""旅游形象定位""旅游形象设计""旅游目的地印象"等概念开始受到广泛关注①。

已有研究分析形象定位的支持系统和影响系统，从文化特质、旅游功能、市场定位入手，借助对旅游形象的认知调查，提出塑造旅游城市形象的CIS，即文化识别（CI）、功能识别（FI）、市场识别（MI），进行形象定位②。因此，CIS企业形象系统是研究旅游形象的主导理论。

此外，出现了旅游目的地形象策划（tourism destination identity system，TDIS）的设计方法，构建了包括理念基础、整体形象、宣传口号、产品形象等在内的较为全面的旅游形象系统。这是一种受到企业识别策划的启发和广告业的影响带动所形成的形象识别和营销系统。有研究提出，旅游形象策划的"3Ps"方法，即以地方定位（place）—旅游形象定位（positioning）—旅游形象传播（promulgating）为主线，解决旅游形象的定位和传播等关键问题③。

在旅游地形象测量的基础上，有研究阐述了旅游地形象定位理论的内容及其产生的条件，通过竞争者替代分析，提出形象主题口号设计原则，导入企业识别系统，从"人—地"感知和"人—人"感知的角度入手来完善旅游形象，研究旅游形象的形成和时空变化规律④。

更多的研究引用了企业识别系统创立城市特征形象系统，树立城市形象、规范市民行为、提高城市景观效果的综合系统，有利于提高城市整体素质，扩大知名度，从而产生社会与经济效益。旅游形象的构成分为理念识别系统、视觉识别系统和行为识别系统。根据规划要求、旅游资源、市场差异分析及社会可接受性，总结旅游形象理念系统的不同层次，并重点推荐一级理念口号⑤。

区域旅游品牌形象观念是对传统的以产品或服务属性为核心的品牌观念的超越，是区域旅游文化识别策划与品牌创建的结合。区域文脉、地脉是区域自然基础、历史文化传统和社会心理积淀本质特征的高度概括，它鲜明地展现了区域旅游的特色。在旅游资源研究及历史文脉研究、旅游形象认知调查、旅游形象替代

①　王晞，汪宇明. 竞争与整合：中国区域旅游发展与合作态势分析[J]. 桂林旅游高等专科学校学报，2005，16(1)：5—11.

②　谷明. 大连城市旅游形象定位及整体策划[J]. 旅游学刊，2000，15(05)：63—67.

③　赵毅，叶红. 新编旅游市场营销学[M]. 北京：清华大学出版社，2006.

④　李巍，张树夫. 旅游地形象的认知与构建[J]. 资源开发与市场，2002，18(6)：27—30.

⑤　高文杰，路春艳. 城市特征形象系统(CIS)规划[J]. 城市规划学刊，1996(6)：33—37.

性分析等前期基础性工作的基础上，遵循基本设计程序、设计方法和设计原则，将区域的文脉、地脉理念系统地渗透于品牌形象设计的理念要素、行为要素和视觉要素①。

　　综上所述，形象时代催生了形象导向的思维模式和消费方式。中国旅游规划思想从单一的资源导向和二维的"市场—资源"导向，步入了三维的以"形象—市场—资源"为核心的理念阶段。建立旅游形象需要有前期的基础性工作，包括地方性研究、受众调查、替代性分析，记忆后期的外部工作，包括设计理念核心、界面意象、传播口号、传播视觉符号等②。旅游形象口号是旅游目的地形象设计的重要组成部分，是旅游目的地理念核心的精辟表达。提出形象口号设计，有资源导向型和游客导向型两种创意模式③。区域形象设计是区域规划、城市规划等战略资源的重要组成部分。旅游形象是区内外公众对区域的认识和评价，其重点是区外公众④，因此，从旅游者的角度来探讨旅游形象的识别是旅游业发展的核心内容。

二、旅游形象的识别内容

　　近20年来，我国旅游发展的理念大体经历了四个阶段，即资源导向、市场导向、产品导向、形象驱动⑤。旅游形象依托稀缺的生态和人文资源，如历史特殊时间、信息纪录地点、特殊资源类型、自然与人文形态等。生态的要素主要是地质地理，包括景观的气势、形态、色彩、线条、结构组合。人文的要素主要是民俗风貌，包括历史背景、日常生活、风俗习惯、社区行为、建筑风貌等⑥。除了旅游目的地主体的特质，旅游者客体的信念、态度和行为都会影响到旅游形象的塑造。旅游形象的定位要通过内容来决定，形象识别的内容直接关系到形象传播的目标市场、产品种类、竞争组合、产品生命周期等⑦。下面通过认知、情感、集合三维尺度来综述旅游形象的识别。

（一）认知内容

　　已有研究者从认知心理学的视角分析旅游消费行为，探讨认知形象形成的心

　　① 吴翔，付邦道. 开封旅游形象策划与构建[J]. 地域研究与开发，2003，22(5)：66—69.
　　② 吴必虎，宋治清. 一种区域旅游形象分析的技术程序[J]. 经济地理，2001，21(4)：496—499.
　　③ 李燕琴，吴必虎. 旅游形象口号的作用机理与创意模式初探[J]. 旅游学刊，2004，19(1)：82—86.
　　④ 宋章海. 从旅游者角度对旅游目的地形象的探讨[J]. 旅游学刊，2000，15(1)：63—67.
　　⑤ 刘锋. 区域旅游形象设计研究——以宁夏回族自治区为例[J]. 经济地理，1999，19(3)：96—100.
　　⑥ 朱桃杏，陆林. 近10年文化旅游研究进展[J]. 旅游学刊，2005，20(6)：82—88.
　　⑦ 李天元. 市场定位还是形象定位——旅游企业市场营销中的定位问题[J]. 旅游学刊，2001，16(2)：57—59.

理学机制及影响因素，分析认知的心理阶段、心理定式及其与旅游消费行为的联系。从主体的自我认知与社会认知两方面入手，解析形象的心理学概念和形成机制，指出消费行为的根源来自认知形象间的和谐。社会学家与文化研究者认为，在人类逐渐从工业社会向后工业社会转变之际，生活在后现代社会趋强的时空环境的人，所具有的最基本的心理和行为特征，就是形象导向的消费思维模式①。

由于旅游业的产业带动功能和乘数效应，各个国家和地区纷纷提高旅游产业的地位，来带动国民经济的振兴和发展。旅游地之间日益加剧的竞争不仅在广度上从国内升级到国际市场，而且在深度上已经从旅游资源竞争、旅游产品线路竞争快速推进到旅游形象竞争。旅游形象的研究引起了旅游研究者和营销者的广泛注意。旅游形象在国外自 20 世纪 70 年代起就已成为研究热点。旅游形象已经置于旅游地理学、景观规划学、认知心理学、行为科学、营销传播学、市场学、社会学、人类学等多学科理论的研究视野之中②。

我国自 20 世纪 90 年代以来，以陈传康教授为代表的研究者对旅游地形象进行了系统的研究，提出形象策划是企业身份的确定，通过树立鲜明的形象，在企业内外加以传播，内部形成一个企业共同体，外部对社会有所贡献。旅游业在经历了早期的资源驱动阶段、产品驱动阶段、市场和营销驱动阶段之后，已经进入了形象驱动阶段③。

郭英之研究综述回顾了近十年来国外学者对旅游感知形象的影响因素、旅游感知形象类型、行为模式、市场营销管理的研究成果，介绍了国内学者旅游形象及策划的研究成果，最后对国内外旅游感知形象的研究成果在研究内容、方法等方面做了总结。将旅游形象测量方法和手段归纳为基于旅游形象形成的测量、基于市场细分的形象测量和基于发展与竞争战略的形象测量三个方面，给相关研究者作出一个技术框架和文献指引④。

苗学玲的研究综述以中国期刊全文数据库 1994～2003 年收录的 185 篇旅游目的地形象研究学术论文为主要研究对象，采用定量分析和定性归纳的方法，由表及里梳理十年来国内这一方面研究的发展脉络，聚焦核心理论的演化，揭示出国内旅游目的地形象研究的发展过程和现状。研究发现，文献篇名以"形象定位和设计"最为普遍；"形象策划"是国内旅游目的地形象研究的主题；"城市形象""企业识别系统"和"市场定位"是国内旅游目的地策划理论形成的基础，并从已有理论中归纳出了"旅游形象策划的简化模型"。由旅游目的地形象策划转向形象管理，更多地关注形象研究中的基础理论问题，已经成为旅游目的地形

①　田洪，邹再进. 城市旅游形象策划[J]. 重庆师范大学学报(自然科学版)，2003，20(4)：58-62.
②　王晞，汪宇明. 竞争与整合：中国区域旅游发展与合作态势分析[J]. 桂林旅游高等专科学校学报，2005，16(1)：5-11.
③　徐林强，黄超超，沈振烨. 我国体验式旅游开发初探[J]. 经济地理，2006(S2)：24-27.
④　郭英之. 旅游感知形象研究综述[J]. 经济地理，2003，23(2)：280-284.

象研究的重要方向①。

在研究旅游形象认知方面，目前关于单个地区的旅游形象研究主要集中在大型或中型城市，而对中国大多数的中小城市和小城镇的旅游形象，特别是对民族地区的旅游形象的研究还处于薄弱甚至空白状态。单点研究的状况严重制约了区域旅游形象整合研究的全面展开。从旅游形象的结构上看，从经济的视角进行的研究较多，而从旅游文化、社会和文化资源管理的视角进行的研究相对较少，并多停留在表面的描述上。单点旅游形象的研究和旅游形象各层面研究的现状使从经济和市场角度研究旅游形象的成果相对较多，而从文化、社会等角度进行区域城市史研究的成果偏少。这种状况的出现与研究难度直接相关，也与理论和方法的贫乏有直接的联系。目前已有学者提出应综合研究旅游形象，从政治、经济、文化、社会等方面多角度揭示旅游形象之间、城乡之间的联系形式和联系内容。另外，加强旅游形象的文化和社区研究，也最有可能在学术上创新，应该引起旅游研究者的高度重视。

目前的旅游形象研究一般停留在对少数区域性中心城市和次中心城市及部分地区性中心城市的发展与相互关系上，很少研究区域范围之内数量众多、功能各异的民族社区的旅游发展关系。基本上还是沿用传统的单一历史分析、市场需求方法，并满足于对旅游形象现状的描述性研究，不能充分反映旅游形象系统的多层次性特征。另外，对直接联系景区的民族社区研究的不足，也导致景区和社区之间互动关系的研究缺乏基础。当前旅游形象研究面临着在单点旅游形象研究的基础上体现整体性、综合性研究的优势和特色，宜避免旅游形象研究成果以单点的研究成果进行简单组合。

旅游形象研究作为新兴研究领域，富有巨大的挑战性，它涉及历史学、地理学、社会学、经济学、政治学、人口学、生态学、统计学、文化人类学、心理学等社会科学和自然科学的多个学科。它要求研究者必须具备多学科的知识和多元的理论视野。力求运用多学科的研究方法，将社会科学的理论、方法与自然科学的理论、方法相结合进行研究。旅游形象的宏观理论研究成为一个热点，呈现突进趋势。区域研究和类型研究仍将引起研究者的广泛关注。民族社区旅游形象的中观研究和微观研究将向精细化发展。景区和社区旅游形象发展的互动研究将成为一个新的突破口。

近十年来，旅游形象研究产生了各种理论分析成果，如旅游形象测度理论、旅游形象策划模型等。旅游者通过实地旅游、间接了解等各种途径对旅游地产生认知并获得目的地的印象。旅游地形象的认知与人们对其他客观对象，如人、企业、作品、实物的认知有着显著不同。由于旅游地属于地理空间这种独特的认知

① 苗学玲."旅游地形象策划"的 10 年：中国期刊全文数据库 1994—2003 年旅游地形象研究述评[J]. 旅游科学，2005, 19(4)：64—70.

客体。所以，从旅游目的地的地理空间属性出发，结合地理学关于地域空间的等级层次性和地域分异规律的基本观点，探讨旅游者形成旅游目的地形象的基本空间过程和规律。认为旅游者对目的地的位置及其内涵等空间形象特征的认知满足一种依据地域空间等级层次而展开的认知链过程。

在此基础上，根据旅游地形象认知的背景、相似规律及其形象替代等空间规律，以及旅游者与目的地的距离，特别是感知距离及旅游者所拥有的关于目的地的信息，分别对旅游地形象认知具有不同而复杂的修正作用。依托地域差异带来的本土特性，旅游者对目的地形象的内容的认知、对旅游地的景区和社区的自然类型和地理文脉的认知，形成旅游地的基本类型形象和地方性形象[①]。

综上所述，旅游形象的研究历经以具体旅游地为载体的实证研究，逐步提炼到理论研究阶段。旅游形象是旅游发展的核心驱动。以下将论述旅游形象内部的核心驱动。

（二）情感内容

旅游形象的内容除了旅游地原始资料的客观识别，还包括精神情感的主观感受内容。Baloglu 和 Brinberg 提出了旅游形象的情感模型[②]，Russel 等提出了旅游信息情感环绕丛模型[③]。由于旅游形象具有正向和负向倾向，旅游形象的情感模型是重要的旅游市场战略定位手段。旅游形象是心理预景，只有积极的旅游形象才能影响旅游者，可以运用分类法对旅游目的地积极的感知形象进行分析。只有当积极的形象对旅游者的影响超过了消极形象的影响时，潜在的旅游者才会选择该旅游目的地。旅游感知形象具有持续性，在长时期内难以发生根本性的转变。由于旅游者的体验经历、文化背景、地理缘源、对旅游地的熟悉程度及对旅游地的期望值不同，所以旅游形象的情感内容也有所不同。

不同地区具有不同的性格，其情感内容的重要决定因素始终是该地区的文化精神特质。旅游形象是一种对地方的感受，以一种新的看待世界的方法来记忆普通地方的多样和寻常生活的价值。民族社区不仅是物理环境，而且是一张包括人和环境、人和历史、人和邻近事物的网络。琐碎事物的细节、过往生活景观的断面，都有可能给街区和田野带来重要的含义。

无论是受精神激励而外出的中世纪朝觐，还是现代商务交流考察旅行，都涉及旅游形象的情感。高品位的形象集合能够激发个人的敬畏之情，引起感情的联系，丰富旅游者和目的地居民互动的人际关系。理解旅游形象的情感内容，包括

---

①　李蕾蕾. 旅游地形象的传播策略初探[J]. 深圳大学学报(人文社会科学版)，1999(4)：87－93.

②　Baloglu S, Brinberg D. Affective images of tourism destinations[J]. Journal of Travel Research, 1997, 35(4)：11－15.

③　Russel J A, Lewicka M, Niit T. A cross-cultural study of a circumplex model of affect[J]. Journal of Personality and Social Psychology, 1989, 57：848－856.

旅游形象情感内容产生的体验与满意度，有利于提升民族社区旅游的愉悦程度，以及旅游者与社区居民的互动。旅游形象的情感内容很多，其中包括宗教信仰、追求社会地位、逃避日常压力、开阔眼界、结识未见过的和不同的人、增长知识、拜访亲朋好友、体验新鲜的生活方式等。当旅游形象的情感内容得到期待的满足或被超越的时候，旅游者会倾向于产生旅游景区和旅游社区的消费，进行积极的口碑宣传。旅游经营者也能维持甚至提高其服务的价格水平。通常情况下，旅游形象的情感内容和旅游地的组织活动、历史记载和文学作品息息相关，甚至搜集地方纪念品也是可以产生旅游形象识别的情感联系。

（三）集合内容

旅游形象集合在时间维度上，整合过往与现在的历史价值；在空间维度上，超越地域的跨度，连接此地与彼处的人文精神的内在统一。因此，旅游形象集合内容是认知内容和情感内容对当地社区赋予一种综合的认同感，能表达自我需求并发展成就感，提供多种生产、生活、游憩等社会事象的综合体。

旅游形象的集合内容一方面包含静态旅游吸引物，另一方面包含旅游者和目的地居民的动态个人行动和群体交互活动。在集合运作模式上，一方面通过政府主导，促进旅游形象在各个产业环节的整合；另一方面通过城乡互动，实现旅游形象在细部地理文化单元的塑造。

1. 政府主导

旅游形象通过旅游产品、旅游服务、旅游服务人员、旅游环境和营销交流四个品牌传达要素来传播，政府在其中所扮演的角色分别是规划者、引导者、规范者和主导者。传统营销理论认为，旅游形象是一种产品，企业和政府都是营销行为的主体。由于旅游形象表现出更多的公共资源特征，所以它不仅是一种产品，还是一种公共产品。旅游形象的营销过程就是公共产品的生产过程。政府作为公共资源的所有者，在旅游目的地形象营销过程中处于主导地位。相应地，旅游目的地形象营销由政府主导、政府参与和政府辅助进行旅游形象的市场营销、公共管理和传播运营。政府主导的旅游形象营销对指导旅游产品的开发、提高旅游产品的知名度、获取并保留市场份额、探索旅游业合作发展模式，都具有重要意义。

政府在区域旅游品牌支撑力、动态旅游形象传播力、综合旅游竞争力、品牌的系统与持续推广力等方面发挥着重要的作用①。已有研究者针对旅游目的地的形象定位、形象设计、核心价值构建进行研究，旅游形象建设存在两个制约条

---

① 梁明珠，陈小洁. 论政府在区域旅游品牌构建中的作用——以珠三角为例[J]. 暨南学报：哲学社会科学版，2006，28(3)：56-59.

件，即资金和机制问题。要提高旅游地的形象竞争力，亟须提高旅游部门在整个政府治理中的地位。目前，我国旅游目的地营销还停留在政府主导的以宣传促销为主的模式上，旅游企业、民营景区景点独立进行旅游形象营销的运作体系并未形成，旅游形象的传播途径和媒介网络尚待挖掘。

2. 城乡互动

经济发展和人口聚集产生了城市，成为人类文明和社会进步的标志。城市发展不仅停留在集中生产和生活的简单模式上，还在于寻求更合理的城市规模、更完善的城市设施和更好的城市环境。早在 18 世纪，西方城市学家就已经提出城市规划理论，勒·柯布西耶、密斯·凡德罗等的现代城市规划[①]、现代建筑探索和实践，对奠定现代城市风貌起到了决定性的作用。但是在一定程度上，他们也造成了城市形象千篇一律的特点。随着人们对城市理念、城市个性认识的加深，单一的城市形象越来越受到城市居民的强烈反感，因此城市形象孕育而生。城市形象一直是学术界的热点研究课题。国内对城市形象的研究主要集中在对城市形象的内涵、范围、意义、设计方案的研究[②]。

全球经济调整与现代城市危机生产的全球化加剧了地区之间投资的快速转移，无序、快速变化和不确定性已经成为当代经济景观的特征。全球化促成了发展中国家成为新兴工业化国家的崛起。将城市视为一种可以经营和营销的特殊商品，运用营销学理论，按企业运作理念，通过采用广告活动、策划重大事件和建设城市实体景观等措施，塑造和营销内涵丰富的城市形象，从而达到吸引资本投资、产业进驻、生活居住和旅游观光、振兴城市经济的目的[③]。

城市形象建设是城市化进程的重要方面，良好的城市形象逐渐成为城市发展的活力和动力。城市形象是城市的巨大财富和无形资产，对内可以使市民产生强烈的自豪感和归属感，提升城市文化的内涵，显示城市个性；对外能够迅速提高城市的知名度和美誉度，改善投资环境，增强城市吸引力，促进人才、资金、技术等优势资源的聚集和流动。城市形象是城市发展建设的基础工程，它赋予了城市特别的性格与特征，在人们心灵中潜移默化，从而形成一种有利于区别于其他城市、便于记忆的视觉符号系统。因此，城市形象作为一个复杂的大系统，不仅是简单罗列的物质文化，更是城市精神等与城市现代文明和谐统一的精神文化，城市文化理应成为城市形象的源、城市形象表现的独特面。

城市形象是一个城市景观风貌的概括，它代表了城市规划、建设、经营和管

① 勒·柯布西耶，博奥席耶，斯通诺霍. 勒·柯布西耶全集[M]. 牛燕芳，程超，译. 北京：中国建筑工业出版社，2005.
② 郭文静. 基于城市形象的中部省会城市设计分析研究[D]. 南昌：南昌大学，2006.
③ 钱志鸿，陈田. 发达国家基于形象的城市发展战略[J]. 城市问题，2005(1)：63－68.

理的文化理念。城市形象可能是城市设计的结果，也可能是特定的历史和人文事件，更多的是适应自然环境，按照经济规律进行城市建设和经营建设的成果①。城市形象指城市给予人们的综合印象和观感，是城市的客观事物在人们头脑中的反映。人们通过对城市环境和城市活动要素及其关联的感知，形成了对城市的特定的共识，这就是城市形象的产生过程。城市形象设计主要是有机组织各类城市要素，一个城市的内部公众与外部公众对该城市的内在综合实力、外显前进活力和未来发展前景的具体感知、总体看法和综合评价。

城市形象的核心内涵是本土文化。本土文化是城市文化形象塑造的立足点，是促进城市形象全面发展的无形资产和新动力。将文化资源转变为文化资本，再进行分类，并提出运用本土文化资源构建城市形象的原则，以整合本土文化资源构建城市群形象②。

城市旅游形象是城市旅游的灵魂，能在很大的程度上影响旅游者的购买决策，是形成城市旅游市场竞争优势的重要工具，同时也是城市旅游营销手段能否有效实施的关键因素。树立与传播好城市旅游形象是城市旅游研究和规划开发要解决的核心问题之一。根据城市旅游形象的类型、层次与结构、功能定位、目标与任务、关系模式进行城市旅游形象评价流程与评价系统、差距分析、监控管理、信息系统与危机管理的研究是城市旅游地的生命力之所在③。一般来说，景区的中心城市已成为景区旅游的重要组成部分，旅游者对景区中心城市的感观形象对旅游者的旅游心理满足和旅游风景区市场开发都将产生较大影响，最终影响到景区对旅游者的吸引力④。城乡互动可以促进产业优化升级、包装旅游重点项目、实施城乡人才战略，在形象集合上有潜在的发展空间。

乡村的旅游经历、旅游商品是隐藏着特定范围的社会文化象征意义的符号。城乡互动可以突显旅游景区、旅游商品、旅游产品的符号价值，它包括旅游者重返城市世俗社会的象征、回归乡村世外的象征和旅游者自我的象征⑤。游客和民族社区居民对城乡互动的认知是旅游形象的社会基础，城乡互动实际上促进了传统的旅游地形象融入动态的社会参与机制。

有的学者提出地域性的三个主要特征，即自然地理特征、历史文化特征、民俗文化特征的表层、历史及其视觉审美特征。结合旅游者认知旅游地形象的规律⑥，这些核心特征属性对旅游形象具有深层的影响意义。认知绩效、市场绩

① 张晓平，刘卫东. 开发区与我国城市空间结构演进及其动力机制[J]. 地理科学，2003，23(2)：142-149.

② 丁玲. 本土文化与城市艺术形象[J]. 国外建材科技，2007，28(1)：99-101.

③ 程金龙. 城市旅游形象的监控与管理研究[J]. 旅游科学，2006，20(5)：13-19.

④ 郭美斌. 城市感观形象与旅游吸引力研究[J]. 经济师，2006(2)：121-122.

⑤ 马晓京. 旅游观看方式与旅游形象塑造[J]. 旅游学刊，2006，21(1)：87-91.

⑥ 黄军. 旅游品牌形象标志设计探讨[J]. 桂林电子工业学院学报，2006，(3)：235-238.

效、传播绩效和管理绩效四部分组成了区域旅游形象绩效评估系统及相应的指标体系。忽视区域旅游形象管理尤其是形象保护，是区域旅游形象维系中存在的突出问题①。有研究运用层次分析法和模糊数学方法建立了旅游地形象评价指标体系，提出旅游地现实形象评价方法。将旅游地现实形象分为三个部分（服务形象、实力形象和外观形象）来反映旅游形象价值②。有研究通过调查运用多元统计技术手段分析探讨刺激因素、个体因素和形象感知三者之间的关系。研究表明，刺激因素（包括一手信源和二手信源）与个体因素（包括旅游动机和社会人口统计特征）的差异会影响旅游形象的感知，是判断旅游形象的前因变量。其中，刺激因素指的是外部的信息源、先前经验等，而个体因素则包括价值观、动机、个性等心理因素，以及年龄、学历等社会人口因素。两者共同作用，形成目的地形象感知③。

有的研究将人口迁移研究中的"推—拉"模型应用于旅游形象研究，该模型认为众多目的地形象影响因素中，旅游动机是形象形成的主导因素，识别和厘清旅游形象的影响因素以旅游动机为重心。模型中将旅游动机作为"推"力因素，将旅游形象作为"拉"力因素，其中旅游形象由认知形象、情感形象和综合形象三个部分组成④。有研究采用问卷调查的方式，定量考察旅游者对旅游目的地形象指标的认知评价，在对调查结果进行因子分析的基础上，提炼出影响因子及其影响程度，提出从品牌塑造、品牌传播、品牌实施等不同角度构建旅游目的地形象的模型⑤。有研究提出基于测量视角的旅游目的地形象概念框架和旅游目的地形象三维测量模型，即从实际形象、发射形象、感知形象三个维度对目的地形象进行科学全面的测量和对比⑥。

实际上，旅游形象的识别再造是一种实现社区经济文化再生的重要工具。旅游形象再造的复杂性在于其旅游产品和服务在社区的多尺度特征，包括物质旅游资源和非物质旅游资源。旅游形象组合旅游者物理空间移动到旅游行为发生的多个活动场景⑦。在提供旅游服务的过程中具有较强的主观性，如旅游形象是和社

---

① 汪宇明，吕帅. 长江流域 12 省区旅游形象绩效评估研究[J]. 旅游科学，2008，22(1)：15—21.

② 成金华，辛建荣，张洁. 基于模糊数学的旅游地现实形象评价系统[J]. 科技进步与对策，2003，20(10)：133—135.

③ 程圩，隋丽娜. 旅游形象感知模型及其应用研究——以长三角居民对韩国旅游形象感知为例[J]. 旅游科学，2007，21(1)：7—12.

④ 沈振烨. 基于推拉理论的旅游目的地形象研究[D]. 杭州：浙江大学，2007.

⑤ 张海霞，阎顺，张旭亮. 基于生成机制的旅游形象主导因子提取程序[J]. 地域研究与开发，2004，23(4)：85—89.

⑥ 杨永德，白丽明. 旅游目的地形象概念体系辨析[J]. 人文地理，2007，22(5)：9—14.

⑦ Seaton A V, Bennett M M. The Marketing of Tourism Products：Concepts, Issues and Cases[M]. Hampshire：Cengage Learning EMEA, 1996：55—68.

区住户、社区商贩、社区内活动的其他旅游者或其他人员的关系相互交织①。最为重要的是，旅游服务的不可识别性隐藏于形象评估中。因为旅游形象较大程度地依赖于不可见的旅游预先选择和初步体验，加上鉴于感知形象，而不是实际体验，刺激了旅游消费者的行动②。所以，在旅游发展研究中，旅游形象的意象是比物质旅游资源更重要的甄别要素。

综上所述，国内旅游研究的十余年间，以旅游形象为主题的研究著述丰富，主要着眼于旅游地形象的应用性研究，包括旅游形象与旅游需求、旅游行为、旅游目的地选择、旅游市场发展等。目前，旅游形象的理论研究与实践活动主要以理念识别、行为识别和视觉识别为主导方式，关注面向政府的政策建议，集中于城市形象的研究。而对民族、社区、古城、古镇和村落的旅游形象的关注相对较少，对旅游形象的识别与再造有进一步的挖掘空间。旅游形象往往局限于创意式宣传口号的提炼，和旅游口号相混淆，较忽视旅游地和社区的互动。少有旅游地实际跟踪旅游形象推广后的市场认同，缺乏对目的地形象的动态再造，对旅游形象的内部动力机制、联动效益等方面的研究较为薄弱。

第三节　研究方法综述

目前，旅游形象的研究主要停留在对客体旅游利益相关者，即旅游者的调查、参与、利益实现等问题的探讨上，而对民族社区的旅游发展模式的相关研究没有解决其主客相互作用的机理问题。同时我们发现，旅游形象再造的研究与民族社区识别问题的研究存在相互交叉、相互渗透的特点，这为我们采用旅游人类学、计量经济学的方法去解决民族社区的旅游形象问题提供了理论支撑。

本书的研究方法是依据民族社区和旅游形象的要素变量进行基本分析。基本分析包括田野调查和统计分析两种方法。主要通过定量的计量经济学的统计方法关注民族社区旅游形象的外在表征，以及通过定性的旅游人类学的田野调查方法关注民族社区旅游形象的结构及其关系演化的内在机制，从他者识别到自我识别的层面，探寻推动民族社区旅游形象塑造的动力。

一、旅游人类学的田野调查

田野调查又称为田野工作或实地考察，是描述搜集原始资料的概括术语。主

①　Gallarza M G, Saura I G. Value dimensions, perceived value, satisfaction and loyalty: An investigation of university students' travel behavior[J]. Tourism Management, 2006, 27(3): 437−452.

②　Crompton J L, Fakeye P C, Lue C C. Positioning: The example of the lower rio grande valley in the winter long stay destination market[J]. Journal of Travel Research, 1992, 31(2): 20−26.

要通过访问或观察研究对象，以学习他们的语言、民俗、社会结构等内部知识和经验[①]。传统文化人类学进行田野工作的最终成果是关于一种文化的条理分明的陈述，为理解目标民族的观念和行为提供解释的框架。这种跨文化比较的研究针对不同地域范围的社会样本，研究引起现象的条件和因果关系。田野调查可以使研究者逐渐熟悉目的地环境的细枝末节，认识到数据内固有的模式，这对于证实和检验关于文化的变迁假说具有重要价值。

　　研究者自身是移动的非社区人群，通过体验旅游者行为，全程跟踪从四川省省会成都市到研究地稻城县香格里拉镇的旅游过程，对接近自身教育程度、年龄、性别、阶层的旅游者进行访谈，获得旅游者客体的文化模式与社会网络等相关信息。结合非参与式观察，对旅游形象的变化、选择、调整、适应、抗拒与反对等影响的调查，有利于研究者全面掌握旅游形象的变迁发展。传统的田野调查方法强调 5 个 W：谁（who）、何时（when）、何地（where）、有什么（what）和为什么（why）。史密斯将旅游人类学的田野调查重点集中为 4 个 H：区位（habitat）、历史（history）、遗产（heritage）和工艺（handicraft）[②]。在本书中，主要从资源管理中分析主体的区位资源，在文化记忆中分析特定时间和地点的历史和文化遗产要素，在活动产出中分析在特定环境下出产的工艺。

　　旅游人类学的传统田野点并不是理想的封闭式社区，而是变化开放的系统。因此，可以调查旅游社区、旅游者个体、旅游者群体、旅游者生成社会情况，从而对民族社区的旅游形象所形成的文化事实和现象进行跨文化的比较、分类与定性。旅游民族志的文化描述和呈现，结合历史档案资料收集整理，形成具有情感共鸣和客观中立特质的分析结果。

　　本书根据 2004 年 4 月、2005 年 9 月、2008 年 10 月、2009 年 4 月四次在四川甘孜稻城县香格里拉镇进行观察得到的田野调查资料，结合回访的研究方法，较长时间的调查积累，提供对民族社区的旅游形象发展比较和反思的机会。

　　2004 年 4 月 20 日至 5 月 15 日，第一次到甘孜藏族自治州是为了近距离锁定调查范围，走国道 317 川藏北线：成都→286km→四姑娘山→43km→小金→55km→丹巴→110km→八美→81km→道孚→32km→塔公→40km→新都桥→71km→康定→270km→成都。第一次康东之行，体验了丹巴古碉、民居、海螺沟冰川公园、康定跑马山、木格措、塔公草原、道孚民居、伍须海、亚拉雪山、贡嘎雪山、泸定铁索桥、红军飞夺泸定桥纪念馆、二郎山林场等核心景区，对甘孜州整体旅游形象作了初步踏勘，锁定旅游形象研究落点在甘孜州西南部。

　　2005 年 9 月 25 日至 10 月 10 日，第二次进入甘孜州是为了进一步确定一个

　　①　康拉德·菲利普·科塔克. 人类学（第十二版）[M]. 庄孔韶，冯跃，译. 北京：中国人民大学出版社，2008.
　　②　彭兆荣. 旅游人类学[M]. 北京：民族出版社，2004.

主要的调查点，走国道 318 川藏南线：成都→147km→雅安→168km→泸定→49km→康定→75km→新都桥→74km→雅江→143km→理塘→165km→巴塘→165km→理塘→193km→稻城县。在联系人的帮助下，踏勘了两个主要点，即香格里拉镇的呷拥村和亚丁村，以及亚丁国家级自然保护区、海子山景区和俄初山景区。

2008 年 10 月 18 日至 10 月 25 日，第三次进入甘孜州是为了深入呷拥、仁村、俄初、亚丁四个村委会，调查香格里拉镇的旅游形象，采取的调查方法包括参与观察、集中访谈、入户调查、问卷调查、搜索网络、文献资料查阅等。由于在调查过程中，旅游形象的研究对象跨度很大，包括社区居民和部分旅游者，方言理解有很大的障碍，尤其是与文化水平不高的乡民接触时，几乎无法正常沟通，需要有较好的翻译协助，让受访者了解研究调查的目的，建立信任基础，才能达到接受理解的效果。

2009 年 4 月 27 日至 5 月 8 日，第四次进入稻城县政府所在地金珠镇和香格里拉镇政府所在地呷拥村进行回访，是为了收集当地政府主管部门的意见和建议，验证社区居民和旅游者对旅游形象的认同识别与再造需求。入住香格里拉镇，是人类学最传统的方式。首先由联系人介绍，与乡干部阿加一家见面并相互认识。阿加一家四口，男主人既是 41 岁的乡干部，又是家里开的"益党民居"的负责人，女主人是 37 岁的泽乍拥忠，主要在家搞民居接待，13 岁的女儿次翁拉姆在泸定中学读初二，9 岁的儿子丁真多吉在香格里拉镇小学读三年级。阿加为人和善，受过初中教育，1990 年就通过"招工招干"参加工作，自家有民居旅馆，能用藏语和汉语熟练交流，起到沟通翻译和介绍的重要作用。

本书对稻城县香格里拉镇的旅游者和社区居民识别和需求旅游形象的研究状况作了初步分析，香格里拉的旅游形象存在模仿、移植、否定、转换、升华等特征，田野调查进一步采用"主人—客人"的人类学理论来研究香格里拉镇民族社区的地域特点和文化特质。

二、计量经济学的统计分析

本书采用 SPSS 13.0 统计软件作为分析工具，利用叙述性统计分析法来了解样本资料香格里拉镇旅游形象的识别和再造情况，以及人口的性别、年龄、婚姻状况、生产方式、工作时间、生活方式、工作所有制性质、行业隶属、家庭人口、子女比例、家庭收入、教育背景、语言背景等各个观察变量的平均数、标准差和百分比。针对问卷的人口信息变量做基本分析与图表展示，内容包括性别、年龄、民族、职业、家庭状况、教育程度、收入状况、工作类型。分析的内容包含百分比、总数、均数等相关统计分析数值。采用 SPSS 13.0 统计软件进行分析，分析方法介绍如下。

1．单一样本 T 检验

已知总体均数，进行样本均数与总体均数之间的差异显著性检验属于单一样本的 T 检验。在 SPSS 13.0 中，单一样本的 T 检验由"One-Sample T Test"过程来完成，主要测试一个变量对其他变量的影响。本书针对民族社区的居民及旅游者不同的个人环境背景进行单一样本 T 检验。采用右尾假设检测，在显著性 α=0.05 的条件下，假定母体为常态分布，分析检测值设定为 3，确定其旅游形象识别程度。

2．独立样本 T 检验

T 检验是在样本中比较两组独立的连续变量的平均数，以检验两个均值之间的差异大于能被机遇所解释的差异可能性。T 检验方法的应用条件是观测值变量相互独立，从正态分布的总体中抽样得到，样本量小于 30。

独立样本 T 检验过程用于进行两样本均数的比较，即常用的两样本 T 检验。调用 SPSS 13.0 软件可完成两样本均数差别的显著性检验，即通常所说的两组资料的 T 检验。SPSS 13.0 在进行平均数 T 检验的同时，也要做列文方差齐性测试。分别测得旅游者对旅游形象的识别及社区居民对旅游形象的识别如下，比较两组均数有无差别。

把实际观察值定义为 x，再定义一个变量 group 来区分旅游者与社区居民。输入原始数据，在变量 group 中，社区居民输入 1，旅游者输入 2。本书以民族社区香格里拉镇的社区居民来测度，针对个人人口信息的背景变量，如性别、年龄、教育等，分为两组进行独立样本 T 检验，以确认两个不同组别间有显著差异出现。本书在显著性 α=0.05 的条件下，针对性别、年龄、教育三项不同个人背景的社区居民和旅游者进行测量。

这一部分显示两组资料的例数、均数、标准差和标准误差，显示两均数差值，经方差齐性检验 F 值和 P 值，即两方差齐。

另外，调用 SPSS 13.0 软件的该过程可完成配对资料的显著性检验，即配对 T 检验(paired-samples T test)。在旅游领域中，主要的配对资料包括同对(年龄、性别、教育、收入等非处理因素相同或相似者)或同一研究对象分别给予两种不同处理的效果比较，以及同一研究对象处理前后的效果比较。前者推断两种效果有无差别，后者推断某种处理是否有效。

3．方差分析

方差分析可以比较多个总体的均值，其本质是研究变量之间的关系，其特点在于研究一个或多个分类型自变量与一个数值型因变量之间的关系。方差分析的优势在于首先检验总体的均值是否相等，然后判断分类型自变量对数值型因变量的显著性影响①。因素分析是一种缩减研究范围的技术，以少数若干因素来解释一群相互有联系存在变量的数学模型。利用因素分析可以减少变量个数，以便于将资料简化，并侦测变量之间的相互结构，进行变量分类。而且在较少的研究层面上呈现原有的资料结构，同时保持原始资料提供的大部分资讯。

　　变量分为显现变量（旅游发展对民族社区的影响、民族社区旅游形象的优先要素、再造旅游形象的目标战略）和潜伏变量（旅游形象的识别、民族社区）。后者为无法实际衡量的"理念变量"，而前者是可实际测得的变量或直接获取于问卷上的问题。除了一般的旅游者人口统计特征之外，研究方法还要识别旅游者对民族社区的旅游动机和消费心理、他们所期望的体验及反映旅游体验总体水平的关键性事件（旅游者记忆中的旅游形象，旅游者对景区自然环境、民族文化和基础设施的态度或观点，旅游者对旅游形象信息影响力的等级划分，旅游亮点、总体满意度、改进或改善的建议）。

　　① 陈超，邹滢. SPSS15.0中文版常用功能与应用实例精讲[M]. 北京：电子工业出版社，2009，108－153.

第三章　香格里拉镇旅游形象的现状分析

　　青藏高原东缘藏区主要包括四川省阿坝州藏区、甘孜州藏区和云南省迪庆州藏区。青藏高原是中国最大的、世界上海拔最高的高原，被称为"世界屋脊""第三极"，南起喜马拉雅山脉南缘，与印度、尼泊尔、不丹毗邻；北至昆仑山、阿尔金山和祁连山北缘，以 4000 米左右的高差与塔里木盆地及河西走廊相连；西部为帕米尔高原和喀喇昆仑山脉，与阿富汗、巴基斯坦和克什米尔地区接壤；东及东北部与秦岭山脉西段和黄土高原相接。

　　青藏高原位于北纬 26°00′~39°47′，东经 73°19′~104°47′，东西长约 2800 千米，南北宽 300~1500 千米，总面积近 300 万平方公里，包括中国西藏自治区全部和青海省、新疆维吾尔自治区、甘肃省、四川省、云南省的部分，不丹、尼泊尔、印度、巴基斯坦、阿富汗、塔吉克斯坦、吉尔吉斯斯坦的部分或全部。高原上居民稀少，人口总数还不到中国总人数的 1%。

　　青藏高原的自然历史发育极其年轻，地势的极大隆起及其产生的强烈热力、动力作用，使其地形复杂，加之所处纬度较低，因此自然环境十分独特，形成了全世界最高、最年轻而水平地带性和垂直地带性紧密结合的自然地理单元。高原腹地年平均温度在 0℃以下，大片地区最暖月平均温度也不足 10℃。

　　青藏高原一般海拔在 3000~5000 米，平均海拔 4000 米以上，为东亚、东南亚和南亚许多大河流发源地，山岭海拔超过 6000 米，高峰终年积雪；地形上可分为藏北高原、藏南谷地、柴达木盆地、祁连山地、青海高原和川藏高山峡谷区 6 个部分。高原上湖泊众多，有纳木错、青海湖等。

　　川藏高山峡谷区在四川省西部、西藏自治区东部和云南省西北部。为青藏高原东南部，山河相间。自东向西有九顶山、岷江、邛崃山、大渡河、大雪山、雅砻江、沙鲁里山、金沙江、宁静山、澜沧江、怒山、怒江等。

　　青藏高原被喻为"世界屋脊"，一向以其独特的人文和自然景观闻名于世，是科学探险、考察和生态旅游的胜地。而位于青藏高原地区形形色色的自然保护区，又是"世界屋脊"上生态环境最奇特、生物资源最丰富的自然资源宝库，具有极高的科研价值。

　　青藏高原地域辽阔，在中国境内的面积约 257 万平方公里，占中国国土总面积的 1/4 左右。青藏高原自然保护区的一大特色是面积大，位于西藏北部高寒地区的羌塘自然保护区面积达 24.7 万平方公里，不仅冠居亚洲，在全世界也是数一数二的特大面积自然保护区。此外，西藏申扎自然保护区、珠穆朗玛峰自然保护区等保护区的面积也达到3万~4万平方公里。这对于其他省（自治区、直辖市）的自然保护区来说，是无法相比的。

在漫长的地质发育与自然演替过程中，青藏高原不仅形成了与世迥异的高寒草原与草甸生态系统，还兼有沙漠、湿地及多种森林类型的自然生态系统。在这特殊的地理环境中，保有许多蔚为壮观的地质遗迹和绚丽多姿的自然景观，孕育了极其丰富的野生动植物资源。因此，青藏高原的自然保护区类型也极为丰富多彩。

在青藏高原，人们既可以看到以保护高原特有的综合性自然生态系统为目的的保护区，如拥有高山寒漠、草原与森林等山地垂直带的珠穆朗玛峰保护区；也可以见到以保护某一特殊植被类型或珍稀物种为目的的保护区，如以保护热带季雨林为主的墨脱保护区和专为保护林芝巴吉的古老巨柏林而设置的保护点。

青藏高原特殊的生态环境中生存着一些极具特色的珍稀野生动物，而专为保护这些"国宝"建立的保护区，更为全球野生动物保护组织和动物学家所瞩目。如以保护大熊猫为主的川西卧龙保护区就位于青藏高原东缘的横断山区，还有藏东类乌齐马鹿自然保护区、昌都芒康滇金丝猴保护区等。

青藏高原地区自然风光绮丽，具有许多特有的地质地貌类型，为保护这些自然遗迹而建立的保护区对于一般旅游者来说更显得魅力无穷。其中，最为著名的是以保护自然风景为主的四川九寨沟国家级自然保护区。此外，距九寨沟不远的松潘黄龙石灰泉钙华地貌保护区、贡嘎山海螺沟冰川森林公园、青海卓尼莲花山保护区、云南香格里拉县碧塔海保护区等也各具特色，具有很高的观赏价值。

青藏高原的自然保护区丰富多彩，涵盖着深邃的科学内容。在全球最高、自然环境最为独特多样的区域内所建立的各类保护区，几乎包括了我国境内所有的主要陆地生态系统，尤其是高原特有的高寒草地、荒漠及湖泊湿地等生态系统与有关的珍稀野生动植物及奇异的自然景观相结合而放射出的异彩，为世界罕见。它们不仅为人类提供了高原自然界的原始"本底"，保存了许多珍稀濒危动植物，而且为开展有关青藏高原的地学、生物学等学科的研究，提供了理想的基地和天然实验室。

青藏高原的自然保护区，为在这一地区独特多样的生态环境中生存的野生动植物提供了较为安全的繁衍场所。在青藏高原上，生活着大约210种野生哺乳动物，占全国总种数的50%左右。在这些野生动物中，国家一、二级保护物种占有很大的比例，大熊猫、金丝猴、藏羚羊、野牦牛、藏野驴、盘羊、雪豹、羚牛、白唇鹿、梅花鹿等著名动物都在其中。青藏高原地区有维管植物12000种以上，占全国总种数的40%左右，桫椤、巨柏、喜马拉雅长叶松、喜马拉雅红豆杉、长叶云杉、干果榄仁等珍稀濒危植物都在这一地区有分布或特产于此。尤其值得一提的是，青藏高原是世界上杜鹃花种类最丰富的地区，有"杜鹃花王国"

之美誉。而这些珍稀动植物均是青藏高原自然保护区的主要保护对象。

　　由于青藏高原地广人稀，人为干扰破坏相对较轻，大部分保护区自然生态系统保存完好，又由于高原自然生态系统较脆弱，易受外界因素干扰破坏，所以大多数采取封闭式的保护方式，禁止在保护区内进行非法或不合理的经营活动。对于一些已经开放旅游的森林公园和保护区，提倡生态旅游，严格禁止破坏自然生态环境和动植物资源的旅游活动，正确处理好旅游与保护的矛盾，以实现可持续发展的战略目标。

　　稻城县香格里拉镇的居民原以耕作、狩猎、林牧等方式为生，以村庄为稳定的农业单位。香格里拉镇的旅游形象和其旅游产业布局有密切的关系。香格里拉镇的空间尺度较小。在功能尺度上，香格里拉镇占据着稻城县域经济和中国香格里拉生态旅游区旅游产业布局中举足轻重的地位，与稻城县政府所在地金珠镇形成重要的四川香格里拉旅游发展两极。香格里拉镇的旅游形象涉及现有民族社区居民宜居区域规划、民族特色接待布局、城镇公共设施设置和开阔空间延伸等问题。

　　稻城香格里拉现已编制了《稻城县旅游发展总体规划》《稻城亚丁香格里拉生态旅游区开发建设规划》《亚丁风景名胜区建设规划》《亚丁自然保护区规划（修编）》《亚丁机场建设规划（选址）》等规划，力争打造"稻城亚丁——香格里拉之魂"的旅游形象。

　　1996年3月，稻城县人民政府成立了亚丁自然保护区管理局。1997年5月，甘孜藏族自治州人民政府批准亚丁为州级自然保护区，并成立了管理处。2001年6月，经国务院批准，亚丁成为国家级自然保护区。2003年7月10日，联合国教科文组织人与生物圈执行局在巴黎召开的会议上，把亚丁列入联合国MAB保护计划之中，亚丁正式加入《世界人与生物圈保护区网络》。亚丁是继黄龙、卧龙、九寨沟后，四川省第4个、我国第24个加入该网络的保护区，也是甘孜藏族自治州第1个获此殊荣的自然保护区。

　　在此基础上，稻城香格里拉为拓展旅游客源市场，开展了形式多样、内容丰富的宣传促销活动，出版发行了系列画册、光碟、书籍等宣传品，积极参加了国内学术论坛、旅游交易会等活动，努力扩大与媒体、广告公司、旅游企业的合作，不断增强稻城香格里拉的影响力和知名度。稻城亚丁先后荣获"中国最令人向往的二十个旅游胜地""中国世外桃源""四川最美的地方"等殊荣。香格里拉镇有"最后的香格里拉"的美誉。目前，稻城香格里拉着眼于创建5A级旅游景区而启动了4A级景区的创建工作①。香格里拉的旅游形象不断扩张，旅游设施不断完善。香格里拉镇作为亚丁景区的旅游支撑点，其基础设施和配套服务设施水平得到了极大提高，目前基本形成了食、住、行、游、购、娱等较为完整的旅

---

　　①　稻城县文化旅游局内部资料. 稻城县旅游发展情况汇报［Z］. 2008.

游产业体系。

　　经过十余年的旅游发展，稻城香格里拉已在国内外具备了一定知名度和美誉度，但长期以来交通限制使稻城虽地处香格里拉生态旅游圈的中心，却与周边云南和西藏形成了屏障，造成了现在的地理区位劣势。而一旦解决交通问题，就会使稻城强大的后发优势、现有生态环境的原始完整的旅游形象得到充分的现实展示。本书尝试用情景分析场景，从民族社区的资源管理、文化记忆和活动产出三方面对香格里拉镇的旅游形象进行优劣势剖析，研究香格里拉镇旅游形象的现实状况和核心驱动力。

第一节　香格里拉镇旅游形象的资源管理

一、地理区位资源

　　香格里拉镇位于稻城县南部。稻城县位于四川省西南缘，地处北纬 27°58′～29°42′，东经 99°58′～100°38′。稻城县北与甘孜州理塘县接壤，西与甘孜州乡城县为邻，东南连接凉山彝族自治州木里县，西南与云南省香格里拉县毗邻。该地属于中国西部高原山地，以及青藏高原与云贵高原的连接地带，处于四川与云南两省风景文化的过渡衔接地带。

　　稻城县海拔最高点位于仙乃日峰（6032 米），最低点位于色空村（1900 米），垂直高差达 4032 米。县城金珠镇海拔 3740 米，香格里拉镇政府所在地呷拥村海拔 2970 米。稻城高原由横断山系的贡嘎雪山和海子山组成。两大山脉坐落南北，约占全县面积的 1/3。地形北高南低，西高东低，群山起伏，重峦叠嶂，逶迤莽苍。稻城境内有三大河流，分别为稻城河、赤土河、东义河。支流有巨龙河、俄初河等，均汇入木里县水洛河，最终流入金沙江。

　　香格里拉镇属于亚热带气候，地处高原，山峦起伏，沟谷纵横，山岭对光、热、水的影响使其在垂直方向上形成了明显的气候带。由于坡地方位不同，阳坡和阴坡、坡地和盆谷地有迥然不同的气候。由于青藏高原的影响，该区呈青藏高原型气候和大陆型气候，光照资源充足，气温日差大，雨热同季，年均温 4.1℃，最高气温 27.1℃，最低气温 −27.6℃，年均日照 2629.4h。属山地暖温带，季节分明，年均温度为 10.2℃，适宜人居住①。

　　香格里拉镇的地理形貌实景如图 3.1 所示。

────────────

① 四川省旅游规划设计所. 四川省甘孜藏族自治州旅游发展总体规划(2000 年—2015 年)[M]. 成都：四川省旅游规划设计所, 1999.

图 3.1 香格里拉镇地理形貌实景图

稻城距甘孜州府康定 432 公里，距省会成都约 800 公里，距云南省香格里拉县 330 公里。理塘县至香格里拉县的省级公路由北通过稻城县，与国道 318 线相接，向西南可进入云南省。香格里拉镇距稻城县城 73 公里，北与赤土乡、巨龙乡相连，南邻各卡乡，东与蒙自乡、俄牙同乡、木里县水洛乡、木拉乡交界。

香格里拉镇位于稻城县重点旅游资源的核心部位，处于亚丁生态旅游区、蓝月山谷生态旅游区、阿西红色旅游区的中心位置。在中国香格里拉生态旅游区和四川省新五大精品旅游区建设中，稻城县占有重要地位。在交通建设方面，国道 318 线改造全面启动，亚丁机场着手前期工作，稻城连接凉山、云南的出州通道正在加紧建设。稻城县在川、滇、藏香格里拉旅游区域发展中，具有明显的区位比较优势。

香格里拉镇原名日瓦乡，于 2001 年经省政府批准更名为香格里拉乡，又于 2009 撤乡建镇，新建香格里拉镇，辖原香格里拉乡所属行政区域。香格里拉镇距亚丁国家级自然保护区 34 公里，距俄初山景区 25 公里，距卡斯地狱谷景区 60 余公里[①]。香格里拉镇的区位情况如图 3.2 所示。

---

① 稻城县人民政府，四川省旅游规划设计所. 稻城县旅游发展总体规划（2001 年—2015 年）[Z]. 2001.

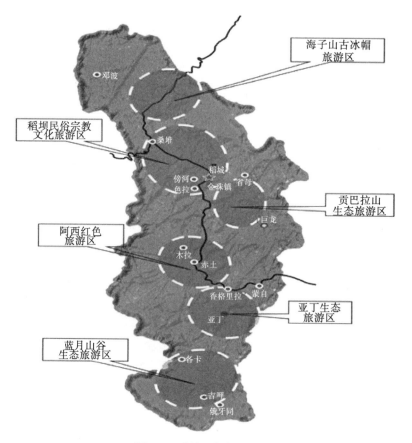

图 3.2　香格里拉镇区位图

　　稻城高原由于特殊的地理位置和气候特点，地处偏远，交通条件较为局限。目前从四川省省会成都到稻城约 760 多公里，由成都途经雅安再过二郎山隧道进入甘孜州境内，到泸定县，再过州府康定到达新都桥，离开新都桥进入雅江县，过雅江县后进入世界高城理塘，越过海子山到达稻城县。从云南昆明经过大理、丽江，进入香格里拉县，再翻越大、小雪山到达乡城，然后从乡城翻越无名山进入稻城。在省际区域联系上，滇西北的丽江、迪庆作为香格里拉区域较为成熟的旅游增长极，每年接待国内外游客八百多万人次，可以直接辐射、带动稻城香格里拉的旅游市场[1]。川、滇连接地区的旅游发展互补性较强，市场关联度较高，稻城香格里拉必将成为川西南和滇西北的旅游市场联合拓展及产品深度开发的重要依托。

　　由于深处中国西南腹地，在地理区位资源方面，香格里拉镇的旅游形象体现为山高路远，这存在着一定局限性，然而稻城亚丁至泸沽湖的旅游路线堪称中国

① 稻城县旅游文化局内部资料. 稻城县旅游基础设施建设发展情况概要[Z]. 2008.

徒步的极致穿越路线，受到海内外旅游者的关注。随着亚丁景区建设逐渐完善，接待能力明显增强。2001 年 6 月，稻城亚丁升格为国家级自然保护区。2003 年 4 月 1 日，它成为中国人与生物圈保护区网络成员单位。2003 年 7 月 10 日，在巴黎会议上，亚丁被联合国教科文组织纳入世界人与生物圈保护区网络成员单位，成为甘孜州第一个世界级旅游品牌。2007 年，亚丁参加了由四川省政府新闻办和四川省旅游局组织的"魅力四川·2007"旅游目的地总评榜活动，经过游客历时半年的投票评选，稻城亚丁进入前十强[①]。这些形象品牌为地区自然生态系统的保护、旅游产业和区域经济的发展提供了前所未有的契机。在此基础上，香格里拉镇处于稻城县城和亚丁国家级自然保护区之间的旅游中转地带，其支撑作用将日益显现，具有联系民族社区原生态的最佳展示舞台和旅游接待集镇的重要区位。

二、土地人力资源

稻城县全县面积为 7323 平方公里，人口 3.2 万（2011 年数据）。

香格里拉镇面积为 736 平方公里，辖呷拥、仁村、俄初、亚丁等 16 个行政村，25 个自然村。

香格里拉镇的政府所在地呷拥村，海拔 2900 米。2007 年，香格里拉镇共有 461 户，2684 人，耕地面积 2568 亩（1 亩≈666.67 平方米），退耕还林面积 4430.43 亩，人均占有粮食 423 公斤，人均纯收入 1651 元，四畜存栏数 10075 头（只、匹）。其中，农村低保户 38 户，150 人，城镇低保户 64 户，292 人；无住房户 15 户，三老干部 7 人，优抚对象 2 户，五保户 11 人，特困户 31 户，僧侣 93 人。境内现有寺庙 1 座，即贡嘎郎吉岭寺（或称贡岭寺），自来水厂 1 个和装机 7500 千瓦的电站 1 座[②]。

土地是香格里拉镇稀缺的和不可再生的资源。香格里拉镇土地资源实景如图 3.3 所示。

由于实行退耕还林，香格里拉镇人口全部成为失地农民。农民失地和失业问题是当前香格里拉镇发展农村经济不容回避的一个突出问题。若出现"种田无地、就业无岗、保障无份、创业无钱"的群体，就有可能引发诸多社会矛盾。现在一亩地政府给予一千斤粮食补贴。以前是一亩地给一千元，现在实行和市场行情挂钩。社区居民既可以选择粮食补贴，如 350（1 斤＝0.5 千克）斤青稞、350 斤小麦和 300 斤玉米，也可以选择通过国家保护价格兑换补贴现金[③]。通过这样的

---

① 稻城县旅游文化局内部资料. 稻城县旅游发展情况汇报[Z]. 2008.

② 香格里拉镇政府内部资料. 香格里拉镇基本情况[Z]. 2009.

③ 稻地县旅游文化局内部资料. 稻城县旅游文化局访谈资料[Z]. 2009.

方式始终保证民族社区居民的基础经济利益。如一户人通常有三亩地，会有超过
三千元的固定补贴①。

图 3.3   香格里拉镇土地资源实景图

经济补偿、社会保障和再就业是解决失地农民发展的重要问题。农民失去土地
后，既不同于农民，又不同于城市居民，成为边缘群体。他们既不享有土地的保
障，也不享有城市居民的社会保障，易处于社会保障的真空地带。然而，香格里拉
镇政府所在地呷拥村的 276 人中，除了 3 人由于户口问题没落地②，其他人全部加
入了国家医疗保险体系，劳动年龄段参加城镇职工基本养老保险，退休年龄段实行
基本生活保障，社会保障基本完善。

失地农民由于在就业和收入等方面的不稳定性，依托家庭保障模式越来越受
到冲击。许多家庭靠补偿款来维持生计，几年补偿款"吃"完了，生活也就没有
保障了，必须出去跑车搞交通运营、商品货运等。现在香格里拉镇的民营经济发
展较快。截至 2007 年，全乡共有民营企业 3 家，外来投资企业 4 家，个体工商
户 49 户，从事民居接待的有 39 户②。

由于香格里拉镇失地农民的文化素质和劳动技能不高，在就业方面明显处于
劣势，自谋职业困难。香格里拉镇全镇共有学校 6 所（中心校 1 所，村小 5 所），

---

①   香格里拉镇政府内部资料. 香格里拉乡政府访谈资料[Z]. 2009.

②   香格里拉镇政府内部资料. 香格里拉乡基本情况[Z]. 2009.

教职员工 25 人，在校学生 311 人（中心校 234 人，村小 77 人）；卫生院 1 所，占地面积 45 亩，卫生工作人员 11 人；派出所 1 所，公安干警 5 人；信用社 1 所，职工 3 人[①]。从香格里拉镇的资源品位来说，发展旅游接待是一项重要的就业出路。因此，政府除合理予以货币补偿外，还应该考虑失地农民的长远利益，在劳动就业方面给予必要的指导，组织劳务输出，加大培训力度，提高劳动者的素质和技能。

　　香格里拉镇的土地资源主要是景区的高海拔林地资源，为藏族聚居地，居民中藏族人口占 95%，也有部分从四川遂宁、雅安、邛崃和云南大理来务工经商的汉族、回族或白族居民[②]。

三、自然旅游资源

　　稻城县境内地形复杂，群山起伏，雪峰耸立，河流深切湍急，峡谷深邃险峻，因而造成了生物、气候分布的多样性和垂直变化，形成了带谱完整、层次鲜明、世界罕见的自然生物景观。亚丁国家级自然保护区横贯稻城县南部，面积为 2664 平方公里，主要由雪山、冰川、湖泊、峡谷、森林、溪流、古寺等组成。核心区为三怙主雪山，北峰仙乃日海拔 6032 米，南峰央迈勇海拔 5958 米，东峰夏诺多吉海拔 5958 米，三座雪山在面积为 158 平方公里的范围内呈三足鼎立之势。区内沟壑交错，峡谷深邃，风光迤逦，珍稀动植物种类繁多，山体形态多样，角峰林立，大小山峰三十余座，遍布溪流、湖泊和草甸。

　　海子山省级自然保护区被称为青藏高原最大的古冰体遗迹，位于稻城县北部高原区，以"稻城古冰帽"著称于世。海子山的冰川侵蚀地貌，长 93 公里，宽 47 公里，面积 3287 平方公里，平均海拔 4500 米，最高峰"果银日则"海拔 5020 米，分布着 1145 个高原冰蚀湖，其规模、密度和数量都属我国罕见[③]。

　　兴伊措在藏语中意为"献湖"，是海子山最大的天然湖泊，面积约 7.5 平方公里。

　　红草地位于稻城县北部吉依村，大面积的湿地中生长着红草（一种水藻植物），秋天火红一片，是摄影爱好者的聚集点。

　　万亩河滩青杨树位于稻城县县城周围，是世界上海拔最高（3750 米）、造林面积最大（10 余万亩）的青杨树林，被称为"离太阳最近的绿色工程"。

　　茹布查卡温泉位于稻城县县城东南 3 公里处的贡巴山北麓茹布卡村，海拔

---

　　① 香格里拉镇政府内部资料. 香格里拉乡政府访谈资料[Z]. 2009.

　　② 四川省旅游规划设计所. 四川省甘孜藏族自治州旅游发展总体规划（2000 年－2015 年）[M]. 成都：四川省旅游规划设计所, 1999.

　　③ 香格里拉乡政府内部资料. 香格里拉乡基本情况[Z]. 2009.

3747 米。藏语中"茹布"意为"朋友","查卡"意为"温泉"。温泉出露通道为结晶灰岩的断裂带，出口处水温一般为 68℃，昼夜流量 7000 立方米，一般流量为 1.29 升/秒，径流含有少量的石灰质沉淀物质及少量硫黄。总体而言，温泉水质清澈，无色无味。温泉价格对社区居民为 5 元，面向外来游客为 15 元，夜间到温泉放松已经成为旅途劳顿后休憩的优质选择。稻城县地热资源丰富，露点温泉达 20 余处，泉眼 100 多个①。

根据甘孜州旅游资源评价结果，该州有亚丁国家级自然保护区"三怙主"神山、巴塘措普沟自然生态旅游景区、格聂山自然生态旅游景区、海子山古冰川遗迹(五级资源)、得荣县下拥旅游景区、理塘毛垭坝自然生态区、乡城县热乌温泉(四级资源)、得荣县茨巫/白松农业生态及自然景观、稻城茹布查卡温泉、香巴拉七湖(三级资源)等自然旅游资源。具有代表性的人文旅游资源有理塘"八一"赛马节、理塘长青春科尔寺、巴塘夏穹古镇、巴塘弦子(五级资源)、乡城色尔宫村、乡城白藏房、乡城新桑披寺(四级资源)、乡城香巴拉天浴部落、稻城奔波寺、理塘香根活佛灵塔(三级资源)②等。

自 2004 年以来，县委、县政府积极探索新形势下投融资模式，充分借鉴成熟景区的有效做法和成功经验，经过一年多时间的沟通协调，于 2005 年 9 月 15 日与国家开发银行四川分行达成金融合作协议，协议(一期)信贷资金 1.5 亿元，用于亚丁旅游基础设施建设。项目包括景区输变电工程、旅游服务体系、交通配套，包括电瓶车道和木质栈道、道路及服务设施、环境保护、市政建设等 8 大类 20 余个子项目，现已基本建设完成，总投资 2.57 亿元，其中国家开发银行信贷资金 1.5 亿元，地方配套 1.07 亿元③。

香格里拉镇的风光宁静秀丽，民风民俗古朴原始，宗教文化厚重，是中外公认的"人间天堂""世外桃源"和"伊甸园"。稻城亚丁一带是香格里拉景区的核心区域，其旅游资源独特，开发前景极大，具有后发优势。但是由于受资金等因素制约，景区建设维护的投入不足，旅游开发和景区配套基础设施整体落后于云南香格里拉。

香格里拉镇旅游形象的依托是亚丁景区——中国保存最完整和最原始的高山自然生态系统之一。亚丁景区海拔 5000 米以上的雪峰有 10 座，以仙乃日(海拔 6032 米)、央迈勇(海拔 5958 米)、夏诺多吉(海拔 5958 米)三座极高山雪峰为核心资源。三座雪峰呈"品"字形鼎立，下部被宽阔平缓的贡嘎古冰川"U"谷分割，是四川众多高山中独一无二的地貌组合形态。中国西部的大多数雪峰一般都

---

① 成都市工程咨询公司. 稻城亚丁景区旅游基础设施项目可行性研究报告[Z]. 成都：四川省旅游规划设计所，1999.

② 四川省旅游规划设计所. 四川省甘孜藏族自治州旅游发展总体规划(2000 年－2015 年)[M]. 成都：四川省旅游规划设计所，1999.

③ 欧新黔. 中国服务业发展报告[M]. 北京：中国经济出版社，2004.

只可远观，但亚丁三雪山却可以走近山脚。仙乃日距央迈勇 4.4 公里，距夏诺多吉 6 公里，央迈勇距夏诺多吉 6.8 公里①。三座雪峰直线距离如此之近，举世罕见。在高山峡谷纯自然状态下的雪峰、森林、河流、湖泊中，香格里拉镇是民族居民世代居住的村寨。香格里拉镇旅游形象的现状是一种较为模糊的原生态势，旅游配套建设和营销包装尚未整体启动，但目前已经吸引了大量旅游者观光探险和参观考察。

第二节　香格里拉镇旅游形象的文化记忆

一、历史发展

甘孜，唐属吐蕃，是康巴藏区的主要组成部分，1950 年成为新中国最早实行民族自治的一个州，是汉藏经济文化交流的要冲。稻城，古名"稻坝"，藏语意为"山谷沟口开阔之地"，古为白狼国部落羌地。公元 667 年唐朝时期，吐蕃王朝第三十二世赞普松赞干布征服白浪国，从此稻城归属吐蕃。光绪三十二年（1906 年），赵尔丰实行改土归流，首个汉族人进入该属地。光绪三十三年（1907年），因在境内试种水稻，奏设"稻成县"，预祝其成功之意。宣统三年（1911年），正式核准置"稻成县"。"民国"二十八年（1939 年），归西康省，改名"稻城县"，沿用至今②。

正是由于香格里拉镇是来往稻城亚丁国家级自然保护区的必经之地，稻城县把香格里拉镇作为重点乡镇之一发展，加大了基础设施的投资。根据亚丁旅游规划、"沟内游、沟外住"的旅游开发原则，在搞好民居接待的同时，在香格里拉乡政府附近的扎龙坝开发区，修建亚丁游人中心、宾馆酒店等服务设施，以满足旅游发展的需要。

在外部发展环境下，四川省民族地区的旅游产业初具规模。阿坝藏族羌族自治州在九黄机场通航后，客源结构优化，成为四川省旅游快速发展的地区，进入转型升级阶段。凉山彝族自治州西昌市成功创建为中国优秀旅游城市，带动全州旅游规模增长。但是，由于客观条件、历史发展等原因，甘孜香格里拉地区基础设施薄弱，发展条件较差，区域间发展不平衡，旅游资源优势和潜力尚未得到充分发挥，旅游产业还未成为主导产业，在带动民族地区经济社会发展、促进人民

---

① 成都市工程咨询公司. 稻城亚丁景区旅游基础设施项目可行性研究报告[Z]. 成都：四川省旅游规划设计所，1999.

② 稻城县人民政府. 四川省旅游规划设计所. 稻城县旅游发展总体规划（2001 年—2015 年）[Z]. 2001.

群众脱贫致富、扩大对外开放、维护社会稳定等方面的作用还未充分显现①。

二、民族文化

四川省是中国地貌最丰富的省份之一，同时也是一个多民族的省份。独特的区位、山脉的巨大起伏、地表的切割，使同一座山峰被分割成丛林、高地、平坝、草甸等小块区域。各民族在地域独特的区域里，成长出多样而驳杂的民族文化。四川省现有 56 个民族，其中少数民族有 55 个，世居少数民族有 14 个，是全国第二大藏区、最大的彝族聚居区和唯一的羌族聚居区。民族自治地方有甘孜藏族自治州、阿坝藏族羌族自治州、凉山彝族自治州、乐山市的马边彝族自治县、峨边彝族自治县、绵阳市的北川羌族自治县等三州、三县，另有米易、盐边、平武、石棉、仁和、金口河等 6 个民族待遇县(区)及 98 个民族乡②。四川地处中国西南腹地，民族文化资源丰富，是中国民族旅游发展最好的区域之一。

四川省甘孜州是以藏族为主体，分布有藏、汉、彝、羌、回等 22 个民族的聚居区。州内德格与西藏拉萨、甘南夏河被称为藏区的三大古文化中心。藏戏、锅庄、弦子、踢踏舞蹈、藏族绘画唐卡、雕塑、坛城、赛马、藏传佛教佛寺等，都是甘孜州独具特色的民族传统文化③。

香格里拉镇在民族文化上属于康巴文化的范畴，原以牧业与农业并存。区内居民为藏族，呈现出浓郁的康巴风情：独具特色的藏式碉楼，牧场上悠闲吃草的牛马，袅袅升起的炊烟，朝拜神山的人群，一派祥和、安宁。以藏文化风俗为主，同时融会吸收了当地和邻近地区其他少数民族文化，如纳西族、彝族文化等，因而呈现出丰富多元的民族文化。

婚俗方面，传统的有自由婚配、包办婚配等，现在已经完全发展为一夫一妻的自由婚配形式。丧葬方面，由原来的水葬和火葬发展为现在的火葬和土葬并存。礼仪方面，香格里拉镇存有传统的哈达、磕头、鞠躬、敬茶、敬酒等④。

香格里拉镇的主要村寨有：

(1)亚丁村，海拔 3970 米，藏语意为"太阳升起就照到的地方"。村寨建筑群古朴，静谧美丽，被称为"蓝月山谷"，如图 3.4 所示。

(2)卡斯村，海拔 2810 米，藏语意为"释站"，属东义区各卡乡。藏拉河从村边流过，有典型藏式碉楼，村外是大片青梨地，田园风光优美。

---

① 稻城县人民政府. 四川省民族地区旅游产业发展规划[Z]. 2008.
② 李克驹. 甘孜藏族自治州发展研究[M]. 成都：四川民族出版社，1990.
③ 四川省旅游规划设计所. 四川省甘孜藏族自治州旅游发展总体规划(2000 年-2015 年)[Z]. 成都：四川省旅游规划设计所，1999.
④ 稻城县人民政府，四川省旅游规划设计所. 稻城县旅游发展总体规划(2001 年—2015 年)[Z]. 2001.

图 3.4　香格里拉镇亚丁村实景图

　　(3)康古村，海拔 2909 米，藏语意为"纳西寨堡"，明隆庆二年至崇祯十二年，云南丽江知府纳西族木氏土司统治，有纳西寨堡遗迹。

　　(4)叶儿红村，藏语意为"山坳"，是一个修在康古峡谷山坳里的绿树掩映的藏寨，仅有 8 户人家，有奇异的喀斯特地貌。

　　(5)呷拥村，为镇政府所在地，现已形成具有独特民族风格的民居接待和民族文化旅游的特色景观。

　　千年嘛呢堆，位于康古沟贡嘎银河畔①。嘛呢堆，藏语叫"嘛呢朵崩"或"朵崩"，有的称为"拉则"（即"山尖"或"山峰"）。"嘛呢"是梵文佛经《六字真言经》中"唵嘛呢叭咪吽"的简称。汉语有"嘛呢堆""嘛呢石""玛尼石""嘛呢石堆""石经塔""神堆"等多种译写。是指在山坡、山顶、林莽、湖边、河湾、渡口、桥头、村寨出入口及十字路口等地出现用石块堆集起来的方形或圆锥形的石堆。由于呈塔形，又称为嘛呢塔。"拉则"是由普通石堆组成，建在高山顶上。康区和安多藏区等地也称为"俄博"。香格里拉镇嘛呢堆的壮观神秘之处，在于其由石板经加工而成的椭圆形石块上刻有细腻的藏文经文、六字真言或动物图纹、神灵图像、朗久旺丹图纹②。

---

　　①　成都市工程咨询公司. 稻城亚丁景区旅游基础设施项目可行性研究报告[Z]. 成都：四川省旅游规划设计所，1999.

　　②　韩书力. 西藏非常视窗[M]. 桂林：广西师范大学出版社，2003：4.

三、宗教信仰

稻城县境内文化旅游资源丰富，藏传宗教教派众多，拥有分别建于宋、元、明、清时代的寺庙13座，现已开放的寺庙有奔波寺、著杰寺，为噶举派的代表寺庙。香格里拉镇的主要宗教信仰是藏传佛教，教派齐全，有本教、宁玛派、萨迦派、噶举派和格鲁派五种教派，以格鲁派为主。香格里拉镇的寺庙多雕刻、壁画、佛像等，宗教文化氛围厚重。

奔波寺在藏语中意为"草坝里边的寺庙"，因建在草原的神山下而得名。该寺建于南宋淳熙五年（公元1178年）。寺庙属噶举派（白教），供有噶玛大师自塑像，极为珍贵。

雄登寺建于距县城南边10公里的山麓，海拔4105米，据考证，其建于明永乐十三年（1415年），是著名的格鲁派寺庙，藏有十万卷经书，供奉大小佛像数百尊，其中著名的有九世班禅大师所赠的檀香木释迦牟尼佛像。

扎郎寺位于稻城县傍河乡西北，距县城14公里，始建于明初，至今已有500多年历史，系萨迦派（花教）寺庙。寺庙建筑精美，壁画古色古香，寺庙中的文物保存完好。

波瓦山海拔4485米，"波瓦"在藏语中意为"英雄、勇敢的山"。相传，每当色拉人民受到外来滋扰时，就会退守在波瓦山中，依靠山势险峻，凭借其天险抗击侵略。波瓦山景色优美，春天有满山竞相绽放的杜鹃，秋天有遍山火红的枫叶。

区内最大的寺庙是贡嘎郎吉岭寺，简称贡岭寺，在藏语中意为"雪山洲"。海拔3335米，占地500多亩，现有僧侣300余人。因其境内有三座终年积雪的雪山而得名。明初由甲布康珠罗绒建寺，距今已有500多年的历史，1984年重新开放，同年9月30日，十世班禅大师在该寺进行了念经、摸顶等佛事活动。另外，该寺还拥有1022个由印度送来的菩萨雕像，弥足珍贵。

冲古寺位于贡岭区赤土乡西南，亚丁景区内，始建于元代，是稻城唯一的觉母寺①。

在藏传佛教中，亚丁三雪峰称为"三怙主雪山"，列为佛教二十四座神山中的第十一圣地。据藏文《大藏经》记载，在公园八世纪由宁玛派创始人莲花生大师为亚丁三雪峰开光，并以佛教观音、文殊、金刚手为三雪峰命名加持，以仙乃日——观音菩萨，央迈勇——文殊菩萨，夏诺多吉——金刚手菩萨而著称。

三怙主雪山是藏传佛教"道德""智慧""力量"完美结合的神山，是"德智

---

① 成都市工程咨询公司. 稻城亚丁景区旅游基础设施项目可行性研究报告[Z]. 成都：四川省旅游规划设计所，1999.

体"全面体现的典范,这是中国西部雪山中独一无二的文化特征。其中,北峰
"仙乃日"意为观音菩萨,南峰"央迈勇"意为文殊菩萨,东峰"夏诺多吉"意
为金刚手菩萨。观音菩萨慈悲为怀,普度众生,代表"仁德";文殊菩萨常侍候
于如来佛之左,主掌智慧,代表"智慧";金刚手菩萨威猛雄壮,主掌"大能
力",代表"力量"①。

　　祭祀方面,香格里拉镇的藏族人民有祭佛、祭天、转神山、朝拜圣山、徒步
圣湖、祭拜河水溪流等自然崇拜的宗教活动,以祈求神灵庇护,保佑平安幸福。
神山被誉为世界的中心,人们虔诚地信仰它,将转山转湖作为毕生的心愿。走路
或驾车经过山垭口地,男性乡民会停下顺风抛龙达,布做的龙达用毛绳串连起
来,悬挂在桥上或神山、"牙则"等地,纸做的龙达顺风撒放,如图 3.5 所示。

　　龙达是原始本教崇拜自然和祭祀神灵的产物,又称"风马旗",是藏传佛教
祭祀神灵的主要内容之一(图 3.6)。"龙达"一般四厘米见方,在白、红、绿、
黄色的纸和布上,拓印图案、"六字真言"或"八字真经"等经文。图案正中是
扬尾翻蹄引颈长嘶的骏马,骏马上空是展翅的鲲鹏和腾云的青龙,骏马腹下是老
虎和雪狮。藏族图像学中,虎象征着身体骨骼,狮象征剽悍英武,龙象征繁荣,
马象征灵魂,鹰象征生命力。乡民们放"龙达",主要是为了祈求神灵,保佑吉
祥如意②。

图 3.5　香格里拉镇龙达撒放图

图 3.6　香格里拉镇亚丁风马旗图

---

① 稻城县文化旅游局内部资料. 稻城县旅游发展情况汇报[Z]. 2008.
② 稻城县文化旅游局内部资料. 稻城县旅游发展情况汇报[Z]. 2008.

第三节　香格里拉镇旅游形象的活动产出

一、节日庆典

　　香格里拉镇的节日庆典除了汉族常过的春节、清明节、端午节、中秋节之外，民族活动主要集中在藏历新年。藏历新年从藏历元月一日开始到十五日结束，持续十五天，是一个娱神、娱人、庆祝和祈祷兼具的民族节日。人们自腊月开始忙碌，家家户户操办吃、穿、玩、用的各种年货，打扫扬尘、裱糊房子、粉刷墙壁、拆洗被褥、擦洗炊具、洗澡理发，将里外打扫干净。制作"卡赛"，或者称为"果子"，一种酥油炸成的面食，分为耳朵形、蝴蝶形、条形、方形、圆形等各种形状，涂以颜料，裹以砂糖①。这既是装饰神案的艺术品，又是款待客人的可口佳肴。而且家家户户都要制作名叫"切玛"的五谷斗(图 3.7)，在绘有彩色花纹的木盒左右分别盛放炒麦粒和酥油拌成的糌粑，上插青稞穗和酥油塑制的彩花，色彩缤纷以示喜庆。同时，用水浸泡一碗青稞种子，使其在新年时节长出二寸左右的青苗。切玛和青麦苗供奉在神案正中位置，祈祷来年五谷丰登。

图 3.7　切玛实物图

　　新年期间，香格里拉镇的乡民间互相宴请吃饭喝酒。政府开展送文化下乡活动，及时将乡民们喜闻乐见的歌舞、藏戏、电影等送到基层。县农业、畜牧及医

---

　　① 稻城县文化旅游局内部资料. 稻城县旅游发展情况汇报[Z]. 2008.

疗人员在乡上设立咨询点，还组织篮球、赛马、射箭等文体活动，为欢庆藏历新年，政府甚至提前给乡民们订购发放民族服装，组织州歌舞厅进行歌舞、藏戏等表演活动。在传统的煨桑仪式和诵读吉祥辞后，一般是由男性进行藏戏表演，佩戴传统面具。面具造型受原始图腾崇拜影响，以牛、羊、马、狮、熊、凤凰动物或神灵鬼怪的头饰来表现意识，或朴实、粗犷，或活泼，身上带长短刀、火链、烟袋，持镇妖棒。饰演女性则会佩戴耳环、项链、胸盒、手镯、戒指、银腰带等装饰品，手提白羊毛或捻线用的竹篓①。演出配合鼓、锣、号、钹等乐器，还有弹唱、口技等项目，热闹非凡。香格里拉镇的藏历新年虽然含有宗教成分，但更多的是欢庆、娱乐、世俗、喜庆的民间气氛。

二、音乐舞蹈

香格里拉镇的传统音乐是山歌和祝酒歌。山歌有情歌、牧歌、颂歌、悲歌等，音调高昂、优雅、豪放。歌词一般为四字句和八字句，并以二、四、六句一组的一段体和三段体组成。香格里拉镇的山歌具有高原宽广散漫的自然特点和强烈的民族生活气息。情歌在形式上有独唱和对唱两种。祝酒歌一般在喝酒调节气氛时演唱，曲调优美。按照敬酒对象的辈分、身份、性别、年龄，歌词灵活变化，唱完一段，就要喝一杯酒，或者适时对唱。对酒歌的曲调、旋律、格式比较固定，歌词情节随意变化。在餐会酒会要结束时还有结束歌曲②。

甘孜州有"世界最长史诗"之称的《格萨尔王传》，它是藏文化的瑰宝，从古至今在全国各地的藏族同胞中广为流传，经久不衰。甘孜州有被选为我国首批非物质文化遗产传承人之一的阿尼，他正是一位《格萨尔王传》的说唱艺人。这是对康巴藏区宝贵的音乐艺术的传承。随着香格里拉镇经济社会的发展，藏歌的音乐形式也有所变化发展，包装推出了多位本土音乐组合和音乐人，出版了多张风光音乐专辑，如泽仁伍波的首张个人专辑《蓝月山谷》等③。由于民风豪爽，在音乐喜好上也易于接受西方迪斯科音乐，出现了结合草原民族风情和外来迪斯科的多元音乐类型，音乐收听的方式也从传统的收录机和音箱发展到数码电子音乐播放器等现代收听方式。

稻城香格里拉不仅有美丽的自然风光，还有独具特色的康巴文化，它融合吸收了当地和邻近地区其他少数民族文化(如纳西族、彝族文化等)，呈现出一种丰富多元的文化美。同时，还有个性鲜明独具魅力的香格里拉文化。香格里拉镇的传统舞蹈是藏族锅庄，一种群体性的舞蹈。它源于藏族图腾崇拜等原始祭礼意

①　四川省旅游规划设计所. 四川省甘孜藏族自治州旅游发展总体规划(2000 年—2015 年)[Z]. 1999.

②　稻城县文化旅游局内部资料. 稻城县旅游发展情况及存在的问题等调研材料[Z]. 2008.

③　稻城县文化旅游局内部资料. 稻城县旅游发展情况汇报[Z]. 2008.

识，现已成为广泛的民间歌舞活动形式①。参加锅庄的人们手拉着手围成圈，边唱边舞，脚步变化简单易学，参与性强，是一种活跃和欢快的舞蹈形式。香格里拉镇的乡民多是能歌善舞的藏民，"能说话就能唱歌，会走路就会跳舞"②。但是随着时间的推移及习俗的发展变化，现在组织锅庄舞蹈，成年人较为羞怯，不愿意参与。通过学校老师的组织引导，香格里拉镇的儿童在就学期间，每天下午三点用半小时的活动时间集中练习跳民族舞，逐渐形成运动锻炼的常规练习，如图 3.8所示。通过第二课堂等灵活的教育形式，向稻城香格里拉的中小学生们描绘民族传统历史图景，并促使他们去发现自身民族文化的魅力。

图 3.8　香格里拉镇中心学校学生练习跳舞

目前，稻城县亚丁日松贡布旅游有限责任公司、"印象亚丁"演艺中心、隆鑫娱乐会所是稻城县的娱乐主体，其中日松贡布公司投资 0.6 亿元在香格里拉镇呷拥村建设了民族文化演艺设施③。亚丁酒店将其属下的演艺厅(图 3.9)以租赁方式交给"印象亚丁"经营，在香格里拉镇和县城金珠镇两极形成两个特色演艺厅的民族文化发展格局。现在由于香格里拉镇的旅游市场待开发，音乐舞蹈表演还有待组织策划。在非物质文化遗产资源的保护和管理上，稻城香格里拉处于起步阶段，需要收集影响文化旅游资源的信息进行包装营销。

---

① 稻城县文化旅游局内部资料. 关于如何推动我县从旅游资源大县向旅游经济大县发展草案[Z]. 2008.
② 稻城县文化旅游局内部资料. 香格里拉乡访谈资料[Z]. 2009.
③ 稻城县文化旅游局内部资料. 改革开放以来稻城县旅游文化所取得的可喜成绩[Z]. 2008.

图3.9　香格里拉镇演艺场现状图

三、食品商品

香格里拉镇有独特丰富的饮食文化。藏餐的主要原料有糌粑、酥油、牛羊肉、青稞酒、茶叶和不同品种的奶制品。糌粑是藏族的主食，其原料为青稞或豌豆炒熟之后磨成的面粉。糌粑营养丰富、味香耐饥、携带方便且易于保存。一般分为"乃糌"（青稞糌粑）、"散细"（去皮豌豆炒熟磨成）、"散玛"（豌豆糌粑）、"白散"（青稞和豌豆混合磨成）四种。酥油是从牛奶中提炼出来的。将奶汁倒入木桶或专用的陶器里搅拌，上下或左右用力搅拌数百次，使油水分离，上面浮出的一层淡黄色的脂肪就是酥油。之后用皮口袋包起来。酥油的脂肪含量高，并含有蛋白质、钙、磷、铁、维生素 A、核黄素、烟酸等成分，食用后能耐寒耐饥。酥油提炼出来之后与砖茶一起熬制，就可打出香浓的酥油茶①。

牛羊肉是藏式肴馔中的重要原料。藏餐中的牛肉以高原牦牛肉为主，而羊肉大多为绵羊肉。牦牛肉肉色鲜红，肉质细嫩，味美可口，低脂肪，高蛋白。人们常说的风干肉指的是风干牛、羊肉。其制作方法较为简单：每年冬季，气温在零摄氏度以下时，把牛、羊肉割下来，或切成大块，或切成细条，撒上食盐，挂在阴凉处，让其冰冻风干。水分消失了，但保持了鲜味，在第二年的二三月间取来直接食用。随着时代的发展、生活水平的提高和人们口味变化的需求，风干肉的种类越来越多，在制作时放进各种调料。除了各家自制外，不少食品公司也制作风味各异的牛、羊风干肉。

---

①　稻城县文化旅游局内部资料. 稻城县旅游发展情况汇报［Z］. 2008.

藏餐的制作方法有很多种，如煮、烤、蒸、炒、炖等。较为独特的食品有"夏卜钦"（生肉酱），以无油牛肉为原料，将其生剁成酱拌上辣椒酱，放入少许花椒、盐水及野蒜末，味道鲜美；"卓玛哲丝"（人参果饭）是一种独特的食品，甘甜可口，且象征着吉祥①。此外还有山珍和特色野味，其中藏香鸡和藏香猪独具特色。

目前香格里拉镇的餐馆主要是以川菜为主的中式餐厅，较大的餐馆主要是由遂宁、雅安等外来人开的，而有规模档次的藏餐餐馆亟待开发。

另外，香格里拉旅游形象的商品还包括阿西土陶，药材如高山虫草、松茸、贝母、雪莲等，畜牧产品如牛羊肉、奶渣等，农产品如海椒等。药材和菌类是社区居民重要的经济收入来源。到四五月间的虫草季节，年轻人都上山挖虫草去了，寺庙的僧人也放假一个月上山采虫草，乡干部也上山维持秩序，乡里和景区的旅游接待服务人员都大量减少。到八九月间是适宜采摘松茸的季节。现在还在有计划地开发竹编、宗教面具脸谱、手绘版画、稻城香格里拉风景玻璃内画、嘛呢石等民间手工艺品、青稞米花、明信片、风景画册、地图等旅游商品。

香格里拉镇的居民全是失地农民，就业医疗保障还需要旅游产业的扶持。通过发展旅游，可以改善香格里拉镇旅游城镇的建设和发展，有利于城镇体系的建立。通过再造香格里拉镇旅游形象，提高稻城香格里拉知名度，增强对外来投资合作的吸引力。因此，民族社区参与旅游形象识别和再造的内部需求充足。但是这种内部需求可能会发展为民族社区对旅游业过分依赖，造成民族社区受旅游业兴衰和淡旺季的影响严重。而且大部分民族社区在主观参与旅游形象再造的实际操作时，比如修旅游饭店、修水泥路、不锈钢、铝合金门窗等，由于缺乏规划和协调意识，在某种程度上降低了民族社区的传统民居建筑风貌。

香格里拉镇的居民以藏民为主，有虔诚的藏传佛教信仰。现有旅游者的增多并未使稻城香格里拉失去原有熟悉的舒适生活环境，失去本真的自然状态生活气息和风味。但是要注意保护旅游者的消费市场对一些稀有资源造成的威胁，如野生食用植物等。

通过对香格里拉镇旅游形象的现状分析，可知香格里拉镇依托的旅游资源是世界级的亚丁雪山与独具魅力的藏族民俗。对来自中原汉地的旅游者来说，香格里拉镇具有祥和静谧的旅游形象。香格里拉镇旅游形象的现状以历史、民族、节日、音乐、舞蹈、食品、商品等为依托，主要以康区藏族民族风俗和三千至五千米的川西高原自然风貌为特色。

由于现有的景区旅游设施和社区接待设施刚刚起步。"现在不敢做太多旅游形象宣传，担心旅游者怀着太大的希望而来，结果失望而归"。"稻城香格里拉就

---

① 稻城县文化旅游局内部资料. 稻城县旅游发展情况及存在的问题等调研材料[Z]. 2008.

像一个稚弱的小孩子穿了一件大人的漂亮衣服"①。香格里拉镇的旅游形象受限于偏远的地理区位条件，即深处西南高原腹地，位于青藏高原与云贵高原的连接地带。但正是因为处于四川与云南两省之间的风景文化衔接地带，才给稻城香格里拉带来了"最后的香格里拉"的旅游形象。

---

① 稻城县文化旅游局内部资料. 与稻城县旅游文化局访谈资料[Z]. 2009.

第四章　香格里拉镇旅游形象的他者识别

前文从研究背景、研究问题、研究目的和研究意义入手，进行了民族社区旅游形象研究的理论综述，展开了香格里拉镇旅游现象的现状分析。本章将详细讨论香格里拉镇旅游形象的他者识别，设定研究变量，挖掘市场识别，测试研究设计的假设。内容包括逻辑结构和研究假设，以及研究变量的操作定义。这部分重点讨论数据处理的方法，细化研究人口、样本和数据资料采集的方式，并讨论应用到市场识别的每一个影响因素及选择的重要相关因素，解释测量范围和阐释工具，总结统计方法的可靠度和有效性，对香格里拉镇旅游形象的市场感知进行综合测评。

第一节　逻辑结构与假设

根据第二章基础理论和第三章研究现状分析所获结论，本书逻辑结构在人类学的诠释的语境上，针对民族社区与旅游形象之间关系的问题，以香格里拉镇的调查问卷为样本，参考旅游目的地竞争力结构模型①，结合景区和社区的旅游利益相关者的认同要素，加入社区居民的层面，形成"旅游形象""旅游发展""市场识别""社区识别"和"旅游形象再造"五个层面的结构。从而探析民族社区的因素影响旅游形象的感知识别和重新塑造，探讨民族社区突出旅游形象的根本原因，建立"景区＋社区＋市场"的旅游形象再造模式，然后以此模式讨论实现旅游形象社区化的关键因素。

(1)在旅游形象的层面上，以季节、节日、体验等相关问题来衡量旅游者所依据的要素，以及建立景区旅游形象。

(2)在旅游发展的层面上，以交通、住宿、网络等相关问题来衡量旅游社区供应的要素，以及建立社区旅游形象的基础。

(3)在社区识别的层面上，以有形性、可靠性、反应性、关怀性来衡量旅游者和社区居民对旅游形象的期望值和实际体验的差异。

(4)在旅游形象再造的层面上，以社区和景区来测量优先发展要素对旅游形

---

① Yooshik Y. Development of a Structural Model for Tourism Destination Competitiveness from Stakeholders' Perspectives[D]. Blacksburg：Virginia Polytechnic Institute and State University，2002.

象再造的影响。

从文献综述、案例概况和先验经验决定可能的因果关系出发,本书的核心逻辑结构与假设及主要解决的两个核心问题如下:

(1)旅游利益相关者对民族社区旅游形象再造受多种因素影响。

(2)旅游利益相关者对民族社区旅游形象再造的优先要素会影响旅游形象的目标竞争战略。

在这个逻辑下,如果假设的多因素影响具有倾向性,而倾向又对战略有影响,那么这些因素就会影响战略,于是战略制定需要更多地考虑相关者问题。

作者通过 SPSS 13.0 统计工具对该假设做实证检验。

这个推导过程包含两个阶段,一是旅游发展对民族社区的影响;二是旅游形象的识别、民族社区等因素在内的各个子因素对再造民族社区旅游形象的优先要素相关倾向的影响,以及对再造民族社区形象的战略决策的影响。

从理论逻辑上来看,这是合理的假设,因此,本书采用的研究方法基本可行,分阶段估计,如果得以验证,那么将是对民族社区旅游发展的理论贡献,有利于制定合理的旅游形象战略。

本书设立了四个重要的假设组团:

(1)旅游发展对民族社区的影响与优先要素具有相关性;

(2)旅游形象的识别与优先要素具有相关性;

(3)民族社区的因素与优先要素具有相关性;

(4)优先要素与旅游形象再造战略具有相关性。

本书要做的是用香格里拉镇的数据来验证这四个假设。并证明旅游形象的主要指向是旅游者,社区居民的指向具有一定相关性。通过调查得到社区的特定要素,即能够得到社区居民认可,并且最接近旅游者需求的旅游形象。按照书中的方法用数据进行验证,每个假设的验证采用关联分析。在技术上,可以将一些无法直接观测而又欲研究探讨的问题作为潜变量,通过以上五个可以直接观测的变量指标来反映这些潜变量,从而建立潜变量之间的结构关系(图 4.1)。

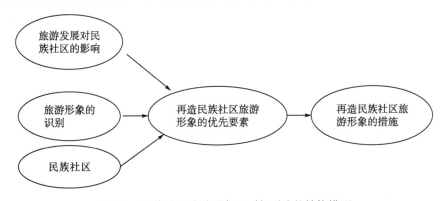

图 4.1 民族社区旅游形象识别与再造的结构模型

第二节　研　究　变　量

旅游形象的研究包括一系列的变量，如景区面积、形状、数量、景区离旅游客源地的距离、旅游者停留时间、旅游者自身的人口分类信息等。在分析多元现象的过程中，由于显示偏好的研究方法依赖于旅游者对可能的旅游形象中各个备选项的真实选择，那么假定收集和测量相关环境因素的信息可行，进而说明社区支持在旅游形象研究及社区资源管理中的应用。

(1)旅游形象：在旅游形象理论文献中，旅游形象是旅游目的地包括旅游活动、旅游产品及服务等在人们心目中形成的总体印象。因此，本书将"旅游形象"定义为旅游者、社区居民等利益相关者累计经验而形成的认知的、情感的、整体的印象。

(2)旅游发展：在旅游产业发展理论中，民族社区的旅游供给分为四大类：自然资源与环境、人造设施、运营部门和文化资源。因此，本书将"旅游发展"定义为对民族社区旅游供给水平的一种测量。

(3)市场识别：在旅游者满意度和旅游动机的理论中，旅游者对民族社区旅游产品和服务的需求、期望和体验之间的差距，决定了旅游者的满意度，对旅游业经营来说至关重要。满意度被视为一种购后产出，是旅游者对景区所提供的旅游产品和旅游服务的整体性判断。因此，本书将市场识别定义为旅游者识别旅游形象的品质水平。

(4)社区识别：在社区基础理论中，旅游是交流空间的移动，从而产生内在认同的尺度变化。随着旅游活动的展开，社区作为主人而言，和旅游者的交流互动也不断增多。因此，社区识别承载着双重身份，一是和旅游者交流的识别，二是对自我社区的认同。即使某些符号、象征和语言有较大的差异，这两者都有社会认同、生态认同的交叉点。因此，本书将社区识别定义为社区对外界和自身旅游形象的认知水平。

(5)旅游形象再造：在基础理论研究中，旅游形象再造是旅游目的地营销所采取的反应和行动计划。因此，旅游形象再造受社区自身因素和外界刺激影响，包括政府的主导推动、企业投资商或经营者的主导推动、旅游者和旅游形象的互动及民族社区居民参与旅游形象的再次塑造。调查量表如表4.1所示。

表 4.1 香格里拉镇旅游形象调查量表

类别	序号	调查内容与变量	回答					备注
旅游形象	1	我认为通过媒体是最能让游客了解香格里拉的一种方式	①	②	③	④	⑤	请在左边列表中勾选你的回答：①表示"很不同意"；②表示"不同意"；③表示"一般"；④表示"同意"；⑤表示"很同意"
	2	我认为自然景色最能体现香格里拉的特色	①	②	③	④	⑤	
	3	我认为民族活动能让游客感受香格里拉的民俗风情	①	②	③	④	⑤	
	4	我认为民族商品最能体现香格里拉的文化特色	①	②	③	④	⑤	
旅游发展	1	旅游需要交通条件得到改善	①	②	③	④	⑤	请在左边列表中勾选你的回答：①表示"很不需要"；②表示"不需要"；③表示"无所谓"；④表示"需要"；⑤表示"很需要"
	2	旅游需要住宿条件得到改善	①	②	③	④	⑤	
	3	旅游需要餐饮条件得到改善	①	②	③	④	⑤	
	4	旅游需要购物条件得到改善	①	②	③	④	⑤	
市场识别	1	我喜欢有关香格里拉的歌曲	①	②	③	④	⑤	请在左边列表中勾选你的回答：①表示"很不喜欢"；②表示"不喜欢"；③表示"一般"；④表示"喜欢"；⑤表示"很喜欢"
	2	我喜欢有关香格里拉的舞蹈	①	②	③	④	⑤	
	3	我喜欢有关香格里拉的电影	①	②	③	④	⑤	
	4	我喜欢有关香格里拉的文学	①	②	③	④	⑤	
社区识别	1	社区形象的塑造需要更多从事旅游工作人员的参与	①	②	③	④	⑤	请在左边列表中勾选你的回答：①表示"很不同意"；②表示"不同意"；③表示"一般"；④表示"同意"；⑤表示"很同意"
	2	提供旅游信息网络资讯是提升社区形象的有效措施之一	①	②	③	④	⑤	
	3	提供更多休闲娱乐方式给社区居民是提升社区形象的有效措施之一	①	②	③	④	⑤	
	4	改善社区清洁环境是提升社区形象的有效措施之一	①	②	③	④	⑤	
旅游形象再造	1	打造新的旅游形象需要政府推动	①	②	③	④	⑤	请在左边列表中勾选你的回答：①表示"很不需要"；②表示"不需要"；③表示"无所谓"；④表示"需要"；⑤表示"很需要"
	2	打造新的旅游形象需要企业推动	①	②	③	④	⑤	
	3	打造新的旅游形象需要旅游者互动	①	②	③	④	⑤	
	4	打造新的旅游形象需要社区居民参与	①	②	③	④	⑤	

第三节　统　计　显　示

在前文研究设计的结构模型中(图 4.1)，五个研究要素的属性形成"旅游形象""旅游发展""市场识别"三个外部因素和"社区识别""旅游形象再造"两个内部因素。采用 SPSS 13.0 统计分析软件进行解析测试上述五个假设。

一、测量模型

按步骤，第一，解决问卷的内部逻辑问题；第二，解决数据的外部获取问题。本书第三章进行了研究方法设计的基础梳理，本章首先进行问卷的设计，然后测试和修正，其次实施问卷的调查和回收，最后是问卷的整理和分析。

在本章研究中，以问卷为工具，设计了旅游发展对民族社区的影响、旅游形象的识别、民族社区、再造民族社区旅游形象的优先要素、再造民族社区形象的战略决策五个量表(正式问卷的内容请参考附录)。五个量表依据文献资料加以整理并设计，作为本书的资料搜集工具。

在旅游形象感知的相关研究上，使用五点量表的评量尺度来设计问卷，即李克特五点量表，评量尺度为 1~5，中值为 3，1＝最不满意，5＝最满意。此量表可将顺序尺度资料转换为等距尺度资料。该类量表是李克特于 1932 年为测量态度所提出的统计方法。要求问卷受试者勾选出心中对旅游形象相关因素的识别感受。而此量度反映旅游形象相关因素是通过问卷受试者针对旅游形象的识别和感受过程，从而得出旅游形象的总体感受，即个人的态度分数。

本问卷的相关研究变量在前文中已界定，再据此搜集有关资料、编制题目进行预试。经过问卷填答过程后再依据题目从母体中萃取研究所需的样本，利用 SPSS 13.0 软件，先进行排序，挑出全体研究样本的前 27％ 和后 27％，再进行重新编码设定比较组别，最后进行独立样本 T 检验，确认其达到统计显著差异分析李克特量表的效度，最后修改正式问卷进行实际问卷发放与收集资料工作。

本书把问卷分为五部分：①旅游形象；②旅游发展；③市场识别；④社区识别；⑤旅游形象再造；⑥基本资料。

本书在人类学、经济学和心理学领域先验研究的基础上，建立表示旅游形象识别和再造的决定因素的模型。利用路径分析建立模型，发现旅游形象的形成受市场他者识别和社区识别的综合作用影响。这对民族社区的旅游形象再造实施、开展旅游形象综合管理战略有积极作用。

二、人口与抽样

本章研究的目的是调查旅游业的利益分享者对旅游业的整个发展的知觉态度

和行为，人口是作为特定研究目的的整个旅游业的利益分享者群体。

问卷调查的核心对象是民族社区居民和旅游者。此外，这个特定的目标人口所包括的成员和群体为国家和地方政府官员、商会、旅游业管理部门、当地景区景点、当地旅游机构、非政府组织、旅游规划和发展公司、与旅游相关的协会和理事会、旅游业有关的教师和专职人员等。

采用分层随机抽样，依据各区人口比例分别抽出调查对象。抽样是一个利用给定中的一小部分单元作为基础去概括整个人口的过程。抽样可以增加所收集到的数据的有效性，以确保此样本在整个人口中具有代表性。这种样本的研究是从确定样本框架开始，通过简单的随机抽样方式获得。

样本的主要框架是根据四川省甘孜州日瓦乡的旅游区位关系和旅游产业分布来确定。为了得到受访者的配合和详细的主体分类，甘孜州发展改革委员会提供了部分商会名单。贸易和旅游组织是从四川省旅游局的数据库中选择，这个数据库提供了详尽的商会名单，其范围包含了整个四川省。因此，受访者一般是从商会主页及其互联网链接得到确认下述情况：旅游业，经济发展，地方和国家自然保护区，户外休憩公园和设施，城镇和城市办事处，顾问委员会和理事会等。

另外一些问卷访问来源于甘孜州稻城县发展改革局。与旅游利益相关者的信息包含内部各旅游目的地的管理组织的信息。此外，还有一些邮寄地址清单来源于稻城县相关网站提供的关于旅游利益分享者的目录和资源。资料将根据它们所代表的目标人口来审查，这就决定了是否将他们纳入本次抽样框中调查研究。

一般来说，在绝对意义上没有所谓的正确样本大小，通常选择较大的样本。此外，还有一系列因素影响样本量大小：模型、模型大小和评估程序。例如，如果这些数据中有一些违反正常的值，则每个估计参数的获得所需要的受访者的比例应达到 15 位。作为大多数一般的评估程序，建议每个样本量达到 200 以上，本书采用样本 411 个。

更具体地说，因为最终的模型水平是基于拟合指数来评价的，样本大小是按前期研究的样本大小来决定的。多个研究报道样本大小和模型修正指数是有联系的，即当潜在的结构是相对独立的变量，将会相对稳定一致。因此本书针对不同景区的旅游者和社区居民调查 411 份样本，通过直接调查这种方式，获取受访者信息的比例通常比较高，避免了结果泛化的潜在问题。根据样本调查设计和前期样本，结合实地到访，对四川省甘孜州稻城县香格里拉镇居民和亚丁景区的旅游者进行旅游形象识别的调查，受试比例较高。

三、问卷测试与修正

以辩证唯物主义和历史唯物主义的思想指导研究统计，问卷的收集、整理、描述和分析与调查地民族社区香格里拉镇的环境相适应，确保问卷的真实和准确，对民族社区的内在特质，按人口的性别、年龄、婚姻状况、生产方式、工作时间、生活方式、工作所有制性质、行业隶属、家庭人口、子女比例、家庭收入、教育背景、语言背景等进行计量和测度。

为确保问卷文意的客观实际，在正式问卷发放前曾先请成都蜀都旅行社的10名游客和5名藏族游客填写前测问卷。前测问卷的目的是：①了解问卷表达的清楚程度，无误解；②了解问卷内容的难易程度，易接受；③了解问卷编排的篇幅格式，能适应采访环境。

前测问卷回收后，经过与专家详细讨论，删除过于繁杂题项，完成本书的正式问卷。由于问卷发放位于民族地区，语言沟通是重要的识别要素，问卷的采集得到稻城县发展改革局的配合，翻译成藏语，以及用四川方言和当地方言进行口述，问卷调查员进行笔录，以利于问卷的顺畅交流和保证真实准确性。

在信度与效度分析中，信度包括所测变量的可信度或稳定性，也就是同一群受测者在同一份测验上测验多次的分数的一致性，所以信度是指测量结果的一致性或稳定性。一致性是指问卷量表中各选项之间的内部一致性，常以 Cronbach's α 衡量内部一致性。因素负荷量在 0.5 以上，具有较高的建构效度。

四、统计显示

(一)描述性分析

1. 社区居民和旅游者组成

由图 4.2 可知，香格里拉镇旅游形象识别的受访者以社区居民为主，超过四分之三，旅游者占 24.7%。旅游者的旅游形象识别是旅游形象再造的基础需求，社区居民的识别是本书研究再造旅游形象的重点。

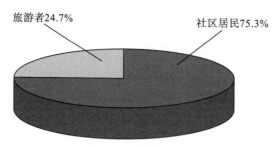

旅游者24.7%　　　　　　　社区居民75.3%

图 4.2　香格里拉镇旅游形象识别受访者的来源组成图

2. 民族组成

图 4.3 显示香格里拉镇旅游形象识别的受访者以汉族为主，藏族居其次，占31.8%，此外还有彝族、回族、白族、羌族等。

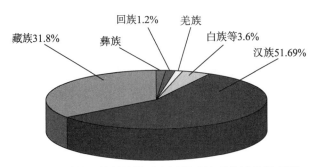

图 4.3　香格里拉镇旅游形象识别受访者的民族组成图

3. 年龄分布

由图 4.4 可知，香格里拉镇旅游形象识别的受访者年龄以 19～30 岁为主，30～50 岁的中青年居其次，占 33.9％。

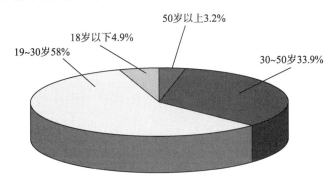

图 4.4　香格里拉镇旅游形象识别受访者的年龄分布图

4. 教育程度分布

由图 4.5 可知，香格里拉镇旅游形象识别的受访者的教育程度以专科和本科为主，平均教育水平是中学毕业。

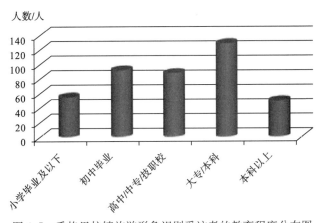

图 4.5　香格里拉镇旅游形象识别受访者的教育程度分布图

5. 收入分布

　　由图 4.6 可知，香格里拉镇旅游形象识别的受访者的税前月收入以 1000～5000 元为主，其次为 500～1000 元的档位和少于 500 元的收入水平。

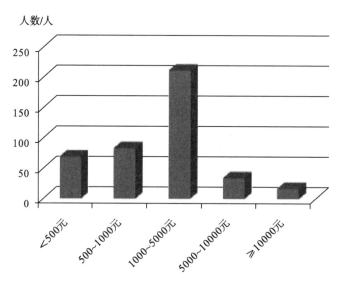

图 4.6　香格里拉镇旅游形象识别受访者税前月收入分布图

　　另外，受访者的工作类型主要是政府部门、教育部门、医疗部门、交通部门、农牧业、酒店、旅馆、餐馆、私营事业。受访者的性别比例较为均衡，男性为 55.4%。女性为 44.6%。受访者的婚姻状况以未婚/单身为主，为 58.3%。

　　通过调查显示，旅游的发展和对外交流的增加，促使稻城香格里拉镇居民的语言和技能得以提高。在酒店、旅馆、餐馆和商店访谈中了解到，受访者对自身生活条件的改善有很大的认同，认为本底的生活条件、环境卫生水平和休闲游憩已经得到很大程度的提高，并且欢迎游客的进出。对于调查问卷未涉及的部分，通过访谈得知社区居民认为整体治安环境好，县城几乎没有偷盗抢劫，做生意比较放心。游客认为部分景点商业化严重，如红草地的拍照收费带来旅游满意度的降低。在稻城香格里拉买到的旅游工艺品和云南丽江、大理买到的商品非常相似，这种缺少地方纪念意义的批量生产工艺品没有太大的艺术价值。适合旅游者消费的可信赖的、整洁的藏式餐厅几乎没有。

6. 分年龄段对媒体的旅游形象识别分布

　　图 4.7 显示了不同年龄段的社区居民和旅游者对媒体形象的认同度。年龄分组一般有未成年和成年的分类法。目前我国国家旅游局对旅游者的年龄分组主要是以 14 岁、24 岁、44 岁、64 岁为卡口段。本书结合这两种年龄标志的分组。

以 19~30 岁年龄段的人对媒体形象识别的认同最高，其次是 30~50 岁年龄段。年龄能够显著地显示对媒体旅游形象的感知程度。通过媒体的公众宣传计划，19~30 岁的人群倾向于接受多种方式、多种语言的旅游文化景点信息、文化资源保护和教育信息。

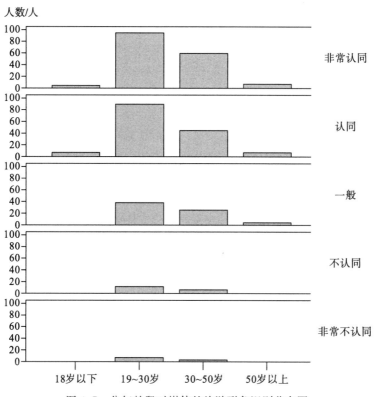

图 4.7　分年龄段对媒体的旅游形象识别分布图

(二)T 检验和方差分析

1. 独立样本 T 检验

表 4.2 使用独立样本 T 检验了籍贯对旅游形象满意度的影响。有效问卷调查样本数量为 411 个。受访者的籍贯来源被定义为：1 民族社区居民，2 旅游者。

表 4.2　独立样本 T 检验分析摘要表

内容	社区/旅游者来源	样本量	均值比较	T
媒体	1	309	4.104	0.319
	2	102	4.069	
自然景色	1	309	4.269	−0.425

续表

内容	社区/旅游者来源	样本量	均值比较	T
	2	102	4.314	
民族活动	1	309	4.049	1.784*
	2	102	3.853	
民族商品	1	309	3.696	5.213***
	2	102	3.069	
交通条件	1	309	4.505	0.352
	2	102	4.471	
住宿条件	1	309	4.188	−0.805
	2	102	4.265	
餐饮条件	1	309	4.061	−0.780
	2	102	4.137	
购物条件	1	309	3.955	1.531
	2	102	3.784	
民族歌曲	1	309	3.964	2.825***
	2	102	3.647	
民族舞蹈	1	309	3.871	1.789*
	2	102	3.667	
香格里拉电影	1	309	3.560	0.968
	2	102	3.441	
香格里拉文学	1	309	3.670	1.514
	2	102	3.471	
旅游从业人员	1	309	4.191	−0.938
	2	102	4.284	
旅游信息网络	1	309	4.110	−0.901
	2	102	4.206	
旅游休闲娱乐	1	309	4.071	4.783***
	2	102	3.598	
社区清洁环境	1	309	4.450	1.178
	2	102	4.343	
政府推动形象	1	309	4.440	−1.085
	2	102	4.539	
企业推动形象	1	309	4.184	1.410
	2	102	4.049	
外来游客互动	1	309	4.324	0.544
	2	102	4.275	
民族社区参与	1	309	4.294	1.347
	2	102	4.167	

注：***，**，*分别代表显著性为 0.01，0.05 及 0.1，下同。

当 Sig. <0.05 时，拒绝零假设 H₀，即认为"有显著差异"。

当 Sig. >0.05 时，拒绝零假设 H₀，即认为"无显著差异"。

通过独立样本的 T 检验验证民族社区居民和旅游者对旅游形象识别和认知的差异。民族商品、民族歌曲、民族舞蹈和休闲娱乐的独立样本 T 检验分析达显著水平。其显著性最高，优于香格里拉电影、香格里拉文学等。民族商品、民族歌曲、民族舞蹈和休闲娱乐的显著性越大，民族社区居民和旅游者的旅游形象识别的差异越大。

第一，民族商品的旅游形象在民族社区居民和旅游者中识别有较大差异，民族社区居民认为民族商品的特色很明显，体现在虫草、松茸、贝母等天然林产品上以及唐卡、藏族服饰、藏族地毯、藏族餐饮器皿等民族商品上。在旅游者识别中，稻城香格里拉镇的民族商品的特色尚不明显，和西藏、云南、甘肃南部等藏区的旅游商品有雷同之处，缺乏稻城香格里拉的视觉标识和纪念价值。应在生产适合大众旅游市场的商品的同时，也生产适合特殊兴趣旅游市场的民族手工艺品。实际上，民族商品的产销需要结合旅游者的需求，复兴工艺品生产，依托传统原料和民族设计风格，保持民族工艺品的纯正性。

第二，民族歌曲的旅游形象在民族社区居民中的识别比旅游者的识别更强。民族社区居民对歌曲认同度高，民族歌曲是平常生活的一部分，体现本土的传统民俗风情和特色。而旅游者对民族歌曲的识别有待加强。民族音乐歌曲在旅游者中有一定的曝光率和知名度，但是歌曲的丰富、生动和旅游者的欣赏渠道还需要增加。

第三，休闲娱乐的旅游形象在民族社区居民中的识别比旅游者更强。民族社区居民认为稻城香格里拉的休闲娱乐的发展条件更好，歌厅、舞厅、桌球室、游戏机室等休闲娱乐场所很多。然而旅游者感知稻城香格里拉旅游的休闲娱乐选择较少，旅游者期待看到有地方风味的藏戏和藏族歌舞，但香格里拉的民族音乐和舞蹈的表演组织水平较低，并未充分展现民族文化的魅力，夜间娱乐较为乏味。

2. 单因素方差分析

表 4.3 使用单因素方差分析（one-way ANOVA）检验了在多个水平下均值比较对旅游满意度的影响。有效问卷调查样本为 411。受访者的感知因素被定义为：1 很不同意，2 不同意，3 一般，4 同意，5 很同意。

表 4.3　旅游形象与基础设施发展单因素方差分析摘要表

内容	旅游形象感知	均值比较	方差分析
	1	4.056	
	2	4.076	
媒体	3	4.216	2.930 ***
	4	4.008	

续表

内容	旅游形象感知	均值比较	方差分析
	5	4.255	
自然景色	1	4.389	
	2	4.217	
	3	4.295	2.805**
	4	4.295	
	5	4.277	
民族商品	1	3.870	
	2	3.609	
	3	3.500	1.868*
	4	3.426	
	5	3.447	
交通条件	1	4.389	
	2	4.478	
	3	4.455	4.091***
	4	4.574	
	5	4.596	
住宿条件	1	4.093	
	2	4.087	
	3	4.193	1.643
	4	4.310	
	5	4.340	
餐饮条件	1	3.944	
	2	3.957	
	3	4.068	2.730**
	4	4.225	
	5	4.149	
购物条件	1	3.796	
	2	3.804	
	3	4.114	1.391
	4	3.953	
	5	3.766	

　　在单因素方差分析中，因变量是定距型变量，即民族社区居民和旅游者对旅游形象、旅游发展、市场识别、社区识别等的态度变量。控制变量包括受访者来

源、年龄、民族、婚姻状况、教育程度、税前月收入。用 SPSS13.0 同时考察在同一个因素即控制变量的条件下，旅游形象感知度因变量的均值存在显著差异的情况，见表 4.4。

表 4.4　香格里拉镇旅游形象感知的方差分析表

		平方和	df	均方	F	Sig.
媒体	组间	0.090	1	0.090	0.125	0.724
	组内	297.155	411	0.723		
	总和	297.245	412			
自然景色	组间	3.027	1	3.027	3.291	0.070
	组内	377.971	411	0.920		
	总和	380.998	412			
民族活动	组间	0.127	1	0.127	0.138	0.710
	组内	378.803	411	0.922		
	总和	378.930	412			
民族商品	组间	0.125	1	0.125	0.146	0.703
	组内	353.729	411	0.861		
	总和	353.855	412			
交通条件	组间	30.400	1	30.400	27.515	0.000***
	组内	454.108	411	1.105		
	总和	484.508	412			
住宿条件	组间	0.432	1	0.432	0.617	0.433
	组内	287.660	411	0.700		
	总和	288.092	412			
餐饮条件	组间	0.409	1	0.409	0.566	0.452
	组内	296.792	411	0.722		
	总和	297.201	412			
购物条件	组间	2.322	1	2.322	2.449	0.118
	组内	389.711	411	0.948		
	总和	392.034	412			
民族歌曲	组间	7.904	1	7.904	8.183	0.004*
	组内	396.973	411	0.966		
	总和	404.877	412			
民族舞蹈	组间	3.424	1	3.424	3.433	0.065
	组内	410.024	411	0.998		
	总和	413.448	412			
香格里拉电影	组间	1.258	1	1.258	1.087	0.298

续表

		平方和	df	均方	F	Sig.
	组内	475.411	411	1.157		
	总和	476.668	412			
香格里拉文学	组间	3.217	1	3.217	2.423	0.120
	组内	545.611	411	1.328		
	总和	548.828	412			
旅游从业人员	组间	0.784	1	0.784	1.022	0.313
	组内	315.308	411	0.767		
	总和	316.092	412			
旅游信息网络	组间	0.815	1	0.815	0.932	0.335
	组内	359.384	411	0.874		
	总和	360.199	412			
旅游休闲娱乐	组间	16.930	1	16.930	22.295	0.000***
	组内	312.102	411	0.759		
	总和	329.031	412			
社区清洁环境	组间	0.777	1	0.777	1.211	0.272
	组内	263.755	411	0.642		
	总和	264.533	412			
政府推动形象	组间	0.798	1	0.798	1.252	0.264
	组内	261.870	411	0.637		
	总和	262.668	412			
企业推动形象	组间	1.520	1	1.520	2.151	0.143
	组内	290.562	411	0.707		
	总和	292.082	412			
民族社区参与	组间	0.194	1	0.194	0.311	0.578
	组内	256.513	411	0.624		
	总和	256.707	412			
外来游客互动	组间	1.157	1	1.157	1.673	0.197
	组内	284.122	411	0.691		
	总和	285.278	412			

由表4.4可见,"交通条件""民族歌曲"和"旅游休闲娱乐方式"的 Sig. <0.05时,拒绝零假设 H_0,即民族社区居民和旅游者对其旅游形象识别具有显著差异,而其他因素的均值不具有显著差异。

分析得出,民族社区居民对旅游形象承载的交通条件满意度较高。因为稻城县香格里拉镇以往交通条件闭塞,运输线长,运输手段单一,远离中心城市,缺少发展外向型经济的便利条件。社区居民认为以往交通的成本高,车辆磨损大,加上雨季塌方、冬季冰雪通行障碍和部分路段交通管制及油价较高等问题的影响，生活水平的提高受到很大制约。交通条件是限制稻城香格里拉的旅游市场竞争能力的重要因素。如今甘孜州的国道、省道、乡村公路等通车情况和公路等级逐步得到改善，稻城县政府所在地金珠镇城镇道路等的建设使社区居民明显感觉到基础条件的变化。而旅游者从外界进入，实际感受到稻城香格里拉地处偏远、交通不便。加上进入旅游目的地后，实际感受到香格里拉镇至亚丁村旅游公路的路面是未铺平的碎石路，路况较差，还缺乏交通标识等。这些情况也在逐步完善中，但还有一段发展过程。旅游者从客源地的价值判断和自我旅游消费的需求出发，对稻城香格里拉的交通历史发展情况不了解，认为交通环境还需要大力改善。交通条件是旅游形象发展的重要制约因素，在表 4.4 中得到了基础验证。

另外，在民族歌曲和休闲娱乐方式上，表 4.4 进行方差分析的显示结果和独立样本 T 检验分析相符，即民族社区居民对民族歌曲和休闲娱乐的旅游形象认同度高于旅游者。其中，又以休闲娱乐的方式区别最显著。民族社区居民的休闲娱乐生活较多，这和其日常熟悉的生产生活方式有关。而旅游者带着期望和陌生的心态来到稻城香格里拉，找不到一条主题化的游览路线将社区居民的休闲娱乐生活组合串联起来，难以看到富有民族魅力的旅游吸引物，无法参与生动的历史主题或民族主题的活动。实际上，旅游休闲活动是暂时性的、分散性的民间和商业行为。但是民族社区的旅游休闲娱乐实际上可以与香格里拉的著名品牌建立联系，这样就能使旅游者产生或强化积极的形象联想。

综合统计显示，旅游基础设施发展和再造旅游形象优先要素显著正相关，旅游市场需求和民族社区态度对再造旅游形象优先要素产生正面影响，再造旅游形象优先要素对再造民族社区旅游形象措施产生正面影响。因此，民族社区应从旅游基础设施发展、旅游市场需求、民族社区态度三个方面参与旅游形象再造。

第四节　旅游形象调查问卷结果

借用旅游驱动因子理论[①]，旅游决策中主要有两类因素，即推动型因素和拉动型因素。推动型因素是内部促使旅游者想旅游的因素，而拉动型因素是外部吸引旅游者去旅游的因素。内部推动因素方面，首先旅游是一种出于弥补缺少和满足欲望的反应活动。生活在全球化和城市化快节奏的现代社会中，人们产生一种向往自然、向往原始的需要，这种需要是现实生活环境所缺少的。其次，香格里拉的意象使人产生一种美好幻想，促使人们逃避世俗环境。加之香格里拉处于山高地远的民族地区，适合自然探险和了解不同的民族文化，可以丰富旅游者追求

---

① Dann G M S. Anomie, ego-enhancement and tourism[J]. Annals of Tourism Research, 1977, 4(4): 184 —94.

新奇和实现自我教育、增加人生经历的需求。

　　民族社区旅游形象的识别，一类是对民族社区旅游形象再造状态的描绘，另一类是对民族社区旅游形象发展过程的描述。在民族社区参与的过程中，旅游形象的目标战略发生系列变化。旅游形象调查问卷以样本的实际资料为依据，计算出一定的样本指标，并用以对稻城县香格里拉镇总体的旅游形象做出定量定性的估计和判断，向主管政府和旅游运营商等决策者提供旅游发展的前景和预期结果。

　　香格里拉镇旅游形象识别与再造问卷调查的重点是当民族社区识别因素如地理区位通达情况、旅游设施情况等发生变化时，会产生相应的旅游形象的变化。本书研究旅游形象的再造，既要描述规划远期的设想状态，又要记录其历史发展变化的过程。这种旅游形象再造的思路可以扩展到观察主管政府和旅游运营商等决策者的视野，增强分析目标旅游市场发展趋势的能力，还可以应用于旅游形象的筛选、监测和评估。

　　在现有香格里拉镇旅游形象的基础上，打造旅游文明小城镇，促进民族社区和旅游市场的交流，完善通信设施，改善交通、供水等基础设施。在基础旅游形象的基础上，开发稻城香格里拉的自驾游、探险游、民族歌舞表演、民族传统民居接待等旅游产品和线路。这样不仅能改变过分依赖亚丁景区单一旅游形象的局面，而且可以加强民族社区的自我教育和技能培训，美化居住环境，在稻城香格里拉形成多层次和多品种的旅游形象发展格局。

　　民族社区旅游形象识别再造的结果流程如图4.8所示。

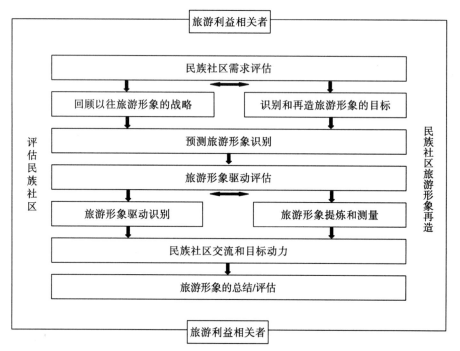

图 4.8　民族社区旅游形象识别再造的结果流程图

通过图4.8综合反映前文所述流程的要素，对最具效力的民族社区旅游形象的衡量方法进行整合，并运用旅游市场作为旅游形象驱动力进行阐释。旅游形象映射图能够帮助旅游决策者将旅游景区管理、民族社区衡量很好地结合起来。旅游形象映射能够识别旅游利益相关者最为需要的中间因素，并以此为出发点对旅游产出进行衡量，进而制定旅游目的地整合发展战略。

与此同时，这种调查非常强调创造旅游市场需求的旅游活动和旅游目的地有形载体、民族社区内部识别动因及旅游形象量度方法之间的有效沟通。对于旅游组织来说，不管是公共机构还是私营企业，都必须以较为有效的方式向旅游利益相关者汇报自己的旅游形象再造活动。通过架构一个有效的旅游形象再造总结评估体系，向民族社区体系内的所有利益相关者汇报其旅游形象再造措施。

以下将在前文讨论的理论和提供的研究设计上，分析旅游消费者对民族社区的旅游形象再造的关键特征因素的评价与其核心发展动力的相关性，推导旅游形象在多维的旅游环境中采取强化关键特征的结果。调查结果分为两大层次：一是民族社区的主体扩大有利于旅游形象的再造，二是旅游形象的内容有利于旅游形象的再造。

(1)访谈回馈反应：逃避、趋同、探索、怀旧型的社区反应。

(2)概念：民族社区、旅游形象、自我、认同、识别、再造。

(3)变项：香格里拉、政府、社区居民、旅游者、企业、文化遗产、传统风俗、经济收入、土地、旅游设施、公用设施、其他资源、既有关系、形象、声望。

(4)配合：家庭用品调查、旅游劳动就业市场调查、社区旅游收入调查、过夜旅游者调查、重游旅游者调查。

(5)访谈指标：县政府、乡政府，乡民、乡干部、企业主，个体户等；传统生活、工资收入、家庭其他成员收入、住房、家庭装饰、职位、土地数量、畜牧拥有数量、交往圈、形象、声望、生产条件、生活条件、娱乐方式等。

旅游形象调查问卷的总体结果：稻城香格里拉的旅游形象包含的内容以景区为主，文化方面的民族活动内容较少。社区居民平常的生产活动内容较为闲散，对电视媒介广告的认同度高，对网络媒介的认识和利用有限。社区居民对旅游开发后的生活回忆优于开发前，主要是由于交通状况得以大幅度改善。对于旅游者而言，交通问题仍然是较大的旅游进入瓶颈。通过调查发现，稻城县香格里拉镇居民的月收入较为平均，旅游开发后收入变化较大，从事旅游接待和未从事旅游接待的收入和地位相差也较大。旅游开发带来的负面影响暂时未突显。对稻城香格里拉民族社区居民而言，改变现状的方式主要为加强教育，重视与外界交流，从事与旅游相关的商品生产销售、民居接待、餐饮接待等。社区居民对旅游开发收益分配的期待值中等，更为关注长远的稳定收益。

第五章　香格里拉镇旅游形象的自我识别

香格里拉镇旅游形象的自我识别包括认知识别、情感识别和集合识别三大类别。认知识别从香格里拉与历史宗教、神话艺术、商业影视之间的三个角度来探讨。情感识别从东方与西方的联系、全球化与工业化的联系、虚拟与真实的联系进行分析。最后，集合香格里拉镇旅游形象的自我识别是一种文化遗产的具象体现。

第一节　香格里拉镇旅游形象的认知识别

香格里拉是一个具有广泛影响和多重意义的旅游形象，自洛克的文章和希尔顿的小说发表及好莱坞的电影拍摄之后，香格里拉这一概念就具有了世界性的影响。人们对它也有不同的理解和解释，同时与这一概念相关的区域在旅游开发中也是各执一词。

首先认识到针对香格里拉的心理认知是基本统一的，但是对香格里拉的地理界定仍然是较为模糊的。在尼泊尔、巴基斯坦、印度还是在中国西南部的四川、云南、西藏，尚是争议[①]。

目前云南香格里拉有一定知名度，其旅游吸引物有梅里、哈巴、白茫雪山，有三江大峡谷、碧塔、属都、那帕等水域，有松赞林寺和小布达拉宫等宗教载体。丽江最大、最直、最宽的道路就叫香格里拉大道，丽江人也称老君山沿金沙江到梓里铁链桥一带山区为香格里，丽江人说，香格里就是香格里拉，"拉"是丽江人讲话惯有的语尾音。而四川香格里拉有"最后的香格里拉"和"香格里拉之魂"的美誉。具体见表5.1香格里拉的国际形象汇总表和表5.2香格里拉的地域形象汇总表。

---

① 中华人民共和国国家旅游局. 中国香格里拉生态旅游区总体规划（2007—2020）[M]. 北京：中国旅游出版社，2008.

表 5.1　香格里拉的国际形象汇总表

国别	地区	开始时间	简介
印度	巴尔蒂斯	1957 年	1957 年，印度国家旅游局向外界声明，位于印度一侧的克什米尔喜马拉雅冰峰下的巴尔蒂斯镇是香格里拉。三十多年来吸引大批旅游者，为印度创造了 7 亿美元的旅游收入。有多民族、多宗教和谐共处的特征。与假日集团合作开发与宣传
尼泊尔	木斯塘	1992 年	尼泊尔旅游部门宣布，边陲小镇木斯塘是香格里拉。宣传口号：Holidays to the Shangri-la。摆放了一架老式飞机。在短期内轰动一时，吸引大批旅游者。但是由于政治波动和社会安全影响导致国际游客减少
巴基斯坦	罕萨河谷	1986 年	罕萨(Hunza)指的是横切喀喇昆仑山主脉的罕萨河谷，有时也特指卡利玛巴德附近区域。以前是罕萨王统治的独立王国，只有绝壁上的数条小道连接着外面的世界。罕萨人异乎寻常的长寿。1931 年希尔顿曾经来到这里
不丹	全境	—	不丹 72% 的土地被森林覆盖，大部分保持原始状态。欢迎外国游客到访，但为避免对环境和自然造成破坏，不积极发展旅游业，不鼓励大批旅游者入境。口号：The Last Shangri-la

表 5.2　香格里拉的地域形象汇总表

地区	宣传
云南迪庆	1995 年，云南迪庆率先宣传"香格里拉" 1997 年 9 月 14 日，云南省人民政府宣布香格里拉就在云南省迪庆藏族自治州 2001 年 12 月 17 日，国务院正式批准中甸县更名为香格里拉县 2002 年 1 月 7 日，国务院正式宣布中甸县改称香格里拉县 香格里拉藏语意为"心中的日月"
云南丽江	提出香格里拉在云南丽江
云南怒江	提出香格里拉在怒江贡山县丙中洛 香格里拉傈僳语为"夏格里拉"，意为"好的地方""明天再见"
西藏波密	提出香格里拉在波密
甘肃甘南	提出香格里拉在甘肃藏族自治州
四川西南	稻城、乡城、得荣县宣称为香格里拉所在地 2002 年，四川省政府批准将稻城日瓦乡更名为香格里拉乡 2009 年，撤销香格里拉乡，新建香格里拉镇，辖原香格里拉乡所属行政区域
四川木里	提出香格里拉在四川省凉山州木里县，木里藏语为"雄格里莲"，意为"蓝色月亮的山谷"

　　香格里拉在何处的争论已经持续逾半个世纪。其实，香格里拉作为伊甸园、世外桃源、理想国、乌托邦的代名词，象征着世间神秘、美好、和谐的境地，存在于各民族文化和自然环境和谐相处的地方。香格里拉镇旅游形象的自我认同形象是主体的自我选择与自我认识的体现，以下将从香格里拉与历史宗教、神话艺术、商业影视之间的三个角度来进行探讨。

一、香格里拉与历史宗教的认知识别

香格里拉源于藏经中的香巴拉王国，在藏传佛教的发展史上，作为"净王"的最高境界为人称颂①。据藏经记载，其隐藏在青藏高原深处的某个隐秘地方，整个王国被双层雪山环抱，由八个呈莲花瓣状的区域组成，中央耸立的雪山初称为卡拉巴王宫，宫内居住着香巴拉王国的最高领袖。香格里拉或香巴拉意为"持安乐"，是佛教所说的神话世界，时轮教法的发源地。关于香格里拉是否存在众说纷纭。藏文史籍对香格里拉的记载很详细：香巴拉位于雪山中央的西段，圆形如同莲瓣，周围被雪山环抱，从白雪皑皑的山顶到郁郁葱葱的山脚森林，生长着各种鲜花和药草，大小湖泊星罗棋布，青草茂盛，有许多修行圣地。中央耸立着富丽堂皇的加罗波王宫殿。宫殿中央是各王的寝宫宝座，王们拥有许多大臣和军队，可以乘骑的狮子、大象、骏马无数。这里物产丰富、人民安居乐业，从庶民百姓到王臣权贵都虔信佛法，供奉三宝②。香格里拉是藏民心中的极乐世界和梦中家园，藏传佛教在中国的雪域高原上广为流传。佛道儒三家成为稻城香格里拉共存的人文景观。基督教在香格里拉同样存在，西方的传教士在19世纪已经在中国的西南边陲从事传教活动。

18世纪末，英国学者约翰·朗在《印第安旅行记》中为了记述印第安人相信人与动物之间存在血缘亲属关系的信仰，将图腾引入学术界。他在与Algonkin语的印第安人的交流中，了解到"ot-otem"，"ot-otam"一词意为"他的亲族"。图腾崇拜和图腾制度始于19世纪下半叶，研究著说包括麦克伦南的《动植物崇拜》和弗雷泽的《图腾主义》《图腾主义与外婚制》，以及迪尔克姆的《宗教生活的原始形式》。中国在20世纪初，由严复在翻译英国《社会通诠》时最早引入图腾。墓葬、岩画、雕像中存在图腾的起源和古老形式。海通认为，图腾主义是母系初生氏族的宗教。在氏族发展到部落的过程中，氏族宗教的图腾主义逐渐衰落，或仅保存一些残余形式，演变得更加复杂和多样。在稻城香格里拉地区，存在自然崇拜、灵物崇拜、祖先崇拜、英雄崇拜等从部落社会到宗教形式的象征。社区居民相信人最初是起源于某种自然物和自然现象，或相信人与自然存在亲属联系③。

---

① 四川甘孜州稻城县，四川甘孜州文联. 香格里拉魂：稻城亚丁[M]. 北京：中国旅游出版社，2006.7.

② 韩书力. 西藏非常视窗[M]. 桂林：广西师范大学出版社，2003.4.

③ 拉波特，等. 社会文化人类学的关键概念——西方人类学新教材译丛[M]. 鲍雯妍，张亚辉，译. 北京：华夏出版社，2005.

二、香格里拉与神话艺术的认知识别

神话传说中香格里拉中的居民是具有最高智慧的圣人，身材高大，拥有神奇的自然力量，至今仍从人们看不到的地方借助于高度发达的文明通过一种名为"地之肚脐"的隐秘通道与世界进行沟通和联系，并牢牢地控制着这个世界。这条"地之肚脐"的神秘通道，一直作为到达香格里拉王国的唯一途径而成为寻找香格里拉的关键①。

神话展示一种神灵形象，是超自然存在于尘世的副本或复制品。从柏拉图提出的理想形象和法国让·皮埃尔提出的模仿性的人造形象看出，香格里拉是一种从神话走向理性的塑造，介于纯粹模仿性的人造物品和想象性的精神创造物之间，关于灵魂、肉体、个性、道德等观念，并且与历史、艺术、抒情诗、悲剧、传记、自传、小说、绘画、雕刻和旅游需求存在内在一致性的表征②。

旅游带给每个人的工作生活不可回避的变化，是一部分人的放逐，把自然破坏和人文影响不可避免地植入旅游目的地。这种流动一方面带来地区旅游人数、旅游容量、旅游收入的增加，即使在可支配时间、精力和金钱内，旅游并非所有人的首选娱乐休闲方式。另一方面，不可否认，旅游已经成为全球一体化经济浪潮的一种主流表征，它正在深刻地影响着我们、他们的生产和生活方式。此处的"我们"是旅游研究者、旅游政策制定者及每一位旅游者；"他们"是旅游目的地的社区居民。

1690 年，约翰·洛克在其《人类理解论》中提出白板理论，"我们"的活动正在改变着生活的白板③。文化是被创造、习得而来的，而不是经由生物遗传而来的，所以任何社会都必须以某种方式确保文化适当地从一代传递到下一代。为了使自我意识形成并发生作用，构成自我酝酿行动的心理场的基本定向是必不可少的。因此，每个单独的个体都必须认识不同于自我的客体世界。这种非自我世界的基础是我们通常设想各种事物的物质环境。这种物质环境在文化方面是有组织的，而且是通过语言符号来传递的。换一种方式，我们可以说，我们周围的世界是通过文化的滤镜被我们感知的。那些具有文化意义的环境属性被挑选出来加以重视并加上称号。而那些不具有文化意义的属性可能被忽视或被归并在一个宽泛的范畴内。另外，文化也在解释着感知到的环境。这一点很重要，因为它为个人提供一个它在其中活动的有秩序的世界，而不是一个混沌的世界。在此背后有

---

①　张广夏. 大香格里拉——寻找消失的地平线[M]. 广州：广东旅游出版社，2007.

②　巴纳德. 人类学历史与理论[M]. 王建民，等，译. 北京：华夏出版社，2006.

③　Kwaku A A，Fyall A，Singh S. Marketing culture and customers retention in the tourism industry [J]. Service Industries Journal，2000，20(2)，95-113.

一种减少不确定性的强有力的心理内驱力，这是平衡和整合对于相关世界看法的普遍的人类需求的产物。在面对歧义和模糊时，人们始终尽力阐明处境并赋予它结构。即确定性越少，个人受暗示的可能性和受说服的可能性往往越大。因此，当我们发现，对于世界的解释实际上从来不是完全客观的，而是由文化构建的，我们不应当惊讶。

艺术是为解释、表现和享受生活而对人类想象力的创造性运用。艺术反映了一个民族的文化价值和关怀，尤其是口头艺术——神话、传奇和传说，也包括音乐和视觉艺术。人类学家通过艺术可以知道一个民族是如何安排世界的，还可以发现许多有关其历史的信息。

除了为日常生活添加美和愉悦之外，各种不同的艺术还有其他功能。例如，神话为有秩序的行为设立标准，口头艺术一般能够传播和保存文化习俗和价值。在某种程度上，任何艺术形式都是特定社会特有的，它有助于增强那个社会的凝聚力。

艺术是人类生活的一个基本要素。正如语言是被用来传递感情和发表意见一样，艺术表现也具有同样的功能，旅游也具有类似的效果。而且不仅是特殊的、被称为旅行者、探险家的那类人才参加旅游。例如，所有人类都用某种方式来装饰他们的身体，并以此标明自己的身份——既作为个体的身份，也作为各种社会群体成员的身份。类似地，所有人都在讲故事，在故事中，他们表达自己的价值、希望和关怀，并且在讲故事的过程中，他们还揭示关于他们自身及关于他们眼中的世界性质的各个方面。所有人都在旅行，在旅行的时空维度中，他们表达自己的价值取向、愿望希冀和人文关怀，并且在旅行的过程中，他们还揭示关于他们自身及关于他们眼中的世界性质的各个方面。简言之，所有的民族都进行旅游活动，即创造性地使用他们的想象力，以解释、理解、庆祝、享受生活。旅行绝不是只有一小部分唯美主义者或逃避现实者才能够欣赏的，它是每一个正常人都必须参与的活动。

艺术，作为有助于增进人类幸福，并赋予生活以形式和意义的活动或行为，与宗教既有联系又有区别。正如英国人类学家雷蒙德·弗思所评述的："宗教是一种从经验中创造出意义的艺术，它与其他任何一种艺术——比如诗歌一样，必须做象征方面的阐释，而非如实的理解"[①]。例如，在一场包含装饰品、面具、特殊服饰、歌曲、舞蹈、模拟像等诸多元素的复杂仪式中，我们很难准确地分辨哪些属于艺术，哪些属于宗教。的确，艺术可以被用来操纵似乎永不枯竭的人类激情：欲望、恐惧、惊奇、贪婪、幻想和虚荣。

人类学研究针对任何特定文化中对所有富有想象力活动的可能形式，包括装

---

① Sato J. People in between: Conversion and conservation of forest lands in Thailand[J]. Development & Change, 2000, 31(1): 155-77.

饰品、身体装饰、服饰变化、各种编织图案、陶器和竹器的风格、建筑修饰、纪念碑、仪式面具、传奇、劳动歌曲、舞蹈等进行编目、拍照、记录和描述。最好必须要引出对这些艺术和文化其他部分之间关系的某种分析和概括。对群体和部落民族而言，被迫失去他们的本土认同，而被挤进一种固定的模式之中，使他们既没有机会也没有动力从社会底层升上来。他们从一个自给自足、拥有自豪感和强烈的民族认同感的民族，变成一个被剥夺了的下层阶级，既没有自豪感，也没有自我认同感①。

　　人类学的记录也是增加信息的记录，完善关于人类的可靠资料，有助于保存人类遗产，而且对于一个已经西方化，但却又想重新发现和再次确立其传统文化认同的种族群体来说，这也许是相当重要的。但是，更好的做法是首先要寻找一条途径防止文化传统的消失。另外，口头艺术包括叙事、戏剧、诗歌、咒语、谚语、谜语和文字游戏，取名的程序、赞美和侮辱，看其特定的结构形式。在神话、传奇和故事的体系中，真正实际上的神话仍然是宗教性的，神话为宗教信仰和实践提供了理由和根据。

三、香格里拉与商业影视的认知识别

　　香格里拉的兴起来源于詹姆斯·希尔顿的小说《消失的地平线》。小说记叙了康韦等四位西方人士，在二战时从南亚次大陆一个叫巴司库的地方，在乘机转移去白沙瓦时，被一个神秘的东方劫机者劫往香格里拉蓝月山谷的神奇经历。在小说中所描写的整个香格里拉，各种信仰和平共存，四处遍布着基督教堂、佛教寺庙、道观和儒教祠堂。人们奉行对任何事情都保持一种适度的原则，即使对待欢乐也不例外。香格里拉拥有雪山、冰川、峡谷、森林、草甸、湖泊、财富。此处富含金矿和纯净空气，是美丽、明朗、安然、闲逸、悠远、知足、宁静、和谐等一切人类美好理想的归宿。香格里拉已经成为一个理想国。1934 年 4 月，英国伦敦麦克米出版公司出版了该小说，获得英国著名的"霍桑登文学奖"，在欧洲引起了轰动，并很快畅销到美、日等国。1937 年，意大利裔美籍电影导演弗兰克·卡普拉计划把该书拍摄成电影。1944 年，好莱坞投资 250 万美元将之搬上银幕，将香格里拉名声推向高峰。主题歌《这美丽的香格里拉》随之唱遍全球。当时，《不列颠文学家字典》称《消失的地平线》的功绩之一是为英语词汇创造了"世外桃源"一词，成了西方人的《桃花源记》，这从侧面印证了《消失的地平线》在人文学上的伟大意义，即为西方的文化价值观念植入了人间乐土的意境。

　　詹姆斯·希尔顿本人没到过这地方，小说的素材来自奥地利血统的美国人洛

---

① 彭兆荣. 人类学仪式的理论与实践[M]. 北京：民族出版社，2007.

克的探险照片、日记、记录。约瑟夫·洛克博士是美国夏威夷大学的植物学教授和人类学家，应《国家地理》杂志的稿约而来到中国的西南边陲进行植物学的研究。在1924~1935年出版的《国家地理》推出的系列文章中介绍了洛克在云南省西北地区的探险经历。

公元1922~1949年，美国植物学家约瑟夫·洛克以云南丽江为基地，对中国西南地区进行考察，并在美国《国家地理》杂志发表了许多探险日记，对这一地区风土人情进行了详细的介绍①。这些文章引起了西方世界对这一地区的极大兴趣。有人认为希尔顿也从洛克的文章中获得了很多素材。

试图从艺术的角度去把握文化基因而不是视觉表象，旅游形象开始出现象征性的图式。比如乌托邦的一朵云，卧佛的身上是宫殿，日、夜的形象反复出现。这是一种象征主义的过程②，对"藏漂"文化人的西藏经验而言，香格里拉被表述为一种终极体验。"纯粹""震撼""寄托""超越""生命""觉悟"之类近乎宗教语言的表述反复出现。但人们接触到的是世俗的农牧民，看不到宗教僧众的身影。

小说、诗歌、电影、纪录片等大众文化对于旅游形象形成造成了间接影响。影视剧观赏、外景地游览、旅游者潜在心理需求关系到旅游形象形成③。小说影视呈现的表象特征是现实替代性、生活再现性、自然超越性等非实在性的特征。影视剧虚构的表象世界与旅游地形象重叠和交织，形成有形化和具象化的体验，使旅游者通过亲身参与所产生的情感移入，获得异地体验的空间特征，最大限度地实现对小说影视作品所描绘的理想世界的融入与淡出。

香格里拉镇旅游形象的认知识别通过历史宗教、神话艺术和商业影视体现出来，其载体还包括民族社区的建筑特色、雕刻风格、木质门框、宗教人文特色，以及社区居民生活用品，如香料、新鲜肉类、蔬菜等农产品，传统衣料，家具作坊等都是形象认知的识别内容。

第二节　香格里拉镇旅游形象的情感识别

民族社区的旅游形象本身具有浓郁的地方色彩和强烈的情感诉求。人们通过逐步感知形象做出最初的旅游决策，然后根据情感形象来体验和评估旅游产品和服务，亦即香格里拉镇旅游形象的情感识别关系到旅游产品和服务的体验消费的内涵。

① 龙安志(Brahm L J). 寻找香格里拉[M]. 庄细荣，译. 北京：中国藏学出版社，2006.
② 王大卫. 天地无极(大香格里拉人文地图)[M]. 北京：工人出版社，2006.
③ 翟辉. 香格里拉·乌托邦·理想城：香格里拉地区人居环境研究/人居环境科学丛书[M]. 北京：中国建筑工业出版社，2005.

　　在香格里拉的历史宗教、神话艺术、商业影视的认知识别基础上，以下对香格里拉镇旅游形象进行情感识别，通过探讨东方与西方、全球化与工业化、真实与虚拟之间的相互对立和联系，调动香格里拉镇旅游形象的自我识别的情感需求和自我认同。香格里拉镇旅游形象的情感识别对其旅游形象再造的旅游策划情景、社区参与的角色、景区社区再造的措施手段都起到举足轻重的作用。只有通过旅游形象的情感识别，将西方回归东方、全球化回归地方、工业化回归乡村、虚拟回归真实，才能争取到香格里拉旅游消费行为的取向。

一、东方与西方的情感识别

　　香格里拉是舶来品，对中国人来说，是西方词汇。对于西方人来说，是东方词语。它介于中西方之间，是中西方的桥梁、共同的憧憬与幻想，是一种媒介，一种寄托，一种不可实现的梦想。

　　西方国家受宗教影响深远，清教主义对美国文化有深刻的影响。传统像一条红线规范了从殖民时代到如今的美国的政治文化与社会文化。宗教文化可以说是香格里拉文化的根。宗教教义是社会公认的道德准则，教徒角色与公民角色融为一体。宗教是维持香格里拉社会秩序的主要力量。宗教与道德是政治繁荣不可分割的支柱，是公众幸福的中坚力量，是公民责任坚实的分支。道德权威的源泉存在于自主的个人所组成的社会之中，社区内的个体共同信奉一个普遍的理念。

　　民族社区的整体习性是塑造概念、意见、观念、形象、思想等心理习惯的集合，是社会中人的道德和智慧的总和。根据群体文化的心理倾向，按照民族文化构成的方式及其稳定的特征，民族宗教和原生环境构成了香格里拉区域文化的两大要素[1]，像羽翼的双翅一样。这是在香格里拉特定的历史发展过程中形成的，具有其独特的历史个性和价值取向。

　　自由主义的经济性认为个人私利有为公共谋利的性质。对于一个自由的经济来说，政府作为一个警察，是个人动力和责任感无法起作用时的最后手段。按照自由主义的自然理论，进步与文明的源泉在于个人的行动[2]。个人所获得的发挥才能的空间越自由，那么社会作为一个整体就会更为迅速地发展。这一理论的内涵意味着：如果个人是自由的，在任何两个人中，每个人都有追求自己权益的目的和诉求，那么他们势必要处于冲突之中。正是基于对这一冲突的可能性的认识和调解，人们才建立社会，必须在共同制约的问题上达成共识，以使得他们的自由是有效的。用一个共同的标准来衡量与审视相互冲突的要求。如果一个行动有

　　① 李锦. 民族文化生态与经济协调发展：对泸沽湖周边及香格里拉的研究（藏彝走廊丛书）[M]. 北京：民族出版社，2008.
　　② 亚当·斯密. 道德情操论[M]. 蒋自强，钦北愚，译. 北京：商务印书馆，1997.

利于促进绝大多数人的最大幸福，这个行动就是好的。在这里有三个决定性的因素：①把所有有关正确与否的思考放在是否幸福的思考框架之中；②人数的重要性；③坚持人与人之间的平等。社区的集体活动不一定需要强制。它越是建立在自由和集体意愿上，越是能自由地去成就种种事业，这些事业作为个人无法完成，而作为集体就可以胜任。人类进步本质上就是社会进步——有意识的与无意识的合作的成果。在这中间资源为形成社区团体起了重大作用。

中国旅游活动要早于旅游理论。人文始祖黄帝曾"东至于海，登丸山，及岱宗。西至于空桐，登鸡头。南至于江，登熊、湘。北逐獯鬻，合符釜山，而邑于涿鹿之阿，迁徙往来无常处"①。行者是带着某种目的意义而迁徙移动。原始人的移动是为了食物、庇护所，受天气、安全的影响，避免外来野兽或部族的侵害。有记录的早期旅行是较为有限的，只能从石窟凿画、民间传说、民间歌曲、叙事诗歌、英雄传记、象形文字等中获知一二。宗教朝圣增加了旅游的方式和尺度，也需要最终目的地能够提供接受旅人食宿的设施。

西方传统中，马可波罗是早期旅游纪行中最重要的人物，被称为"早期旅游之父"，他指引了一个方向，记录了旅行如何影响世界文化。他识别了旅行的社会文化影响、环境条件、在人烟稀少地带旅游的复杂性②。他的写作激发了他人的好奇，影响了世界的旅行航图。地理发现引起了欧洲人与新大陆居民的交往。居住在新大陆的各种不同部落的社会组织、风俗习惯和宗教信仰与欧洲人相差甚大，这使得本为经济利益而前往新大陆的商人、殖民者、探险者为之惊讶，特别是表现在宗教信仰、民族风情等方面的奇异景象。

在旅游发展的一百多年来，度假逐渐演变为身份的标志。度假超越了人们固定的生活节奏，以自然环境为安慰和寄托，带有私密性的乐趣和热情，延续另一种生活的可能性。度假地点和方式的选择与消费实际上倾注了旅游者的情感与想象。

二、全球化与工业化的情感识别

过去或者说现在部分人群是分散的、地区性发展的，而现在人类群体发展已经倾向于整体的、波及世界范围的，影响到文化出现了一个轴心时代。当代世界已经演变成一个全球性的社区，在这个社区中，所有人都相互依赖。生活在世界某一地区的人们的行为往往对生活在其他地区的人产生重要的影响。纵观人类当代社会，整个地球处于一个二元经济结构体系之中。卡斯特利斯在 1996 年指出，在资本主义生产方式内：以工业为主的模式正让位于以信息产业为主的模式。他

① 王淑良. 中国旅游史(上册)：古代部分[M]. 北京：旅游教育出版社，1998.
② 彭勇. 中国旅游史[M]. 郑州：郑州大学出版社，2006.

总结了城市的二元属性，一方是世界公民，与世界未来保持联系，另一方是部族
生活的地方群体；一方是高楼林立、现代技术应用广阔的世界性城市，另一方是
仍然处于原始生活方式状态的偏远落后的乡村。城市和乡村或者民族社区之间存
在可辨识的两极分化，但是同时，世界范围内的城市或乡村差异正在缩小，传统
意义上的乡村或者民族社区的面积在缩小。全球正在出现世界性的城市化潮流，
工业化潮流后的世界范围的城市社会已经来临。2016年末，中国的城市化率达
到57.4%，已超过世界平均水平。按照西方发达国家城市化的发展经验，城市
化每20~25年翻一番，在未来20年左右的时间里，中国的城市化水平可能会超
过65%[①]。这预示着中国进入城市社会，数亿农业人口转化成为城市人口，这一
变迁过程也是中国社会转型的重要过程。

当历史上分散发展的人类变成世界范围的人类以后，人类学开始在世界范围
内进行不同文化的比较研究。人类学不仅解读本文化，也解读异文化。早期有些
人类学研究者在处理异文化时，总是用自己的价值观去替代异文化的价值观，虽
然反对种族中心主义，却坚持文化中心主义。人类学者逐渐认识到，"每个社会
都在既存可能性范围内做出自我选择，选择之间无从比较，所有选择全部同样真
实有效"，强调通过他者的视野来研究其他社会，研究不同文化，增加对其他社
会和文化的了解，进而使用所有社会来说明社会生活的原则，来改革我们自身的
习俗与行为方式，来促进我们的文化发展。现在，社会人类学不仅关注于较为原
始的社会文化，对发达社会也做了大量研究。就具体研究领域而言，已经扩大到
现代的乡村社会和城市社区，经济开发、工业发展、旅游发展、文化教育、网络
信息等。人类学已经成为全面反映人类自身各个方面的一面镜子，包括语言、经
济、宗教、政治制度等，涉及人类普遍性的问题。

世界文化是由具有各自鲜明特点的民族文化组成的，从不存在超然于各民族
文化之上的统一的"世界文化"。西方理论家在宣扬"文化全球化"的同时，也
强调民族自身的文化传统、文化利益和文化安全，保持民族文化的独立性，进而
保持民族的独立性[②]。民族文化与世界其他国家或民族的文化是相通的。只有通
过旅游经济活动的交流，才能加快民族社区和外界环境之间的碰撞和融合，通过
自觉的文化批判和文化选择，使自身的民族文化根深叶茂，共同推动民族文化多
样化的发展。

军事力量和经济力量已不再作为衡量国家实力的主要标准，知识的控制是明
日世界争夺的焦点。主流文化将成为掌握未来的重要制衡因素。因此，在经济全
球化背景下，民族社区应不失时机地开展旅游形象战略研究。首先要研究的就是

---

①　Levitt T. The Globalization of Markets[J]. Harvard Business Review. 1983, 61(3)：92-102.

②　Kelvin Morgan. The learning region：Institutions，innovation and regional renewal[J]. Regional Studies，1997，31(5)：491-503.

如何将民族文化推介给旅游市场。这关系到在世界多极化和经济全球化的大趋势下，在全球文化格局中和中华文化版图上确立自身的重要地位问题。自信的民族社区文化是一种强大的精神力量，是旅游发展核心竞争力的具体体现。在经济全球化进程中，民族社区旅游形象的确立必将加深旅游市场对民族社区的形象认同，加快传统民族社区文化的现代转化，在继承、发扬优秀传统文化的基础上，把握旅游市场注入的经济市场文化。

泡沫、市场和经济边缘地带对民族社区产生间接的影响。金融泡沫，指在一段时间内，资产（包括股票、房地产等）的价格突然毫无理由地急剧上升，然后又突然跌落。资产价格的上涨究竟是因为具有坚实的物质基础，还是因为虚拟的思潮驱动。牛顿在目睹了他那个年代令人迷惑的金融动荡后曾说："我可以计算天体的移动，但是却不能了解人类的疯狂。"在具体的环境中，人们思考和交流的方式为旅游形象的识别和再造创造了条件。亚当·斯密在 1776 年写下《国富论》时，认为完全自由的市场在确定价格时比其他任何形式的体系都要有效①。市场就像有一只看不见的手，通过供求平衡找到正确的价格。"自由市场永远有效""市场是完美的"等结论并不像很多人想的那样绝对正确。

发展中的香格里拉需要更多的旅游从业人员，这显然意味着旅游者的不断增加。同时，发展中的香格里拉也会增加利用旅游资源、建设旅游设施以支持旅游者的旅游活动，而不是消耗旅游资源储备。比如人们增加谷物种植和畜牧业，是扩大而非缩小了他们能够使用的资源。事实上，尽管发展中的香格里拉确实在无情地掠夺自然资源，但它们造成的破坏却远远不及经济停滞造成的破坏。旅游经济停滞，没有收入来源，当地人们通常过分开采种类极其有限的资源，时间拉长、缺少变化，更加无法开发出能够弥补破坏的自然资源的新的商业模式和服务项目。经济停滞实际上就是因为经济没有发展，只有依靠实施经济手段来克服差距。

三、虚拟与真实的情感识别

人类历史的发展动力是各个能源环境、进而整个能源环境的耗散，是熵值的增加；人类历史总趋势是在每个与能源环境相对应的社会类型中进行被迫的抗争。当新能源不可能再有的时候，当旧的能源环境无法向新的过渡时，历史便终于结束退化，走向消亡。全球化背景下文化的本初是建立于一个文化统一体的文化单细胞②。民族社区的旅游发展需要避免资源攫取，涸泽而渔。

然而多样性本来是各个文化环境的基准特质。也反映了当今长时间的人类学

① 亚当·斯密. 国富论[M]. 谢祖钧，译. 北京：新世界出版社，2007.
② 莱顿. 他者的眼光——人类学理论导论[M]. 罗攀，苏敏，译. 北京：华夏出版社，2005.

研究考量方法和短期突出发展计划的自身矛盾，全球性文化环境和标准生活、标准环境与文化多样性的矛盾。

社会突出取决于象征性世界的意义，也制造了社会选择、文化选择的问题。文化的疆域也是象征符号的疆域，因此，社会不能没有符号象征的尺度。是要创立一个大型的香格里拉生态旅游区的类迪士尼的娱乐帝国，还是一个亲社区的香格里拉生态村寨，这反映了社会观念的正反感情共存。

第三节　香格里拉镇旅游形象的集合识别

世界旅游组织认为遗产和文化占国际旅游 40% 的成分。世界贸易组织定义遗产旅游是专注于其他地区与国家的自然历史、人文遗产、艺术哲理的活动。遗产旅游涉及自然遗产、文化遗产，有乡村与城市等不同内容。基本上，遗产分为可识别的不能移动资源，如建筑、河流、自然区域；可识别的能移动资源，如博物馆物品、档案文件；不可识别的非物质文化遗产，如价值观念、生活习俗、仪式典礼、生活方式、节庆娱乐、艺术体育、文化活动。进一步，遗产可以根据不同的吸引物而有不同的分类。比如自然遗产(国家公园、自然保护区)，文化遗产(风俗、食物、习惯)，建筑遗产(历史城市、宗教场所、纪念碑)，工业遗产(煤炭、采木、纺织)，个人遗产(宗祠、故居、墓园)，黑色遗产(暴行发生地、死亡痛苦纪念地)等。遗产的整体和包容值得重视，但是遗产概念经常受社会、政治、经济等原因的影响而被滥用。如将遗产等同于遗迹，将遗产元素作为卖点的商业活动，将遗产用于族群分隔的政治行为等[①]。

遗产不是遗传的物品，而是一种跨代际的交互与关联，包含身份认同、权利与经济的概念[②]。遗产、历史和文化之间往往密不可分。历史是对过去尽量精准的记录。遗产也是过去的一部分，但是它涵盖的范围更广，如语言、文化、身份识别和地方性[③]。"历史是创造关于过往的知识，遗产是消费这种知识"。因此，"历史是历史学家认为有记录价值的，而遗产是当代社会选择去传承延续的"[④]。简而言之，遗产不仅是面向历史过去，也是对历史过去元素的当代利用。

遗产不是同质单一的，它在不同的层次和范围内存在，即世界、地区、地方和个人，它是共享的。20 世纪 70 年代早期，人们开始关注世界性范围的景点，

---

① Balcar M J O, Pearce D G. Heritage tourism on the west coast of New Zealand[J]. Tourism Management, 1996, 17(3): 203—212.

② Laws E. Conceptualizing visitor satisfaction management in heritage settings: An exploratory blueprinting analysis of Leeds Castle, Kent[J]. Tourism Management, 1998, 19(6): 545—554.

③ Shute N. New routes to old roots[J]. Smithsonian, 2002: 76—83.

④ Bloemer J, Ruyter K. On the relationship between store image, store satisfaction and store loyalty [J]. European Journal of Marketing, 1998, 32(5—6): 10.

在关于国家公园、联合国的环境项目和联合国教科文组织的人与生物圈项目上反映出来。1972 年，联合国教科文组织召开采用世界文化与自然遗产保护体系的会议，这标志着遗产受到世界范围的讨论、关注和支持。

国家遗产经过时间的历练，能够代表社会共有的记忆和反思。在地方层面上，社区需要熟悉的地标，从而能在快速变化的世界中保持与自我过去的联系。许多城镇、乡村虽然无法成为纪念历史发展的丰碑，但仍然大力保护过去的风貌和结构形制。大多数的世界历史遗址都无法达到国际知名的效果，只有少数国外游客游览，除非这类地点能够和其他旅游吸引物组合。每一个世界知名的遗产吸引物，都是由数以百计的具有地方声望的景点组成[1]。这种吸引物带来地方遗产旅游的体验。在美国乡村郊野的社区，现在流行一种建立、支持小规模历史纪念物的趋势，以激发地方关注[2]。

香格里拉是一种文化。从香格里拉旅游资源、旅游产品、旅游体验到旅游形象都呈现多样化。人们通常是形成一个多语境的概念来适应自己的需求。有的概念含义广泛，有的概念比较窄小专注一面。政治导向的文化概念倾向于包括尽可能多的消费者需求，为进一步支持旅游开发、旅游投资做铺垫[3]。相似地，市场导向的概念是为争取市场资源环节的最大化重新分配。另一方面，香格里拉的概念倾向于集中将一种或一组旅游活动作为核心旅游文化，而将其他活动与意象作为真实香格里拉旅游文化的外围。

香格里拉文化旅游是一种经验活动。文化旅游融合地方独特的社会机理、遗产等特性。体验民族文化的旅游者既希望得到娱乐，也希望获得教育，同时能够了解社区。遗产是文化景观的一部分，文化吸引物从历史纪念地到手工制品，从节庆活动到音乐舞蹈，从市井文化到民族风情。遗产与历史相联系，立足于人们生活的地方，包含各种物质与非物质的文化元素组合：历史建筑和纪念物、战役等重大历史事件遗址、传统景观和原始风貌、语言、文学、音乐、艺术、传统活动和民间习俗、传统生活方式如饮食和运动等[4]。

文化旅游、遗产旅游、民族旅游常常在运用中交互使用。文化是组合的过程和组合的结果，文化旅游包括文化产品、当代文化，也包括遗产旅游、艺术旅游等。文化旅游通常受行为艺术、视觉艺术和节庆活动的刺激。遗产旅游通常是游

---

① Prentice R, Guerin S, McGugan S. Visitor learning at a heritage attraction: A case study of discovery as a media product[J]. Tourism Management, 1998, 19(1): 5-23.

② Ambler C. Small historic sites in Kansas: Merging artifactual landscapes and community values[J]. Great Plains Quarterly, 1995, 15: 33-48.

③ Graham B. Heritage as knowledge: Capital or culture[J]. Urban Studies, 2002, 39(5-6): 1003-1017.

④ Hollinshead K. Tourism as public culture: Horne's ideological commentary on the legerdemain of tourism[J]. International Journal of Tourism Research, 1999, 1: 267-292.

览历史遗址、建筑景观等。遗产旅游自身也存在需求、供给、诠释、真实度、政策适应等多方面的考虑。本书从遗产概念出发，探讨民族文化遗产。

香格里拉是一个概念，是因为它是一种人类对生存理想境界的向往。香格里拉源自藏传佛教的经典，藏语称为香巴拉，意思是"怀抱在幸福之源的地方"。1933 年，英国作家描述的香格里拉风和日丽，有澄碧的蓝天、漫山的花朵、神秘幽静的寺院，远处雪山熠熠，近处溪水潺潺，生活在那里的人善良而祥和，互助而无争。没有贫穷，没有困苦，没有疾病，没有仇恨，没有死亡，是一个虚无缥缈的人间天堂与世外桃源。香格里拉一词被企业家郭鹤年买断，成为酒店的商号，建立为一个国际性旅馆业团体，进而风靡世界，成为世界酒店品牌的至高象征之一。在商业运营上，通过香格里拉的标志和识别系统来展现酒店形象，帮助公众识别和记忆其奢华享受的形象。通过酒店的修建位置、周边环境、装饰设备、主题词、相关音乐、特定字体、特别色彩、设计宣传格调等来树立一个立体的顶级豪华酒店概念，并且提供热情周到的香格里拉特色服务及世界一流的餐饮体验。

总体而言，民族社区旅游形象是其民族特色的标志体现。香格里拉镇的集合识别位于我国西南地区，跨越川、藏、滇，羌族、纳西族等民族地区及传统风景区。香格里拉已经成为一个公共品牌。在中国香格里拉生态旅游区总体规划中，中国香格里拉生态旅游区的唯一性主要体现于康巴文化，区别于受到伊斯兰教和印度教影响的国际其他香格里拉区域。中国香格里拉生态旅游区提出整体理念"康巴文明人与自然和谐相处，多元文化并行不悖"和营销口号"寻找心中的香格里拉"[①]。

有研究调查研究生态旅游与社区文化，分析文化边缘地带发展旅游业的基础环境特质，以及旅游业发展与民族文化互动关系，探讨旅游业发展的自我制衡性规律和内在演化机理，提出保持文化的多元性是文化边缘地带旅游业可持续发展的必然选择[②]。

香格里拉旅游形象是系列旅游产品和服务的集合，其特征通过品牌的个性和定位体现其文化性和奇特性。香格里拉品牌存在资源本体的脆弱性、旅游产品开发层次较低、品牌信赖度不确定、品牌定位不准等问题，研究提出树立品牌意识，加强品牌管理，构筑品牌的保护圈，实现品牌特征的接触点等，提出旅游开发的合作与发展战略机制[③]。根据景观生态学的基本原理，将民族社区构建为一

①　中华人民共和国国家旅游局. 中国香格里拉生态旅游区总体规划(2007—2020)[M]. 北京：中国旅游出版社, 2008.

②　洪颖，卓玛. 滇西北香格里拉生态旅游开发与藏族社区文化调查研究[J]. 旅游学刊，2001，16(2)：81-84.

③　范斌，明庆忠，赵飞羽，等. 旅游地品牌特征塑造初探——以香格里拉旅游品牌为例[J]. 云南地理环境研究，2003(1)：28-32.

个景观生态系统，游客具有原真的旅游价值、村民具有脱贫的经济价值、社区具有民族传统文化传承和生态环境保护的社会和生态价值。三个价值的同时实现是民族社区可持续发展的保证①。

　　稻城香格里拉当地政府和旅游策划组织者的旅游发展的自我意识较高，已经编制了相关规划，如稻城亚丁、巴塘措普湖编制了景区开发总体规划及详细规划；稻城县香格里拉镇旅游城镇总体规划、详细规划也编制完成；得荣下拥景区编制了概念性规划。其中，稻城县突出"香格里拉之魂""最后的净土"的核心理念，乡城县培育"圣洁藏区、田园美景、八月菜花、四季有春"的"香巴拉·乡城"，理塘县打造"圣地高城"与"中国最美的草原"，巴塘县打造"雪域江南·弦子故乡"与"圣湖·热泉"，得荣县打造"太阳谷"②。香格里拉的旅游品牌体现了民族社区自身的自然与人文内涵。民族社区对香格里拉自我识别的旅游形象较为丰富，但是仍未能形成具有核心竞争力的旅游形象，需要将对旅游者而言较为陌生的旅游口号落实在简单直观的旅游形象体系中。

　　① 冯春艳，杨萍. 生态旅游者的非生态旅游行为的深层成因研究[J]. 昆明大学学报，2006，17(2)：31-34.

　　② 黄文，王挺之. 旅游区域的形象竞合研究——以中国香格里拉四川片区为例[J]. 旅游学刊，2008，23(10)：54-60.

第六章　香格里拉镇旅游形象的再造体系

本书通过对形象、社区、营销等进行广泛的文献探讨，建立"景区＋社区＋市场"的民族社区旅游形象再造体系。本书对西方人类学理论的梳理是民族社区发展立论的重要基础，主张存在一种共享"话语"的共同体，虽然每种话语都有自身规则，但外部参照系如当地政府主管部门的行政管理系统和旅游市场是重要的独立于民族社区主体话语而存在的客体，它影响到"话语"的表现形式。西方主流的社区保育模型一方面本身未经批判，另一方面在中国的民族社区的适用和局限还值得商榷。因此，亟须建立一种适应中国特色的民族社区旅游形象识别和再造的模型。

就一般旅游景区而言，社区化已经成为必然现象，社区旅游发展已经进入到下一个阶段，即"景区＋社区"，或景点组合集镇的模式。在景区提供游览服务，在社区产生消费和供给服务。采用景区或社区单线型，或者以分成两部分为特征的景区或社区二分型的发展框架来分析香格里拉镇的旅游形象都不太适宜。而采用旅游者和民族社区的当地居民的功能分块的发展模式，则更接近自然生态和人文环境原生脆弱的地区。

在香格里拉镇旅游形象的再造体系中，稻城香格里拉面临的问题主要有三点，一是基础设施，二是运营部门，三是人文资源。①基础设施方面，目前稻城香格里拉的交通可进入性较差，路面等级亟待提高，供电处理设施、自来水厂、污水处理设施、垃圾处理厂等设施急需改善。②运营部门服务设施的运营情况也需要改善，如中、西、藏医疗，藏式餐饮接待、藏族民居接待等运营需要在功能上得到提升。③人文资源要整合旅游区域的旅游管理和规划经营，在政府层面和社区经营方面，实现旅游形象的整合再造。

具体而言，要利用稻城亚丁的知名度和稀缺资源，充分利用稻城亚丁机场，依托康定机场、丽江机场、迪庆机场等周边航空港进行客源组织，首先改善稻城至云南的交通条件。充分利用其客源市场，形成大香格里拉核心区域的旅游环线和进出通道。目前，稻城至丽江的唯一通道有近600公里，且属单线连通，游客只能走回头路。如果打通亚三公路(亚丁至三江口)，稻城至丽江的公路里程不仅缩短200多公里，而且能形成旅游环线，连接稻城、迪庆、丽江、泸沽湖，变区位劣势为区位优势，逐渐将稻城亚丁培育发展成为大香格里拉最核心的旅游目的地和客源中转地，并串联形成多条具有世界级品质的大香格里拉特色旅游环线，极大地丰富了四川旅游发展的支撑体系和产品体系，进而成为中国西部高原地区的高山旅游核心目的地，成为带动整个川西和滇西北地区旅游发展的旗舰区。同时推进景区的形象再造传播体系，解决旅游形象再造的载体问题。然后实施社区的基础设施建设，再造社区旅游形象，解决旅游形象的供给问题。在满足旅游者对景区进行旅游消费和满足旅游者在社区进行消费的基础上，利用调整市场机制，将外部性问题转化为内部问题，解决旅游形象再造的核心动力问题，在经济和社会环境效益上实现可持续发展。

第一节　依托景区旅游设施进行形象再造

利用旅游形象识别的组合变量改变稻城香格里拉在旅游消费者心目中的形象，改善现有世界级旅游形象的实际旅游设施和服务，从景区交通路线、景区安全防护、景区教育娱乐的角度提出旅游形象依托景区再造的体系。

旅游形象是旅游利益相关者包括国家和当地政府主管部门、商会、当地景区景点、当地旅游机构、旅游规划和发展公司、与旅游相关的协会和理事会、旅游业专职人员以及其他非政府组织的各阶层体系的个体。旅游形象由共同感知和分享的事物组成，而且也是众多旅游者由于个人消费偏好不断再造的产物。尽管在一段时间内，民族社区的旅游形象大致内容可能静止不变，但细节设施需要不断改善。旅游形象再造是由一系列连续的景物片段组成，从"城镇—村寨—民族"到"社区项目—社区产品—社区环境"。仅仅针对旅游形象的发展和形态进行基础控制，难以达到民族社区"景区+社区+外围"的结合成果。毋庸置疑，通常民族社区的交通公路和购物场所的盈利是其旅游收入的主要部分。旅游形象的塑造也主要集中体现在这两个重要口岸，但是交通和购物的本体功能使得旅游形象的传递容易造成形式上的拥挤混乱和功能上的单调匮乏。要获取鲜明的旅游形象，除了提升景区旅游形象外，还需要提升社区旅游形象和外围旅游形象，从而体现"居民+活动+效益"的和谐价值。

甘孜州雄踞西南边陲，是川藏线的交通要冲，是历代兵家争夺的要地和汉藏商贾互市的贸易中心，是汉族地区同西南边疆民族社区之间政治、经济和文化联系与交流的重要区域。目前，稻城县香格里拉镇的旅游形象要依托甘孜州进行整体旅游景区的联动。因此，依托亚丁景区，稳步提升甘孜州其他景区的旅游形象，形成南部以亚丁景区为中心的自然生态、山地风光；北部以海子山为中心的古冰川地貌遗迹和高原特色的自然景观；中部以寺庙和温泉为中心，领略宗教文化和民俗风情的三大精品旅游区。

现有规划设计稻城亚丁景区要对照"5A"级景区标准高起点建设，将茹布茶卡温泉、海子山、桑堆景区、县城青杨林作为其景区旅游核心产品进行开发。运用一系列强有力的市场营销和公关手段，如官方网站、印刷品、电子刊物等提供香格里拉镇依托景区旅游形象的宣传服务。同时，鼓励发展赛马旅游、探险旅游等旅游项目。对观光车、电瓶车、旅游纪念商品进行重组包装，在景区旅游设施上实现盈利点。综上所述，依托景区旅游设施进行形象再造，要通过整体旅游形象的品牌效应，依托实际旅游景区项目的载体，进行交通设施、安全保护及教育娱乐功能的提升。

一、景区交通设施旅游形象再造

稻城香格里拉景区旅游设施的再造体系和游线组织密切联系。在香格里拉镇至亚丁村公路改扩建的基础上，调整亚丁景区、俄初山景区、卡斯沟景区的功能分区，形成两条大环线：

(1)香格里拉镇(社区支撑中心)→亚丁村(原生古朴村落)→龙龙坝(景区内部入口)→贡嘎冲古寺景区(大众旅游一级服务点)→洛绒牛场(深度旅游二级服务点)→五色海景区(极致旅游三级服务点)→亚丁村(原生古朴村落)→香格里拉镇(社区支撑中心)。

(2)香格里拉镇(社区支撑中心)→亚丁村(原生古朴村落)→龙龙坝(景区内部入口)→贡嘎冲古寺景区(大众旅游一级服务点)→卡斯沟景区(深度旅游二级服务点)→俄初山景区(深度旅游二级服务点)→仁村(原生自然村落)→香格里拉镇(社区支撑中心)。

在这两条大环线的基础上，对重要的游线组织进行突出标界：

(1)香格里拉镇→亚丁村→龙龙坝→贡嘎冲古寺(冲古寺)。

(2)贡嘎冲古寺(冲古寺)→卓姆拉错湖→仙乃日观景台→木底错湖。

(3)贡嘎冲古寺(冲古寺)→洛绒牛场→牛奶海→五色海→杜鹃花海→洛绒牛场→贡嘎冲古寺(冲古寺)。

在景区内部设置香格里拉镇入口、亚丁村口、龙龙坝、冲古寺、卓姆拉错湖、洛绒牛场、为热错、翁绒错的节点标志。

景区内现有长约6公里、路幅宽4m的水泥电瓶车道和停靠点。另有总长70公里、宽2~3m的游步道，耗资千万，基本以纯木质栈道沿山上行，步道中有两座跨贡嘎银河木桥。要提高木栈道的利用率和实现其使用价值，实际上关系到栈道与柳林至神水门的电瓶车道、上山骡马道、龙同坝至冲古寺索道等经营性旅游路线的选择博弈。骡马道的改建值得商榷，洛绒牛场以上的核心景区部分，以及通过卡斯峡谷至白洛丁的骑马旅游线路，亟须保护性地开发管理。电瓶车道、骡马道、索道不宜直达核心景区，栈道和简易步道是交通游线的一个选择，对景区旅游形象的完善起到积极作用。

由于稻城香格里拉的游客主要以20~45岁的中青年为主体，而且60%~70%的旅游者喜爱稻城香格里拉的自然风格。栈道的路途艰辛，体验价值高，旅游者有可能花费更长的旅行时间，选择徒步探险栈道登山，从而在景区体验香格里拉天堂仙境的时间延长，观雪山圣湖的体验感受加深，口碑传播效益的潜质更大。配合景区内游览、景区外住宿的旅游基本思想，鉴于游览时间的总限制，景区交通设施旅游形象再造和社区住宿接待基础设施密不可分。

二、景区服务设施旅游形象再造

稻城香格里拉景区发展是以自然观光为主，兼备生态科考探险的综合性高山生态旅游区。在保护生态环境的基础上，应合理扩大环境容量，增加旅游活动项目，如骑马、观鸟、登山、徒步等。

稻城县香格里拉镇的景区旅游设施要考虑旅游者和社区居民在景区活动的便利与安全，在电瓶车上增设急救箱和应急调度电话。另外，旅游者在景区停留时间延长和旅游者自身的背景及事先对景区的了解有密切关系。在这种情况下，稻城香格里拉景区的服务设施仍然需要延伸娱乐和教育价值，景区可以增加在龙龙坝、冲古寺、杜鹃花海、洛绒牛场的简易标识。建立完整的生态系统和观赏系统，选择欣赏仙乃日、央迈勇和夏诺多吉雪峰合适的观景点。在景区入口提示区内提示湖泊、河流、瀑布和冰川的水景位置、海拔和经典图景。在沿途设置牦牛、鹰、杜鹃花、报春花、龙胆、高山绣线菊等动植物介绍。

适当改扩建景区内的贡嘎冲古寺，提炼觉母寺的民居特色，建筑贴面和周边道路选用适合山区特色的木材、石材，改善宗教朝拜场所和僧众活动的条件，形成景区内集中展示雪山、冰川、森林、湖泊、古寺的地点。在此设置洛克的美国国家地理文章及希尔顿《消失的地平线》的文字和图画介绍，展示各个季节的风景图片，推介从稻城亚丁景区穿越木里到泸沽湖的徒步路线、组织线路的向导及专业旅行社的介绍和联系方式。

在景区沿途设置生态旅游厕所。在景区主干线终点的洛绒牛场设置二级旅游服务接待点，配备小规模的就餐食宿点、旅游纪念品和生活用品商店、网络通信设施和垃圾处理措施。选择适中地点建设景区救助服务站点，沿主要游步道建设少量风雨亭。

服务站功能主要是途中休息、避雨、午餐、医疗、旅游救助等。

通过信息化手段进一步规范景区管理水平，提高景区服务水平。比如，在景区门口建立门禁系统，进出大门必须刷卡，既有利于旅客进出，避免了排队买票等情况，又有利于控制、统计旅客人数，方便管理。此外，在景区建立触摸屏等电子设备，旅客通过简单的按键就可以随时查询景区风景、线路、天气等各种情况。建立和社区的网络连接，可以方便旅客直接进行酒店、餐饮、娱乐等的预定，增强景区与社区的经济联系，形成旅游经济规模效应。基于社区与景区在地理位置上的分布特点，可以把景区风景浏览与社区休闲娱乐有效统一起来，以风景旅游为核心，在景区围绕浏览风景这一主题建立相关配套设施，而在社区则建立与之相配套的以旅游服务为核心的经济模式，形成相互补充、相互联系、相互促进的有机整体。一方面，这种景区与社区的功能分割既有利于突出旅游服务重点，便于管理，又有利于以旅游为核心拓宽产业链，促进社区多种附属经济的发展；另一方面，这种景区与社区的位置划分，也有利于景区的环境保护，保持生态平衡，实现旅游经济的可持续发展。

　　另外，稻城亚丁、巴塘措普湖、理塘格聂山是甘孜州的三大主要自然景观，配合夏邛古镇、乡城白藏房、理塘长青春科尔寺的三大主要人文景观，使得稻城香格里拉的旅游形象更加饱满丰厚。同时，要避免旅游者由于接触过多的选择项和过量的旅游信息，造成旅游消费的无所适从，导致做出满意度不高的旅游决策。香格里拉镇依托景区提升旅游形象，需要突出其高山生态景观，具有河谷地带适宜的海拔、气候、阳光等旅游资源，可以进行亚丁核心景区游览后的舒适住宿和特色娱乐。因此，民族社区的旅游形象依托景区的旅游资源分级和景区内外部交通线路组合，同时配合景区内部安全防护和教育娱乐等设施的配备，这在稻城香格里拉景区旅游形象的提升上占据着重要的地位。

第二节　依托社区基础设施进行形象再造

一、社区服务设施旅游形象再造

　　稻城香格里拉民族社区的旅游形象本着和谐、环保的原则，以促进经济发展和居民增收为目的，依托社区基础设施实现旅游形象再造。注重民族文化，突出民族特性，对社区基础设施进行形象再造，突出雪域高原的自然人文风情。香格里拉镇依托社区基础设施进行形象再造，依托亮化、绿化和美化，建设规模和内容适当超前，提升学校、医院和社会福利院的功能，提高小城镇建设水平与档次，塑造香格里拉镇作为藏汉宜居宜业的旅游文明小城镇的旅游形象。

　　香格里拉镇的地理环境较好，处于河谷地带，海拔气候等综合条件较适宜开发旅游住宿接待。由赤土河路、俄初山路和香格里拉中路三条主路围合，能满足城镇建设格局要求，完善道路、水系、绿地、广场的生态绿化框架，使市政建设、康巴文化和旅游发展有机地结合。同时，充分展现民族文化的特殊魅力，规范店铺灯箱广告牌的样式和藏汉英的书写标准，制作较为统一的旅游形象标识。并且，通过民族歌舞晚会等特色旅游项目，使旅游者融入藏民族的日常生活体验。

　　香格里拉镇特别注重社区服务功能，虽然稻城亚丁机场已建成通航，但公路仍是目前主要的旅游及运输交通方式。甘孜州西南现有国道两条，即 G317 线和

G318 线，省道五条，即 S211、S215、S216、S217、S303，已基本形成"两横三纵"的主骨架。稻城香格里拉的大公路环线已基本形成，但自然灾害较严重，内部公路环线的道路等级亟须维护和提升。由于香格里拉镇位于川、滇交界和稻城亚丁自然保护区旅游线路的要塞，交通条件严重制约着旅游市场的发展，也影响着附近居民的生产生活。旅游者的进入时间长，因此，舒适的汽车旅馆以及藏式旅游住宿和餐饮接待在香格里拉镇的社区基础设施中的地位尤为重要。

在改善城镇环境卫生面貌方面，在香格里拉镇进镇、城镇区、出乡路口处建设公厕。配备垃圾专用车、挂式垃圾铁桶和环保型垃圾桶。推广卫生和清洁标准，加强俄初河和赤土河沿河片区的城管和环卫工作。完善城镇北区日处理 50 吨的垃圾处理设施和呷拥片区南端的日处理 900 吨的污水处理设施。

引进发展高科技含量、高附加值、低消耗、环保生产的工业。同时，城镇区全面推广使用清洁能源，治理餐饮业的油烟排放，积极推进机动车排气污染治理。通过风貌整治、绿化美化、厕所清理、垃圾处理、污水处理、自来水厂等社区基础设施的提升，进行形象再造，使资源的消耗量与再生量、废物的排放量与自然环境容量之间趋于平衡，改善香格里拉镇的社区自然人文环境，实现俄初山、赤土河围合的自然山水与藏族园林兼备的生态小城镇的旅游形象。

二、社区市场外部问题转化为内部布局

当一方直接把收益或成本传递给其他方时，就会产生外部性问题。外部性最早由英国的马歇尔于 1890 年在《经济学原理》中提出。1920 年，英国著名经济学家庇古在《福利经济学》中正式提出外部性的概念。外部性问题是一个生产单位的生产行为，或者消费者的消费行为等经济行为，对其他生产方造成额外的损害或收益，却没有付出相应的成本或得到相应的补偿。因此，这种造成他人福利增加或减损的外差效应，没有通过市场机制和货币形式直接反映出来，没有以补偿的形式为其行为活动，支付成本或收获效益，就会给社会福利的综合收益带来不均。外部性问题一般是利益相关者考虑自身的收益和成本，忽视其他收益和成本，有可能产生额外利润或额外风险。

旅游资源作为一项社会公共资源，有许多拥有者，每一个人都有使用权，没有权利阻止其他人使用。公地悲剧是指在一块公共草地上，每个牧羊者作为理性人，都希望自己的收益最大化。作为经济决策的主体，其行为既是充满理智的，也是精于判断和计算的。每个牧羊人的直接利益取决于他所放牧的羊群的多少。由于缺乏约束，每个牧羊人虽然明知公地会退化，但个人博弈的最优策略仍然是增加羊群数量，久而久之，牧场可能彻底退化甚至废弃。

由于过度放牧和开发骑马，不当地开发接待水平欠佳的民居接待等旅游项目，使得环境遭到严重的损坏，草场退化，旅游满意度降低，同时，牧民生计也

受到严重的威胁，旅游业和农林牧等产业的可持续性发展举步维艰。政府主管部门、经营开发商、旅游者、社区居民在内的每个当事人，都知道资源将由于过度使用而枯竭，但由于期望自身利益最大化，最终导致整体利益受损。旅游形象再造的基础和实质还是为了更优地分配稀缺旅游资源，以满足主体多样化的需求，实现生态、经济和文化的综合平衡和效率的提高。

在处理民族社区的旅游发展问题上，只有将外部问题转化为内部问题，力求边际收益的总和与边际成本的总和相适应，在经济有效发展的水平上消除外部性，才能真正解决旅游发展的动力机制问题。民族社区是景区与社区集体发展的综合，当外部性的产生方和外部性的接受方合为一个主体，才能形成长期的利益风险共担机制。

若一个实体拥有民族社区的主要商业街的所有店面，合并地方产业，联合行动，将会考虑到投资的整体成本和综合收益。从消除外部性的角度上，重要问题是将外部性的促成者和接受方合并到一个主体上，即民族社区与旅游开发经营主体合并。同时，这个实体接受协定发展方案，应用激励手段确保民族社区按照计划水平执行产生效益。

稻城县香格里拉镇的民族社区发展成旅游支撑中心，必然由各种规模档次的餐厅、旅馆、纪念品商店和交通服务公司等包围，分享旅游收益。因此，在发展之初，通过入股经营、修建高端酒店等经营方式，能确保开发主体从新投资中获得更多收益，有更强的动机在景区以有效的方式来修建配套项目。

通过将四川省各品牌景区纳入香格里拉镇的市场外部营销组合来再造旅游形象，使稻城县香格里拉镇的旅游形象易被大众了解。根据资源特征和开发条件，以旅游线路为依托，围绕旅游市场的景区、城镇、通道，将外部问题转换为内部布局。通过社区参与到政府体系中，转化竞争和敌视为合作和互惠社区的互动。香格里拉镇旅游形象再造体系除了依托景区旅游设施进行形象再造，依托社区基础设施进行形象再造，关键还是在市场外部问题上进行体制转化和区域联动。由于合作的收益是直接的，因此实际上旅游景区和社区的外部功能的游览接待分化和内部经济机制的经营运作兼并是一种稳定的渐进策略。民族社区旅游形象的最佳博弈是在市场外部的合作与互惠中进化。

第七章　香格里拉镇旅游形象的再造措施

在香格里拉镇旅游形象再造体系的规划指导下，本章具体研究旅游形象再造的措施及其建设力度，理顺形象再造的主体整合关系、内容整合关系，根据对策建议进行旅游景区和社区旅游形象的经济、社会和环境效益评价。

随着稻城香格里拉逐渐成为旅游形象的聚焦点，国内外游客持续增加，但稻城香格里拉面积大、景点多，景区和社区的基础设施有限，无法适应旅游业发展和旅游资源的开发需要。景区和社区的连接路况欠佳，路面窄，多数路段是碎石路面，山高坡陡，雨季常塌方，需要整合旅游交通运营主体再造旅游形象。稻城县香格里拉镇社区旅游接待设施已有一定基础，现共有宾馆、旅店、接待站、接待村 14 处，床位 2696 个，但档次普遍较低，需改善星级宾馆、汽车旅馆和特色藏族民居。同时，完善旅游商品开发，打造探险旅游形象，发展体育旅游形象，组合季节旅游形象，缓解旅游旺季接待床位严重不足和环境承载压力。

本章提出香格里拉镇旅游形象的六大再造措施：垄断经营与满意度、定价与需求弹性预测、科技运用、教育培训、安全保障和旅游信息咨询中心建设。最后，针对民族社区形象再造的关系和对策，提出改善稻城香格里拉形象载体的现状，提升稻城香格里拉的旅游形象的认知和情感识别，从而充分利用旅游资源，增强其旅游资源的综合竞争能力并带动区域经济的发展。

第一节　香格里拉镇旅游形象再造的整合关系

香格里拉镇旅游形象再造的整合关系主要是由主体和其内容组成，在旅游主体和旅游内容相互协调的关系下持续发展，二者相辅相成，相互制衡。雪峰山崖本非人类居所，却为人所向往。稻城县境内的亚丁国家级自然保护区的神山圣水和民风民俗象征着圣洁和超脱，对旅游者具有原始的感召力。亚丁景区与周边地区如康定跑马山、泸定海螺沟、香格里拉县碧塔海、云南迪庆白马雪山、泸沽湖、西藏昌都茶马古道等高品位旅游资源相互补充，形成一个高山自然生态与西南民族风情相互辉映的旅游峰极。

旅游形象再造要重视旅游者的体验，认可旅游者的个性。旅游者和社区居民的关系融合，景区和社区的关系整合是打造景区和社区旅游体验的重要补充。在社区提供关键事件的影响下，带来愉悦和谐的整体旅游形象。外围旅游形象的塑造更多是为了提升过程质量，旅游者对内在需求的评估体验及选择目的地的过程呈阶梯状态。为了满足这些需要，在旅游者完成预选到体验的旅游服务全过程之后，通过对香格里拉镇旅游形象的再造，使其成为一种曲线动态的整合意象。

旅游形象是依次序推进并重复的行为过程，旅游者经历的地理空间的流程是：客源地社区→目的地社区→景区→目的地社区→客源地社区。然而，景区和社区并非是一个体验序列，而是作为一个整体被体验和评价，同时要重视体验中的关键事件。这种关键事件可能使旅游形象臻于完美，也可能破坏旅游形象。在"景区＋社区"的文化辐射和时空交融的场景中讨论旅游形象再造的整合，这种影响旅游形象的关键事件并不取决于事件本身的特点，而取决于该事件对旅游者的重要性。整合旅游形象具有五个特征：①旅游者对旅游形象投入自身的情感；②旅游者追求旅游形象赋予的成功和自我实现的意义；③旅游形象和旅游者群体之间存在一个较长时间的间接互动影响；④社区居民给旅游者造成较直接的影响，关系到旅游者的体验与满意度；⑤旅游形象涉及旅游产品和服务分配链，并具有明确的方向导向。

香格里拉的纷争使其旅游形象过度膨胀，产生形象泡沫，无法维护香格里拉旅游形象的品牌增值，反而弱化了旅游地的正面宣传效果，降低旅游者对香格里拉的产品和服务的接纳度。过度开放遗产给公众游览会破坏文化遗产，甚至引起变质。考虑民族社区发展的优先权，在各组织机构可能产生摩擦时，实际上存在一个更基础的问题，即遗产作为旅游资源，要与以保育为基础的策略融合。在实际操作中，尽可能保存真实的民族传统文化的遗产形态，这成为影响旅游消费决定的重要尺度，将一种非传统的、与国际接轨的形制运用于旅游形象的主体和内容关系中。

普遍可进入性的问题是影响旅游形象可持续发展的重要因素，探讨香格里拉的旅游形象整合关系是利用民族遗产资源的关键。旅游主体和旅游内容处于无规则和自由的旅游信息边际中。在可持续发展的方式上，在旅游发展和文化遗产之间权衡取舍，以共同分享目标而操作和实践。但是民族社区的旅游发展和传统文化遗产管理的目标通常是有差别的、甚至是互相不兼容的，各自都有不同的学科领域和行动方案，在社会体制中发挥着不同的功用和任务，需要更好地理解利益相关者的共同利益。香格里拉镇旅游形象再造的整合关系如图7.1所示。

在社区参与中，首先社区的权利必须融合于可持续旅游发展的体系。而且，明显的地方意识应该被识别为一种有价值的旅游资源。最后，在主体社区和客体旅游者之间建立一种紧密的交流互动关系。在组织中的上下级共同制定目标，所以目标的实现者也是目标的制定者。在确定目标的过程中，首先确定出总目标，然后对总目标进行分解，逐级展开，通过上下协商，制定出各部门甚至单个员工的目标。上下级的目标之间通常是一种目的和手段结合的关系，上级目标需要通过下级的一定手段来实现。用总目标指导分目标，用分目标保证总目标，从而形成一个整合关系的综合体。

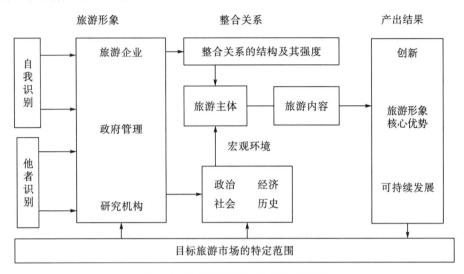

图 7.1　旅游形象再造的整合关系图

　　民族社区由于有独特的文化圈层，旅游企业和游客要进入相对封闭的群体需要和当地政府主管部门管理机构和居民代表联系沟通，建立合作机会，才能了解民族社区的基本情况。从民族社区的单个家庭或单个商业点入手是一种有效办法。民族社区的管理范围非常广，旅游形象的再造机会也随时会出现，实际应用的标准是要建立一个可以信赖的民族社区循环网络，建立互相信任的关系，从而达到形象与设施服务配套的目的。

一、旅游主体与旅游形象的关系

　　旅游消费者对旅游形象的认同、知觉和偏好的形象化表述来源于民族社区的供应。在地域上，体现于民族社区的主体扩大。再造香格里拉镇的旅游形象，需要和州府康定市及理塘县、巴塘县、稻城县、乡城县、得荣县等形成联盟。首先要形成一个连续性的旅游消费者心理印象，初步成果是旅游消费者或潜在消费者的感知能用直观的、形象化的图像表达出来。旅游者的体验和日常消费相应分开，主体和客体的生活方式相互映衬。

　　直觉、经验强化出的典型旅游空间特性和旅游线路走向，使旅游市场或潜在旅游市场引起人们的注意。香格里拉镇的社区旅游线路无疑是与旅游客源地如主要城市、发达城市相距遥远，而与旅游目的地稻城亚丁自然保护区紧邻。一方面，稻城县香格里拉镇处于旅游消费者认知模糊的位置和旅游景区的边缘位置。然而，它是当地民族社区的核心地域，是民族社区居民生活的主要区域。在这个流程中，特殊的地缘特征对于形成其旅游形象具有重要作用。那么，在旅游商品、旅游产品、旅游项目等定位方面，必须存在某种差异，以显示民族社区与竞争对手的相对位置。一般说来，只有极端的特征才能形成识别旅游形象的标志。

民族社区的主体扩大涉及三个模块：旅游交通运营主体、旅游民居接待主体和旅游商品销售主体。交通运营、民居接待和商品销售是民族社区旅游形象再造的主体对象。一方面要采用隔离的手段保护民族社区古朴的民风民俗和原生态的自然环境。另一方面在顺应时代发展潮流的情况下，合理地开发利用民族文化，实现民族文化的经济价值。人类生存的目的是谋求主体发展，没有一个民族愿意为了保护由人类自己所创造出来的文化而永远停留在原有的基础上。况且社会文化中的各因素相互作用涵化，其中某些因子的改变必然会引起另外一些因子相应的变动，由此产生一系列的主体变动。整合旅游主体与旅游形象的关系，充分尊重了民族社区居民生存权与发展权。在再造民族社区的旅游形象时，为了整合主体关系，积极保护民族文化，可以通过政府出资并成立相应的组织，引导和促进旅游交通运营主体和民居接待主体，通过政府的力量进行挖掘、复兴濒临消亡的民族商品销售主体，理顺旅游形象的再造关系。

（一）旅游交通运营主体

各地交通建设围绕旅游产业布局来展开，把通村公路、通乡油路等交通建设项目和重点旅游景区开发结合。配合国道318线东俄洛至海子山改造。推动稻城至泸沽湖、亚丁至属都湖、亚丁至三江的出州旅游通道建设，论证乡城硕曲河沿线至迪庆东旺、乡城香巴拉七湖至稻城亚丁公路建设及巴白公路改造的可行性，将其纳入甘孜州区域交通建设的长期规划体系。

建立和设置旅游线路上的标志标牌；规划和建设旅游服务区、汽车营地、汽车租赁维修等配套设施。按照建设西部经济发展高地的综合交通枢纽发展规划，加强旅游交通和配套服务设施建设。

现有的规划旅游线路：

(1)四川康定→雅江→理塘→稻城县金珠镇→稻城县香格里拉镇→稻城县亚丁景区→乡城→得荣→迪庆。

(2)云南迪庆→德钦→盐井→芒康→巴塘→理塘→稻城县金珠镇→稻城县香格里拉镇→稻城县亚丁景区→乡城→得荣→云南迪庆。

(3)四川成都→都江堰→卧龙→四姑娘山→小金→丹巴→塔公→新都桥→雅江→理塘→稻城县金珠镇→稻城县香格里拉镇→稻城县亚丁景区→乡城→得荣→云南迪庆。

(4)四川成都→都江堰→卧龙→四姑娘山→小金→丹巴→塔公→新都桥→贡嘎山→九龙→理塘→稻城县金珠镇→稻城县香格里拉镇→稻城县亚丁景区→乡城→得荣→云南迪庆。

尽快打破交通瓶颈制约，打通亚丁→泸沽湖、亚丁→云南香格里拉县的出省通道，进一步加强区域经济的横向联系。合作构建稻城→乡城→得荣→香格里拉县→泸沽湖的川滇结合部旅游小环线。完善成都→九寨沟→黄龙→四姑娘山→丹巴→康定→稻城→香格里拉县→泸沽湖→攀枝花→西昌→雅安→成都的旅游大环线，使亚丁景区与周边旅游有机连接起来，为旅游业发展提供良好的交通条件，同时，积极争取解决交通运营主体的通信、电力等落后问题，尽快改变稻城香格里拉交通运营主体分散和弱小的状况。

（二）旅游民居接待主体

旅游民居接待户，是指经旅游行政主管部门评定为一般旅游民居接待户和标准旅游民居接待户的，为旅游者提供住宿、餐饮、娱乐等民居接待、藏民家访等服务的门户[①]。

民族社区的城镇配套设施建设任务艰巨，目前需要立足现有基础，分步推进。城镇建设特别突出地域特色、文化内涵，着力加强市政基础设施和旅游服务功能，进行游人中心、氧吧、暖气咖啡厅、观景台、演艺场所、购物场所、娱乐场所、基本医疗和紧急救援站点、加油站、信用社和银行等的建设，逐步实现通信网络的无缝覆盖。

在旅游接待设施方面，甘孜州于2007年8月出台了《甘孜藏族自治州民居接待管理暂行办法》，其建设重点是民居接待条件的改善。进行星级饭店的新建和改造，具备星评条件的适时启动申报评级。从而形成低、中、高档星级饭店、经济型酒店、汽车旅馆和民居接待相结合的合理布局。重点对各地民居建设、改造进行专业指导，改善其内部住房、厨房、洗浴、卫生间、消防、节能等设施条件。把旅游标准化建设作为各级政府抓旅游工作的重要职责之一，推进A级旅游景区、优秀旅游城镇、民居接待、星级饭店的标准化建设与管理。

结合民族地区"百千万藏家乐"工程，鼓励、扶持民居接待，促进稻城香格里拉地区的乡村旅游发展。整合新农村建设、城乡统筹和扶贫、以工代赈等政策和项目资源，推进农村道路、通信、饮水、供电、广播电视等基础设施建设，帮助农牧民协调解决民居接待小额贷款、税收优惠等问题，对民居接待从业人员进行普通话、外语、卫生健康、烹饪技术、接待礼仪等实用知识和技能培训，加强规范化和标准化指导。培植适合农牧民自身家庭特点的产业支撑和收入来源，实现旅游富民惠民。

在民居接待上，可借鉴南美"阿里奥·亚马孙"森林旅社——地球上占地面积最大的旅馆。它由建筑在36米高的栗树上的4座高塔组成，有住房、娱乐和自助餐厅，相互之间用8公里长的木桥连接。据说，这种树上旅馆的创意是为了

---

① 《甘孜藏族自治州民居接待管理暂行办法》已于2007年7月2日甘孜藏族自治州人民政府第42次常务会议通过，现予发布，自2007年8月5日起施行。

避免大兴土木,让人们在享受自然之美的同时又将对自然景观的破坏和对生态环境的影响减少到最小的程度。

　　加快星级饭店的提档升级,突出民族特色,满足游客的多层次、个性化服务需求,建成五星级饭店、四星级饭店、经济型酒店和汽车旅馆的藏式旅游民居接待系统。尤其是普通的家庭旅馆和餐饮点,采用逐个推进的办法,在旅游交通站点建立迅速联系与准确联系是非常必要的。

　　策划包装一批有民族和地域特色的大型旅游商演剧目。将民俗、节庆活动打造为特色旅游产品,鼓励发展旅游演艺团体,打造旅游文艺演出品牌。在阿坝州"藏谜"、甘孜州"圣洁甘孜·情歌故乡"、凉山州"火图腾"等民族旅游商演剧目的基础上,推广稻城香格里拉"蓝月山谷""印象亚丁"的民族歌舞的市场影响力,力争再培育、挖掘一批原生态、高品质的民族旅游品牌剧目。

(三)旅游商品销售主体

　　稻城县香格里拉镇重视有特色的旅游商品和餐饮的开发,制定相应计划并付诸实施。游人咨询服务中心即游客信息中心可作为开发和销售民族特色文化旅游产品的最佳场地。现在主要经营生鲜、百货、服装、洗化、食品、家电、猪肉等上千个品种。购物中心不但平抑了当地市场物价,还解决了部分劳动就业。还有稻城购物商场、稻城百货公司、稻城水晶店、稻城珠宝商场、稻城玉器店、稻城茶叶店、稻城牦牛肉店、稻城中药材店、稻城土特产商场等。另外还有俄初街,因俄初山而得名,主要销售旅游商品,如服装/丝绸、中成药/保健品、食品/茶叶、酒/烟、瓷器/陶器、文物复制品/字画、地毯/挂毯、首饰/藏银、具有地方特色的纪念品/工艺品等,且大多数旅游者都倾向于购买简易轻便易于携带的旅游商品。例如:①金银器物,包括银饰、银碗等,有浓厚的藏式风格。②民间工艺品,如木雕和土陶。其中赤土、阿西一带的土陶黑底白纹,形制古朴。③服饰类,包括藏式短袄、狐皮帽、围裙、腰带等。民族特色浓厚,保暖御寒。④药材类,如冬虫夏草、贝母、红景天、雪茶、灵芝、雪莲等。多为补药,可泡制药酒或做药膳。⑤水果,如苹果、核桃、板栗等。⑥畜肉类,如羊毛、牛皮、风干肉、牦牛肉干及酥油制品。⑦林副产品,如松茸、菇菌、干货、蜂蜜、青稞酒、虫草酒、贝母酒。⑧文化产品,如图书、画册、明信片、旅游地图、光碟等。

　　为了突出民族文化,展示民族特色的生产和生活方式,增加民族文化旅游的魅力和市场竞争力。需要规划和建设一批民族文化展示场馆、民族文化旅游景区。在民族地区积极推广民族文化体验"五个一",让游客在文化旅游活动中"游览一个民族村寨,观赏一台民族歌舞,品尝一顿民族风味,购买一件民族商品,过上一次民族节日"。抓住文化部中国对外文化集团公司支持甘孜州围绕康定情歌品牌,打造跑马山国际转山会的机遇,打造民族文化产业长廊,开发系列文化旅游产品。支持专家、学者开展民族文化旅游研究,努力推进理论研究成果的产业化。

民族社区的主体扩大，旅游形象才有实际载体。规划稻城亚丁香格里拉的旅游线路，结合线路产品(包括周边丽江、迪庆、昌都等地)统一制作康南地区旅游促销画册(重点景区亚丁单独制作)，并联合各县制作旅游自助手册、宣传折页、招贴画。系列的旅游促销画册、自助手册、宣传折页、招贴画等信息都需要在各个社区主体中及时、实际地体现。

避免社区表层化，产品结构同质化。甘孜土特产多，主要有中药材和食用菌。名贵药材有冬虫夏草、川贝母、天麻等，大宗药材有黄芪、大黄、羌活、当归、党参、赤芍等，为四川省药材主要产区。藏医有悠久的历史和浩繁的典籍，对治疗消化系统疾病有独到功夫。德格藏医院整理翻译了大量藏医药典。食用菌和药用菌不少于100种，储量较大，尤以松茸、牛肝菌、鸡油菌、白菌等为佳。

以粮食生产为基础，畜牧业生产为重点。甘孜州有1.4亿亩草场，草原畜牧业是一大优势。由于自然经济格局尚未形成，畜产品特别是牛羊肉销售渠道不稳，影响了畜牧业的发展。因此，对畜群结构进行了调整，畜种发展比例也进行了调整。随着畜牧业发展，肉、奶、毛、皮等畜产品将有较大增长，为发展以畜产品为原料的食品、毛纺和皮革轻工业带来有利的资源基础。发展牛羊肉食品加工厂，以示范食品工厂为主。粮食品种以青稞为主。此外，将发展林业、果业和以名贵中药材、野生食用菌作为重点的副业生产。

有计划地在已有旅游商品开发基础上对阿西土陶、民间手工艺品、竹编、宗教脸谱、格朵、手绘版画、水果干、青稞米花、稻城风景玻璃内画、宗教文化的嘛呢石和精美的风景画册及导游图等进行深度的开发，广泛、大量上市，并且保持民族社区对旅游商品的专利权控制，允许对大众旅游市场留有变化空间，使之成为受广大游客喜爱的旅游纪念商品。

二、旅游内容与旅游形象的关系

大众旅游消费受到金融危机和地震灾害的影响，在短期内难以恢复大型组团式的集群式旅游。通过分析旅游形象的市场他者识别、社区自我识别、旅游意境的整合，扩充旅游形象的内容可以衍生为可替代性的旅游产品。在景区和社区的空间尺度上，应用贴近原生形象、领先市场识别形象、适当地填补和逆向设置旅游形象的补给。旅游形象的内容一方面丰富了景观综合设计和相应的文化提炼，另一方面也给旅游形象的传播策略带来新的载体和主题。

结合稻城香格里拉独有的自然山川和地貌环境，扩充三个旅游形象内容：探险旅游形象、自然旅游形象和季节旅游形象。探险内容需要培训项目支撑，自然旅游形象需要保护性开发，季节旅游形象需要与滇藏进行整体营销。旅游内容的丰富是为了旅游形象的饱满，但是实际上，旅游形象的形成是一个有序的过程。

在目前发展旅游经济的要求下，项目和设施配套是基础，探险旅游形象能够吸引旅游者，带来社区居民教育培训的契机。在探险旅游形象扩展的同时，稻城香格里拉原生自然生态的旅游形象就要得到保护性开发。同时，民族社区发展自我旅游形象也需要整合外部旅游形象，实现区域联动，季节旅游形象应运而生，能够带来春夏秋的高原香格里拉生态旅游旺季，缓解冬季稻城香格里拉的淡季低谷缺口问题。

(一)打造探险旅游形象

打造探险旅游最令人欣慰的悖论，也是稻城香格里拉最激励人的特征，就在于与他人竞技、与自然竞技的同时，也是一个自我发现的生命旅程。而在这个生命旅程中，正如人类学家列维·施特劳斯所说，"探险不是单纯地走过很多表面上的距离，而应该是一种深入的研究：一件一闪即逝的小插曲，一片风景的片面，或是一句偶然旁听到的话语，可能就是了解及解释整个区域的唯一关键所在。如果缺少那个关键，整个区域可能就一直不具有任何意义！"由此看来，探险是人类生命的潜在追求。

旅游形象和旅游者自身的形象紧密联系，然而旅游者自身的形象是多面的。旅游者在香格里拉旅行的过程中，不断地扮演着各类角色。旅游者具有自身的社会阶层形象、工作形象、性别形象、年龄形象、经济收入形象、旅游娱乐形象等。各种角色形象可能存在各自独立的决定因素，而旅游者的每种角色形象又最终对旅游形象有不同的贡献。而且，在许多旅游调研中了解到香格里拉旅游的潜在时间价值意义，即旅游形象是以某种记忆存储在旅游者个体中，是维持自尊和自我价值的一种重要资源。

在操作上，要立体描绘出一个中国乃至东亚范围的价值观地形图，将各个探险文化标识在相对的位置上。在特种旅游探险中融入 58 项价值观，用以代表自我超越、自我提高、保守、对变化的开放性态度 4 个维度的 10 个普遍的探险体育活动，并揭示它们内部的结构关系(表 7.1)。

表 7.1　特种旅游形象解析

维度	特征	10 个普遍的特种旅游内容
自我超越	普通性	指为了所有人类和自然的福祉而理解、欣赏、忍耐、保护 如智慧、美好的世界、与自然和谐一体、保护环境、心胸开阔等
	慈善	指维护和提高那些自己熟识的人们的福利 如帮助、原谅、忠诚、诚实、真诚的友谊

续表

维度	特征	10 个普遍的特种旅游内容
自我提高	权力	指社会地位与声望、对他人及资源的控制和统治 如社会权力、财富、权威等
	成就	指根据社会的标准，通过实际的竞争所获得的个人成功 如成功的、有能力的、有抱负的、有影响力的等
保守	传统	指尊重、赞成和接受文化或宗教的习俗和理念 如接受生活安排、奉献、尊重传统、谦卑、节制等
	遵从	指对行为、喜好和伤害的倾向加以限制 如服从、自律、礼貌、给父母和他人带来荣耀
	安全	指安全、和谐、社会的稳定、关系的稳定和自我稳定 如家庭安全、国家安全，社会秩序、互助、卫生等
变化	自我	指思想和行为的独立——选择、创造、探索 如创造性、好奇、自由、独立、选择自己的目标
	刺激	指生活中的激动人心、新奇的和挑战性。如冒险、变化和刺激的生活
	享乐	指个人的快乐或感官上的满足 如愉快、享受生活等

设计特种线路描述：

洛克线穿插民族传说、神话，真实记录了当时中国的人文社会，具有很高的历史价值。同时，洛克线涉及很多目前旅游的热点：丽江、亚丁、木里、三江并流区、贡嘎山等，还有不少地方无法将译名与真实地名对应起来，有一些地方还没有旅行者进入。因此，洛克线有较大的可能成为公众、特别是富有冒险和探索精神的中青年旅游者的潜在消费选择。因此，从民俗、历史、艺术等方面研究关于洛克线的文化遗产开发是实践西南民族地区旅游经济发展的必由之路。

该徒步线路艰苦，露营条件简陋。海拔基本上在 3500~4600m，犹如天堂与地狱间的穿越。整个旅程多以扎营住宿为主。探险精英们将在徒步穿越中亲身体验并了解香格里拉的原始自然状态、特有的少数民族风情、深厚的历史和宗教背景。经受缺氧、寒湿、长途跋涉等野外生存的考验，他们将秉承洛克的探险精神和坚强意志，充分发扬团队精神，通力合作，战胜一切困难，共同接受一次前所未有的人生洗礼。

首位走进木里的西方人是美籍奥地利植物学家、地理学家和人类学家约瑟夫·洛克(1884~1962 年)。在 1922~1949 年的 27 年间，他以美国《国家地理杂志》、美国国家农业部、美国哈佛大学植物研究所的探险家，撰稿人、摄影家的身份，先后在中国西南部的云南、四川一带生活。

行程简介：木里县城→水洛罗斗村(海拔 2600m)→呷洛(海拔 4000m)→石板房(海拔 4500m)→冲古寺(海拔 3500m)→亚丁隆龙坝→日瓦→稻城。主要是徒步与骑马，不须攀岩，但大雪后会变得极危险。因此，打造探险旅游形象，需要配备医疗急救和通信设施，做好安全保护措施。

探险是人类的内在追求。成功能带来自我实现的成就，而欠成功将成为强烈的尝试和学习动力。体验的需要、认知的需要、审美的需要、自我实现的需要是探险旅游最主要的源泉。

从神农尝百草，到行者徐霞客，从公元 13 世纪意大利威尼斯的商人马可·波罗到 15 世纪哥伦布、麦哲伦的环球航海旅行，从美洲大陆的地理大发现到 20 世纪初美国国家地理学会组织地理学家、地矿学家、生物学家、旅行家聚集在中国探险和考察，探索始终贯穿在人类活动中。

"他们骑着牦牛爬上平均海拔 1 万米以上的雪域高原，寻访梦中的香格里拉；驱车数千里沿着骆驼商队的足迹深入大漠戈壁，去感受绿洲居民富于民族特色的风土人情；驾驭老式螺旋桨飞机和陈旧的照相设备去拍摄珠穆朗玛峰巍峨雄壮的身影；或是伫立在云冈石窟前默默记诵菩萨像的数量"①。

在这种背景下，美籍奥地利人约瑟夫·洛克博士于 1922 年随国家地理学会探险队来到中国西南长达 27 年。英国作家詹姆斯·希尔顿的著名小说《消失的地平线》就是从洛克 1922～1935 年发表在美国《国家地理杂志》的 10 多篇论文兼游记中得到灵感，文中记述了洛克从丽江出发，进入四川木里的经历。后来拍摄成好莱坞电影，受到广泛关注。

1928 年 3 月 23 日，在美国地理学会的资助之下，洛克由云南出发，开始探险之旅。他首先从大理到丽江，从丽江往北到木里有 10 天的路程。当时木里在瓦厂，而不是现今木里县城所在地乔瓦镇，因此洛克所称木里均是指瓦厂到老木里一线。

洛克率领的探险队包括 21 名纳西族随从，由云南丽江经永宁进入四川。具体路线是从永宁穿过云南和四川的省界，经四川的利加嘴、屋脚，翻过西林山海拔 4309 米的几坡垭口，经帕色隆贡沟尾，翻帕色隆贡和瓦厂之间的山梁，到达瓦厂。到达瓦厂后，和木里土司住在苦巴店。洛克与木里喇嘛王结下了友谊，在他的书中，文字详尽而朴实，采用白描式的描述手法将年轻的活佛、高贵的喇嘛王还有他的宫迁侍卫们刻画得淋漓尽致。

1928 年 5 月 28 日，洛克离开瓦厂向东，过理塘河经博科，当晚宿古都（海拔 3185 米）。古都的宿营地位于一个森林环抱的小牧场，从那儿可以俯瞰理塘河的峡谷。

1928 年 5 月 29 日，洛克一行由古都出发到达苦巴店（海拔 3128 米），住苦巴店寺。尽管苦巴店寺是一个偏远的小寺院，但从洛克的笔下和照片中，都可以看到它的建筑、木雕、绘画等装饰十分精美。

1928 年 6 月 1 日，洛克一行随木里土司一起离开苦巴店，到了木里土司舅子

---

① 希尔顿. 消失的地平线［M］. 胡蕊，张颖，译. 昆明：云南人民出版社，2006.

所在的吉卡咯，并在那儿住了一段时间，然后返回瓦厂。1928 年 6 月 13 日，洛克一行离开瓦厂，正式向贡嘎岭进发。探险队一共 24 人：洛克、21 名纳西族助手、木里土司特派的一名大喇嘛和一名卫兵。他们绕瓦厂西边的木仔耶山南侧上山，向西行。当晚到达山顶，并在山顶的戈波赤（海拔 4878 米）扎营。木仔耶山是木里人的神山，也是木里河与水洛河的分水岭。据洛克当时的记述，木仔耶山以东主要是普米族区，木仔耶山西坡的水洛河谷则是苏西人的居住地（苏西意为"铁人"，原是纳西族的一个支系，因从事炼铁业而得名）。

　　洛克一行离开戈波赤的营地后，由木仔耶山西坡下行，进入水洛河河谷。沿途经过普米族的边缘村落——罗斗，到达苏西人的第一个村落——水洛河边的沙吉巴（又称新藏），在此跨过水洛河上的木桥，进入水洛河的西岸，并沿水洛河上行，到达南满，在南满的河滩上扎营。因为营地周围有茉莉花丛遮阴，洛克把这个营地命名为"茉莉营地"。离开南满继续沿水洛河上行，经都鲁、沾固、固滴后，探险队折向西，离开了水洛河河谷，进入了水洛河西侧源于贡嘎岭的支流，到达嘎洛。嘎洛已是藏族的村庄，它地处水洛河通向贡嘎岭的要冲。嘎洛人的高大健壮及开朗自信给洛克留下了深刻印象，他觉得嘎洛人与印第安的阿帕奇族人十分相似。在嘎洛，探险队增加了 20 名嘎洛的卫兵，在一个寒冷的早晨冒雨出发西行，终于进入了贡嘎岭神山的区域。他们向南跨过夏诺多吉北东侧的河谷，首先到达夏诺多吉的东坡，并决定在东坡的辛嘎拉（海拔 4664 米）宿营。此时夏诺多吉的山峰笼罩在云层之中，洛克心有不甘，他爬上营地背后海拔 4975 米的山头，想看看西边另两座神峰，然而也大失所望。当他回头东眺时，却发现天空晴朗，约 300 公里外有一座突兀的雪峰直刺苍穹。这使洛克大为惊讶，因为在地图上并没有关于这座雪山的标注。

　　这段行程堪称最艰难的历程，暴风雨、冰雪堆、突兀的石块、高山缺氧让洛克一行疲惫至极。洛克当时下决心第二年要去那里探险，后来被证明那就是蜀山之王——贡嘎山。傍晚，当洛克坐在辛嘎拉营地的帐篷前时，突然云层飘动，面前的夏诺多吉终于袒露出它那壮丽的金字塔形山峰，两侧宽广的山壁像一只巨大的蝙蝠展开双翼。

　　离开辛嘎拉后，洛克一行沿夏诺多吉南坡的赛约卡措山谷西行，他们的计划行程和藏民的朝山惯例一样，按顺时针方向绕三座神山而行，这是格鲁派传统的转经方式。当日在谷中午餐，然后在倾盆大雨中向西翻过赛约卡措沟尾的垭卡（海拔 4970 米），进入央迈勇南坡的拉瓦通山谷。当晚在拉瓦通山谷中扎营。宿营地附近的崖壁下有一个长长的大岩洞，里面有许多神龛，探险队中的卫兵和喇嘛向导住进了岩洞。这个岩洞常作为朝山者的栖身地或强盗的隐蔽地。离开央迈勇南坡的营地，探险队继续往西，并在央迈勇西南坡翻越了海拔 5030 米的垭口，然后折向北行。探险队沿央迈勇西坡北行，到达了努苏措湖（海拔 4725 米），并在那儿扎营。次日沿仙乃日西侧翻越一个海拔 4940 米的垭口，下行到贡嘎冲古寺(海拔 4300 米)。

洛克一行在贡嘎冲古寺停留了三天。洛克被安置在寺院楼上一个最好的房间里，也许是活佛住的地方，从这个房间的窗口望出去，可以看到仙乃日壮丽的山峰和宏伟的冰川。

1928 年 6 月 25 日，洛克一行离开冲古寺，向东行，到达夏诺多吉北西坡的巴玉营地(海拔 4817 米)，并在那儿住了两晚，在那儿可以同时看到央迈勇和仙乃日两座雪峰。6 月 26 日凌晨，洛克目睹了日出时央迈勇和仙乃日的奇异景象，赞叹央迈勇是他见过的最漂亮的山峰。从巴玉营地往东，洛克踏上了返回木里的旅程。因为沙吉巴(新藏)的水洛河木桥被洪水冲毁，他们并没有原路返回，而是经嘎洛转向北，经俄西、克米、茶不朗，再折向南，沿木里河西侧的山脊南行，直至瓦厂。

1928 年的 8 月，洛克的探险队再次前往贡嘎山地区。此次旅行，探险队由贡嘎冲古寺沿仙乃日东侧的河谷上行，并在谷中扎营。这条沟谷也是现在由亚丁进山的游客主要的游览线路。

七十多年过去了，洛克笔下那世外神山吸引着人们去寻觅难以言状的圣洁与世俗的感受，"那晚睡在帐篷里，我做了一个很奇怪的梦。梦中我又回到了那片被高山环抱的童话之地——木里，它是如此的美丽与安详。我还梦见了中世纪的黄金与珍宝，梦见涂着黄油的羊肉和松枝火把，一切都是那般的安逸、舒适与美好"[1]。

探险旅游发展不需要在西南山区进行大规模的施工建设，借助旅游目的地的原始自然地貌、植被条件和生态环境，使旅游者通过自身努力跨越考察地段。具体项目包括徒步旅行、激流探险、岩洞探险、矿井探险、航海探险、海底探险、山地运动、森林探险等。

与探险旅游相配合的旅游项目产品，一是必要的交通设施，如机场、铁路线、公路快速通道等；二是野营配套住宿设施建设，营地管理服务，如供水、提供食物、排污处理等；三是针对探险过程设计的科学培训、野外生存培训等教育项目。

洛克线的自然环境和文化环境位于边、古、荒、奇、险、少地区，具有浓烈的原始自然性。在洛克线组织骑马探险旅游、追踪野生动物探险旅游、寻找洛克原始探险旅游等，对旅游者具有新鲜感、刺激感和探险性。洛克线是开发"专题旅游""专项旅游""特色旅游""深度旅游"的重要生态和文化资源，其遗产内涵也随时间推移而变化。进行旅游营销时，观测探险旅游者的生态、文化心理需求，适当突出洛克线原始的审美情趣和特点。

探险者当时面临着艰苦生活环境和匪患战乱，仅靠简陋的装备和落后的运输

---

① 希尔顿. 消失的地平线[M]. 胡蕊，张颖，译. 昆明：云南人民出版社，2006.

工具，却取得了后世少有人能达到的成就，也留下了极为重要的精神文化遗产。因此，营销民族文化遗产能激发旅游者的特殊兴趣与需要，重现历史的真人真事，还原一段历史，超越观赏景区的消遣。而且探险旅游需要高端设施，因为探险旅游者只期望进行可预见的冒险旅游，实际上并不愿意冒着健康和生命危险，不愿意承受低质量的装备、产品和服务带来的低质量的旅游体验。

在洛克线开发以探险为主题的公园，借助茂密的高原森林进行场地安排，可以建设以雪山探奇、丛林迷宫、藏地古堡、藏域寻宝、胜利战争等为主题的公园。修建洛克探险类主题公园，借助藏地传说、寓言、历史故事及多种奇幻元素。在刺激需求、人员配合、科技支撑的组合下，构建一个深度旅游项目。在洛克探险类主题公园内，既有歌舞表演，又有商业购物，共同打造经典的洛克探险主题，获得国际和国内游客的消费认同。

（二）突出自然旅游形象

资源引导经济发展，四川省独特的地势带来了发展水电的契机，独有的地貌带来了发展旅游的契机。四川省世界级、国家级旅游资源多数分布在民族地区，甘孜藏族自治州、阿坝藏族羌族自治州、凉山彝族自治州三个民族自治州现有 3 处世界遗产，占全省的 60%；4 处列入联合国《人与生物圈保护网络》自然保护区，占全省的 100%；10 个国家级自然保护区，占全省的 45%；5 个国家地质公园，占全省的 50%；5 个国家级风景名胜区，占全省的 33%；1 个国家 5A 级旅游景区，占全省的 33%；5 个国家级森林公园，占全省的 18%；17 处国家级文物保护单位，占全省的 13%。

从广义来定义，保护意味着以能延续到后代的方式来利用自然资源。但寸方寸地，留与子孙耕。保护也是我们讲的可持续发展：砍一棵树，种上一棵新的树苗，使用燃油的替代能源，回收或再利用消费品包装。这种保护和可持续发展的方式毫无疑问有益于我们生活的星球，有益于整体环境，但是并不代表传统保护方式。

大多数社区居民也并非采用这种完全保护方式来对待传统自然资源，从而确保资源能持续利用到下一代。这并不意味着少数民族的传统自然资源利用方式是完美的，作者想避免这样的观念，认为民族社区居民就是和他们的自然环境和谐相处的，是纯天然不需改进的。当然，大多数少数民族还是较好地利用自然资源，在某个地区延续数代。如果他们没有破坏资源基础而导致灭亡，还能从中取得经验，通过这种方式，他们建立资源管理的实践，从而适应他们生活的特殊环境。

民族社区居民的传统保护模式正好是解决国家公园和其他受保护地区的有效方式。国家公园内部严格禁止居民长期居住。在西方保育模式里，景区和土著人、少数民族的生活是无法调解的矛盾。传统生活方式使得社区成员无法从大规模土地上完全分离。但是这种移民搬迁又往往受到西方自然资源保护组织和中国国内政府企业开发的资助推广。因此，在和美洲印第安人、土著人交流的过程中，他们对保护开发表现出矛盾、不满和蔑视。

保持自然旅游形象的原始生态，同时搞活文化展演。以服务为主，发展社会效益，在发展方向上走民族化的道路，发展藏戏团、锅庄队、弦子队等文艺演出队。销售书画、放映电影、出版旅游小手册和杂志。按自然资源的同一性和配套组合情况，进行分类开发的规划和指导。经济部门或产业关联性表明一定区域范围内产业之间的相互联系，并在一定程度上反映专业化生产与协作的关系。依据是民族文化的差别，进行分类开发的规划和指导，注重专业化生产与协作关系。

(三)组合季节旅游形象

从主客双方两个角度，以旅游动机和旅游营销来阐释旅游目的地的社区归属感。比如秋叶、雪山、温泉等。甘孜州的旅游旺季集中在地区传统节日如康定"四月八转山会"和六、七、八月的高原黄金季节。

在旅游形象产品或服务中，具有季节特征的产品最能得到民族社区旅游者的欢迎。一件旅游形象产品通常拥有许多特征，如价格、景观特征、消费层次、所处的特有文化背景等，那么在这些特性之中，每个特性对旅游者的重要程度可根据季节而调整。在同样的机会成本下，香格里拉镇的秋季景观最能赢得消费者的满意。

组合季节旅游形象始于旅游者对民族社区香格里拉镇旅游吸引物、旅游产品或服务的总体偏好判断(渴望程度评分、购买意向、偏好排序等)，从消费者对不同属性及其水平组成的产品的总体评价来权衡。季节旅游形象可以根据时段来组合旅游标志的色彩表现、旅游产品的外包装、旅游商店的装饰等。季节旅游形象由一系列的基本特征(如季节旅游进入的难易程度、季节旅游消费价格)及产品的专有特征(如季节旅游景观、季节容量季节性等)组成。旅游消费者的目的地选择过程是通过理性地考虑这些特征而进行的。

组合季节旅游形象由以下四部分组成：

(1)确定季节旅游形象的支撑载体，即主要季节旅游产品特征与特征水平。对季节旅游产品或服务的特征如秋叶、温泉等进行识别。这些特征与特征水平是显著影响消费者购买的因素。

(2)多重季节旅游产品模拟，将季节旅游产品的所有特征与特征水平通盘考虑，设计淡季旅游虚拟产品，为季节旅游产品作铺垫。

(3)回收季节旅游回馈，请旅游者对季节旅游产品和服务进行评价，通过打分、排序等方法调查受访者对季节旅游产品的喜好、购买的可能性等，从收集的信息中分离出目标旅游市场对每一特征及特征水平的偏好值。

(4)预测季节旅游市场，预测旅游消费者在不同时段旅游产品中进行选择，从而决定应该采取的措施。

组合季节旅游形象意味着刺激旅游者的需求，使旅游需求随着季节转移而变化，对游客游览的时间和线路进行引导，从资源比较脆弱的地方到旅游要素比较齐全、资源保护比较完备的地方。

第二节　香格里拉镇旅游形象再造的对策建议

旅游形象需要多样性，单纯成倍地增加类似的形象产品，将导致单调贫乏。

本节重点探索香格里拉镇社区本身的资源管理体系，以及如何将这些体系因素转变为社区的景象。通常认为，香格里拉镇自身的农牧系统在生态方面非常脆弱，加上深处中国西南部横断山区谷地，特殊的地域限制了民族社区居民与其他族群、外界环境的联系。另外，有一种观点与通常认为民族社区的资源管理体系非常脆弱的观点相反，认为民族社区的人与其生活的环境非常坚实和谐，互相关爱、相互依存、积极乐观。作者本身曾持有这种观点，甚至完全信服这种和谐的理念。然而，这种理想浪漫的初衷并不能帮助我们加深理解民族社区的当地居民和环境及其在旅游发展、经济一体化过程中面临的困境。

香格里拉镇的居民并非在没有时间概念的和谐环境中生活，在旅游经济发展的要求下，香格里拉镇民族社区的居民管理资源需要切合市场需求。在一个相对封闭的区域环境中，人们对于外来文化与本土文化之间的冲突变得更加敏感。例如，由于历史城镇商业发展的变异，丽江古城逐渐商业化，对纳西族地区商品经济的发展和社会的进步无疑起到了积极的推动作用，然而这也带来了一定的负面影响。由于地方缺乏经验，丽江古城将原住的纳西族人口迁出来，结果世界遗产原本的真实性发生了巨大的改变。其次，过分追逐商业利益，商业化过浓使得原真的旅游形象流失，转型为商业古城，难以被旅游者认同，若发展严重不加以控制，甚至会影响声誉、流失客源。

研究提升社区旅游形象不是指导，而是观察提炼、吸取教训，这对于欠发达地区的发展具有更大的战略意义，尽量避免走弯路的代价。各个民族社区具有代代相传的传统环境知识，香格里拉镇民族社区的居民并不是天生与自然和谐共处，而总是在抗争干旱、灾害、偏远的自然困境，从而找到一种自身适宜整体环境发展的方式，而且往往只有在民族社区中较有经验的一部分人能够理解掌握这种适应生存的方式。

旅游接待设施从城镇的整体布局到民居的形式，以及建筑用材料、工艺装饰、施工工艺、环境等方面，均保存着民族风貌。首先是道路和水系维持原状，路面、祭祀场所一直得到保留。其次，加强香格里拉镇康古、仁村街道环境及沿河环境整治工作。加强绿化、美化居民活动空间，设置居民游乐小品，如供居民和游人使用休息的亭、棚、桌、椅、转经点。民居采用传统工艺和材料再修复和建造，所有的外部营造活动受到规划的控制和主管部门的指导。综上，民族社区是由民众创造的，并将继续创造下去。作为一个居民的聚居地，需要保证民族社区本身所具有的艺术或历史价值能得以充分发扬。

民族社区的文化因素不仅被旅游者所享用，也是当地社区居民的共享资产。比如香格里拉镇的祭祀、婚礼等文化的习俗与特殊事件是吸引旅游者的引力点，但是这些形象要素本身是社区居民日常起居、饮食、手工艺制作和祭祀生活的一部分。在民族社区的旅游形象再造过程中，在获得社区对旅游形象的支持，保护其文化遗产和自我认同内核的同时，也要确保再造其旅游形象不会牺牲当地社区居民的需求，同时满足旅游者需求。

一、垄断经营兼顾满意度

垄断经营在于延缓或阻碍其他竞争供应商进入的壁垒。影响竞争者进入旅游市场的壁垒之一是独特的地理特质、自然属性、文化资源。第二种来源是民族文化的展示专有权。第三种是形成规模经济，旅游行业需要一个完整的服务接待系统，从旅游客源地连接到旅游目的地的民族村寨，包括旅游交通站点、景区和社区。第四种是产品细分，通过旅游产品设计、营销渠道将民族村寨的旅游产品与邻近竞争者区分出来确立市场竞争力。第五种是政府调控，政府将特许经营权授予一家供应商，通过有意识的限制竞争，避免重复建设，降低服务成本。

民族村寨形成垄断经营有利于旅游价格或旅游销售量的强力预控，对旅游经营者而言，是获取利润的重要战略。但是在操作模式上，需要考虑民族村寨经营的多样选择。从单一门票一次性收入的供应情况，到旅游市场上存在大量细微的旅游供应商。竞争使得旅游市场价格下降，最终趋近于平均成本，由此带来更大旅游销量。通常情况下，民族村寨发展垄断经营是获取经济、社会收益的最佳行动计划。

然而，由于旅游业发展和市场的契合密切，旅游者的满意度和体验直接影响到民族村寨的旅游人数、旅游花费、停留时间和重游率。多样化经营有利于提高旅游者满意度。由于旅游者个体的旅游偏好很大程度上由其心理特质和旅游动机所决定，受社会经济状况背景的影响。开发多种体验式农业、考古、建筑、历史、民族艺术、动植物观赏、宝石与矿藏、狩猎、文学作品、音乐、戏剧、摄影、远征徒步、品酒、美食，以及适合妇女团体、青年团体、职业协会等团体的旅游活动，有利于丰富民族村寨的产品结构，顺应旅游偏好和需求的变化，提升旅游者的满意度。加上旅游业的发展依赖于回头旅游者的口碑传播。因此，鼓励多选择项目具有垄断经营的团队报价游、推介成体系的旅游项目是完善民族社区旅游形象载体的首选。

保持民族社区对旅游商品、线路的专利权控制，允许大众旅游市场发展的变化空间。相关部门和协会协调制定产品质量标准和鉴定方法，使得旅游者可以根据旅游商品、旅游线路的特殊标志进行辨别选择。

在垄断经营的基本理念下，放水养鱼、一旺百旺，提升旅游者的满意度要注重旅游产业的横向铺开和纵向梯队建设。横向铺开是指旅游产业的涵盖点要广，向自然美景、文化体验和户外消遣的各个维度扩散。纵向的梯队建设是基于马斯洛的需求层次理论，培育从第一个层次的基本生理放松、安全保障的刺激享受、社交空间的释放、知识技能培养到第五个层次的自我实现和发挥个人潜质的旅游产品梯队。

二、定价与需求弹性预测

提高或降低价格的策略，对扩大旅游目的地的市场占有份额、增强旅游目的地竞争力具有重大意义。旅游需求弹性是旅游经济学上衡量旅游价格变动与旅游需求量变动关系的一个重要指标，指的是需求量的变动对价格变动反应的敏感程度。那么，商品的价格与销量的乘积即总收益的变动就可以最终归结为两个因素：价格变动幅度与需求价格弹性的大小这两个因素也会影响总收益与总成本之差，即总盈利。定价与旅游需求弹性预测能够指导市场经济条件下的旅游经营者和主管政府提高经营决策的科学性，使其尽量减少决策的盲目性所造成的损失。定量研究旅游需求量与旅游可支配时间、花销、旅游广告投入、旅游价格等因素间的相关性，构建旅游需求函数模型。预测随着旅游者消费水平的提高，民族村寨旅游的需求量将显著上升，而价格的变化对民族村寨旅游需求的影响较小。保持公道的价格水平，并用措施保障旅游商品零售的大部分收入返回到生产者和社区居民中。

旅游形象不是穿越于真实与虚幻之间的臆造品，而是一个历史现实的存在实体。这个实体必须通过有形的旅游纪念品、有实施进度的推广计划、有人员组织的运营管理、有组合旅游信息的实体咨询服务中心来共同塑造。通过价格来刺激消费，检验价格敏感程度。在民族社区发展旅游，在具有职业服务技能的人手少的整体环境下，如果价格对旅游市场的弹性影响大，则在景区门票的处理上要谨慎。作为交通信息、住宿预订、门票订购、商品选择、打折优惠、咨询服务、科普教育、公益介绍等的重要展示平台，香格里拉镇的食、住、行、游、购、娱的接待服务要有一个支点，将民居接待和购物娱乐设施作为产业发展的重心。门票价格的降低带来旅游者的增多，同时增加民居接待和购物娱乐收入，则经济社会效益好。而在门票价格降低对旅游者人数影响不大的情况下，最好是维持一种高价策略，形成高端品牌形象，保育民族文化与自然生态资源。形象导向的思维模式和消费方式逐渐成为一种生活状态。由于旅游形象的形成过程与生命周期的变化，需要适时调整旅游形象的表现形式。

虽然旅游市场涉及的因素非常复杂，但原则上的问题却十分简单。原始的机制决定着评估价格。市场的一方是想进行旅游消费的顾客，另一方则是能够提供旅游供给的景区和社区。一方清楚自己想要的是景致和服务，而另一方则知道自己能够提供的产品和设施。价格很快就自然产生了。如果旅游市场有淡旺季和行政管制，而景区和社区还未吸引到足够多的旅游客源，那么此时降低价格就是一个选择。相反，如果旅游者蜂拥而至，在"黄金周"期间对旅游景区和社区的自然景观和人文风俗进行集中游览，那么景区就会提高门票、住宿、食品和商品的价格。在这种情形下，无法否认这种定价方式的合理性。因此在景区的开放时间、入场费问题上涉及访问量的限制。

三、科学技术运用

利用 GIS 信息系统、通信、太阳能利用、卫星、物流、网络、远程教育对采集和传播旅游形象的信息进行分布。网络虚拟社区旅游作为网络信息时代的一种旅游组合形式，通过线路景点推荐、交通住宿预定、休闲娱乐建议综合而成，有学生旅游、生态旅游、度假旅游、美食旅游、运动旅游等从低端到高端市场的多元系统，市场触角细长、延伸广阔。通过故事的语言、主题公园营造、高科技运用等虚拟手段，增进旅游者对民族社区的理解，使虚拟和真实难以割裂。

科技始终是推进社会进步的第一生产力。在洛克线探险旅游适应的山地，缺乏项目建设运营投入，要注意吸引高科技的实践，如人工 GPS 运用等。在再造稻城香格里拉旅游形象中，为了达到提高旅游体验的目的，有必要采用一些有效方法：一类是加法，在如旅游客运中心、旅游信息中心等口岸地点，通过影片、物件展示，加强现场实感，提高视、听、嗅觉、触觉等多维感受；另一类是减法，减轻安全负担、增加探险的成功率，在技术上采用如夜视仪、卫星电话、保温电子技术、自动化控制系统、野外露营等应急体系。

四、教育培训与志愿者行动规范

通过教育培训与志愿者行动规范来促进环境保护与生物多样性。在稻城香格里拉开展藏族传统歌舞音乐的文化表演的教育培训。采取课堂讲授和现场指导的方式，指导社区居民应对生产藏族工艺品中出现的情况和问题。按照《甘孜藏族自治州民居接待管理暂行办法》要求，建立行业协会，加强约束与管理，使之规范化，形成旅游产业链。加强民居接待扶持力度，使民居接待成为农牧民增收的有效载体，成为旅游经济增长新的亮点。

将文化旅游放在较大的旅游管理的框架中，满足社区居民和旅游者包括志愿者的特殊需求的活动。在人、地、旅游体系、文化特质交互的过程中，以文化来形成旅游吸引的基础，通过教育培训激发旅游兴趣，如参加节日会展、游览遗址遗迹、学习自然知识、民族文化、民俗、艺术、朝圣等旅游活动。社区主人通过教育培训和旅游者进行沟通，外来游客受到东道主地区、族群或机构的历史、艺术、科学、生活方式等多因素的吸引而产生活动，并投入相应的志愿者行动，受到当地社区的规范约束。

对信息渠道进行梳理，对国家/国际政府旅游调查、休闲旅游调查、国家级旅游研究机构调查、私营企业联合组织资料进行归纳和梳理。完善监督信息，对旅游绩效评估的指标，如人口统计、景区统计、节日事件统计、印刷统计等进行跟踪。强化旅游市场分层研究：以活动为基础的市场分层，如生态旅游、文化旅游、探险旅游；或者以地理为基础的市场分层，如美国边境旅游、亚洲旅游等。

五、治安和食品安全保障

个人安全是驱动旅游选择的重要因素。民族村寨的旅游娱乐环境的保安服务对整体消费的良性增长有重要的稳定作用，由私人个体承担，也有可能获得足够的利益甚至赢利。而旅游形象的稳定良性收益来源于旅游者，满足旅游者方便、快捷、安全、愉悦的基础愿望，才能有效改善民族社区村落或族群的社会生活。

清洁水、防疫、健康、食物安全、营养保健、灾害预警是重要的旅游形象的保障。另外，对民族社区进行经验分析，深度挖掘利用民族村寨传统文化，从观赏体验、健身活动、特色纪念品、养生保健等方面，开发出民族社区系列的活动产品。组织食品和旅游商品展示，其中一些具有参与性环节，旅游者可观看食品或旅游商品制作程序。既符合民族村寨资源的永续利用原则，又能更好地满足旅游市场的多层次开发需要。

贯彻落实条例，狠抓监督管理，净化旅游市场环境。宣传、贯彻、落实新修改颁布的《四川省旅游条例》及其他旅游法规规章，不断推动依法治旅。进一步整顿和规范旅游市场秩序，加强综合执法，采取暗访、明察、举报、曝光等措施，严厉查处超范围经营旅游业务，打击"黑社""黑导"，维护市场竞争秩序；强化旅游合同监管，认真处理旅游投诉，维护旅游消费者和旅游经营者的合法权益；加强旅游安全管理，减少旅游安全事故，重点要建立健全旅游客运管理体制，制定并出台旅游车辆营运管理办法，联合严打无证黑车，维护旅游客运市场秩序，确保游客人身和财产安全。

民族社区生态观念较强，文化自觉意识正在觉醒，山区的旅游发展、社区参与对旅游经济方式（消费数量、消费类型）、旅游环境和文化影响的作用重大。

民族地区很难和城市地区来竞争农业资源和工业产品。旅游对民族社区来说，并非天生带来促进或损坏的影响。更多的学者都认同民族社区对旅游的认可依赖于大量关键的社会政治、经济和环境因素的影响。这种旅游发展和当地所处的政治措施有密切的联系，包括性别、身份地位的分级结构在社区的选择等。社区内涵的这种吸收和恢复变化及损坏的能力，也可以叫作最大承载力。

民族社区可能没有投融资渠道、技术支持或基础设施来发展第一步，在文化局限性上也很难参与管理旅游。在相对孤立的农村和山区的民族社区，旅游的理念既熟悉又陌生，在实践过程中不易把握和操作的细节还有待引导。

交通将边远的山区和城市连接在一起，网络将内陆与外界连接在一起，目前，旅游信息不完备仍然是一大缺憾。仅康定的天气有未来 5 天的天气预报，而稻城只有 2 天内的天气预报。然而稻城却是较目的地中心更远的地域，反而需要更多更详备的信息来弥补信息差，争取客源，获取货源，实现资金的流动。没有旅游预订服务，旅游行为将无法开展，甚至寸步难行。

六、旅游信息咨询中心建设

旅游者的旅游体验选择取决于旅游目的地提供的产品、数量和种类。当民族村寨增加集合博物展览、商品购物、娱乐消费的旗舰式的旅游信息中心时，它将给民族村寨带来新的旅游者，因而给民族村寨的其他旅游吸引物带来网络外部性。美化旅游信息中心的实体建设，完善旅游信息中心的咨询、接待服务功能提高了旅游者的消费体验。因此，吸引更多的旅游者，花费更长的时间，民族村寨的食、住、行、游、购、娱得到更好的组织调度，各旅游吸引物都从中受益。

社区配合旅游经营者和主管政府采取诸多措施保护民族村寨，同时大力开发民族村寨的生态人文旅游资源。作为旅游经营者，一方面着力加大民族村寨旅游的宣传力度，在村寨设置标牌，用来解释生态、人文的奥秘与神秘，呼吁保护大自然和民族文化；另一方面精心组织安排游客参加喜闻乐见的活动，在愉悦中使保护民族村寨的观念得到增强，把民族村寨旅游变成提高保护生态人文意识的大课堂。

大批旅游者来到稻城香格里拉，然后再坐观光车、电瓶车、骑马或徒步进入康古峡谷和三怙主雪山。在最原始的生态天堂里，旅游者返璞归真，与民族社区、大自然进行真正的亲密接触。从原始简陋的丛林小舍到民族社区家庭旅馆，居住条件的改善并没有冲淡原始探险的气氛，而是将民族风俗同舒适现代有机地结合在一起。

在旅游项目上，不仅提供食宿服务，还为游客提供一日游或多日游的森林旅游项目，活动内容丰富多彩，形式多种多样。旅游者有的背着采药背篓，漫步于深山老林之中，观赏稀有植物；有的参观珞巴民族家庭生活，领略原始森林的粗犷风貌；有的骑马徜徉，顺山而行，跋涉在高山河谷之间，饱览两岸参天大树的巍巍风姿；有的则住进奇特的森林旅馆里，抬头可眺望莽林，侧耳可闻鸟鸣猿啼。对于想冒险的游客来说，去攀登仙乃日雪峰、央迈勇雪峰和夏诺多吉雪峰，探访凶猛藏獒等是最刺激的活动。但是旅游信息中心需要提供安全提示，由社区导游陪同讲解。

由于雪山和圣湖景点类型的旅游吸引物，在具备一定规模的餐饮、娱乐、商业集群下，在本来规模较小的香格里拉镇，难以留住更多的客源、延长时间、增加消费。因此旅游信息咨询中心或游人中心作为景区类型的旅游吸引物，其经营理念和旅游活动是本书的研究重点。

1）总体布局的真实和循环

游人中心的布局忠实于民族社区的建筑形态，适当地提炼景区的雪山、湖泊、沼泽地、观景台等，体现出景观层次丰富、质量优越。工作人员男性建议穿肥腰、长袖、大襟、右衽长裙、束腰的藏袍，女性着强烈对比色彩的"邦典"围裙，背景音乐播放藏族山歌。

寻找过去详细的财产清单，按照这份清单上的所列出的生活物资及当时的一些日记，在游人中心生动翔实地还原洛克旅行时代的生活情景。房屋、服饰、农作物、锅碗瓢盆，将时光倒转。

2）接收信息的丰富

游客们可以在进入旅游信息咨询中心的电影院观看关于洛克旅行和稻城香格里拉的情景剧，还能够在此参观一个"亚丁：蓝月山谷的记忆、神话和含义"的静态展览。游客们在每年的十月前来稻城香格里拉，是怀着一种朝圣的心情，破解关于那段历史的传说。除了洛克探险的主题活动之外，地形罗盘是由稻城香格里拉的志愿者居民制作而成的，向游客讲解乡镇的历史以及现状发展。

3）互动内容的经济收益

游人中心要提供住宿、餐饮的联系信息，同时让餐厅按照现代习俗提供各种原汁原味的藏式特色食物，使餐饮具有独特的吸引力。餐厅的体量开阔、景观宜人，除了散客餐饮服务外，可以承接其他多功能的活动，如婚礼、会议、小型时装秀等。另外，工艺品的设计别具匠心。现场生产木艺和陶艺，结合藏族土陶的特色手工艺，对旅游商店的藏族民族的工艺和食品销售进行清晰分区。

（1）复制。为了展示传统文化，文物除了以保护为中心的馆藏标本、真实的展品之外，可以对传统民俗采取就地保护，对无法复原的旅游吸引物进行原作复制、原样保护、还原真实。此举不但有利于旅游者对传统逝去文化功能作用的深刻理解，同时利用旅游的扩散传播，也可协调政府要保护传统遗产所付出的其他财政投入。下一步研究，将深入探讨当旅游策划面对旅游地独一无二较为微弱或深层的品质，要获知旅游地的核心吸引，就不是最初的浏览和听闻就可以体现，必须通过教化、营销和包装及重要的项目配套来进行整合。

（2）游览线路。旅游信息中心是稻城香格里拉乡镇旅游信息的第一站。从车站设立的旅游信息中心到各个景点的售票处、各个餐馆、镇中心的旅游信息中心都可以联系游人中心，配备各种描述手法的地图。进入景区后，也有分类小地图，指示最佳游览线路。有专门的旅游观光线路，具有稳定的班车时间和到站地点，方便旅游者安排组织游览时间。

（3）创新活动。游人中心设计的旅游活动要与民族社区的活动相关，如藏历新年的传统风俗、杜鹃花开的春庆等。并且针对教育功能而设置的特定旅游市场，定期为吸引家庭旅游而组织新颖的少年体育比赛、暑期夏令营、军训等。

（4）信息沟通。在稻城县香格里拉镇的旅游信息咨询中心安排关于甘孜、四川、西藏、云南的背景介绍。这也满足了旅游者了解中国西南腹地的旅游信息的需求。稻城香格里拉的客源首先面对国内市场，再面对国际，但其介绍画册宜针对目标客源市场如英国、美国、意大利、德国、法国、日本等进行高品质的宣传册印发。

游人中心的完善是提高景区接待能力和服务水平的重要保障。建筑风格采用具有典型藏区风格的特色建筑。游人中心的功能是游客接待、景区旅游咨询服务、邮电通信、医疗服务、餐饮休息、住宿、购物，兼具纪念品售卖及其他服务设施。

第三节　香格里拉镇旅游形象再造的效益评估

旅游者总是在寻觅新的潜在旅游目的地。不同地点环境、时间事件背景下，影响旅游形象的因素不同。旅游景区的旅游资源、社区的综合环境和旅游者动机的共同作用形成旅游形象。要在最短时间、最经济的花费代价下，找到影响旅游形象因素的核心变量，提供给目标旅游市场需求的旅游形象。

香格里拉镇旅游形象再造的效益在于能促进社会稳定，带来社会人口繁荣，从中国西部到东部，从东方到西方，从地方到全球，民族社区需要通过现代化达到现实意义的彼岸世界。社区参与民族村寨旅游发展对社会稳定和个体发展都是重要机会，其中最重要的就是经济发展。但同时需要避免通货膨胀，解决货币兑换、补偿机制、物价稳定等问题，以保障经济发展的速度与效率。

一、经济效益

（一）经济收入

旅游包含食、住、行、游、购、娱六大要素，产业关联度高，存在"一荣俱荣、一损俱损"的特性，因此需要上级主管部门的资金投入和扶持力度。

稻城县2004年实现接待旅游人数13万人次，旅游总收入9000万元，门票收入达432万元。2005年实现接待旅游人数20万人次，旅游总收入9300万元，门票收入达652万元。2006年实现接待旅游人数23万人次，旅游总收入1.5亿元，门票收入达 800 万元。三年共接待游客 56 万人次，实现旅游总收入 3.33 亿元；平均每年实现接待游客 18.6 万人次，旅游收入 1.11 亿元，门票收入 628 万元。2007 年实现接待游客 6.98 万人次，实现旅游总收入 2406.25 万元，门票收入 93 万元。稻城县旅游收入（含人数、门票、总收入）如图 7.2 所示。

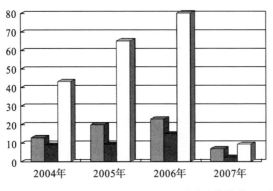

图 7.2　稻城县旅游收入图

在民族社区的经济收益方面，香格里拉镇的游客规模预测结合亚丁自然保护区和稻城县的游客规模，除了景区旅游门票收入之外，还为农业、建筑业等提供了巨大的市场，而且还可带动和促进金融保险业、交通运输业、邮电通信业、文化出版业及其他商贸行业的发展。根据世界旅游组织测算，旅游业每直接收入 1 元，会给国民经济相关行业带来 4.3 元的增值效益。

同时，旅游形象再造是可识别的系统工程，需要大量劳动力，为民族社区的富余劳动力拓宽就业机会，有利于推动地方的产业、产品结构调整，促进第三产业的发展。

（二）资金筹措

主管政府对旅游民居建设资金短缺问题采取集中可用资金的办法，金融部门应当对旅游民居建设积极予以信贷支持，财政部门对贷款应给予贴息，充分调动全民兴办旅游民居接待的积极性，鼓励开展公司化经营。

政府全面控制非竞争性垄断资源（如温泉、索道、车公司等），并集中其他优势资产，建立统一的旅游开发投融资平台和稳定的投入机制，缓解旅游开发投入不足的矛盾。采用合适的担保方式，包括门票、观光车票、索道、电瓶车票收益权质押及存量土地质押的方式取得银行贷款用于项目建设，确保项目顺利实施。

民族社区多处于偏远区域，在旅游经济发展中，促进地区经济的合理布局和协调发展是始终需要坚持的基本原则。优先安排基础设施和资源开发项目，逐步实行规范的财政转移支付制度，鼓励国内外投资者到中西部投资。进一步发展东部地区同中西部地区多种形式的联合和合作。更加重视和积极帮助少数民族地区发展经济。从多方面努力，逐步缩小地区发展差距。

以项目为核心，加大招商引资力度，优化调整产品结构。以招商引资项目为载体，以保护、开发为原则，以开发建设景区、宾馆酒店等为重点，做到不断优化资源配置、完善产品结构、缩短季节差异、促进旅游产业发展。

二、社会环境效益

(一)人员培训

民族社区的旅游形象直接体现其社区本身和旅游者的满意度。民族社区立足中国大西南的地理位置，以亲善友好、平等互利的原则，促进人员、资金、物资和信息的快速流通，形成无障碍通道，有利于旅游形象的扬长避短和旅游经济的共同繁荣。人才、科技、教育、文化是重要的突破特殊地理位置和资源禀赋的核心要素。根据旅游行业统计，每万名旅游者所需从事旅游服务人员或间接从事旅游服务人员为300~500人。民族社区的旅游形象不单是民族社区个体的人员参与，还涉及从客源地到目的地的系列地域工作人员。旅游形象的再造可促进旅游发展，也可提供更多就业机会。在旅游人才培训中，结合该地旅游形象的内容，对分管旅游工作的领导干部、旅游行政管理部门人员、旅游执法人员、旅游教育师资、旅游从业人员等进行专题培训。

由于香格里拉乡对旅游人才的需求量增加，提出香格里拉镇社区从业人员，宾馆、饭店从业人员的需求规模和配置。

教育培训分为两个体系。首先是面向旅游者的培训。在洛克线探险旅游中，要注意加强对探险者的环境教育，开展防火、防止污染的培训，使景区能够可持续发展。开展探险学校、夏令营、冬令营，为探险爱好者或青年学生进行集中培训，类似拓展训练，主要培养学员的求生、应变、合作能力及智力反应。其次是面向旅游服务者的教育。探险旅游带来的刺激是最大的旅游动机，然而旅游者本质上仍然期待"有惊无险"，难以征服但并非不能征服的旅游体验与极度愉悦。由于洛克线的神秘和危险指数较高，对旅游者进行完备的安保、救援、供给工作，确保以人为本，搞好人才培训，是保障探险旅游经济健康发展的首要工作。

教育和培训是控制探险旅游危险因素的重要手段。而且随着洛克线的营销，境外和国内游客的增加，对甘孜藏族自治州和凉山彝族自治州当地旅游向导的服务有很高的要求。如果旅游组织不成规模，信息无法沟通，有可能带来重大危机隐患。

对甘孜藏族自治州和凉山彝族自治州当地从事探险旅游服务、旅游管理、旅游营销的专业人才进行培养，使他们具备康定市、理塘县、巴塘县、稻城县、巴塘县、磨西镇、盐源县、木里藏族自治县等地的知识背景，对应急预案有深刻认识，具备野外生存经验，同时熟悉来自先进区域的旅游营销经验。

实施"人才兴旅"计划，加强人才培养与管理，建设才智支撑体系。制定旅游人才培养计划，建立和健全旅游人才库，完善旅游就业机制，重点抓好旅游企业中高级管理人员和高素质导游人员的培养。组织旅行社、星级宾馆管理人员参加省、州两级中高层管理人员业务培训，不断提高经营管理的能力和水平，推进职业人才建设。

(二)环境效益

利用 1972 年威廉诺德豪斯和诺贝尔经济学奖获得者詹姆斯托宾提出的净经济福利指标。整体活动产出效益应该在 GDP 的基础上扣减破坏景观、噪声排放等经济行为所产生的社会成本，同时加上一直被忽略的社会慈善、保育动植物、修建垃圾处理等公用设施等经济活动所带来的社会收益，共同组成整体经济收益。通过保护和增加森林植被，改善和保护次区域生态环境，可加强民族社区的水源涵养功能，减少水土流失，实现可持续发展。同时，改善风景环境，保持生态平衡，以形成香格里拉镇的天然生态环境，产生显著的生态效益。

第八章　结　　语

第一节　两种发展观

旅游发展已经不是单项利益事业，而是与地方相关联的产业链。民族社区的旅游形象作为一种重要的休闲识别和学术研究领域，已经引起众多关注。本书对民族社区的旅游形象的主要研究集中在旅游活动中，利用旅游形象的识别和再造将民族资产转化为旅游产品的规律，以及由此产生的互动和互惠的关系，通过将旅游人类学的主客理论、旅游经济学的推拉理论、消费心理学的知觉理论与田野调查经历、旅游项目规划的实践相结合，研究了民族社区的旅游形象识别和再造问题，对保护与发展生态环境、提高民族社区旅游业的社会效益和经济收益提供了建议指导。

旅游形象体现于旅游景区发展与旅游社区发展产出的综合产品服务。识别和再造旅游形象要研究民族社区的物质与非物质文化遗产的基本内容，探索旅游市场营销管理实践的规律。在民族社区的文化旅游管理过程中应该着重把握对旅游形象的市场营销、民族文化展示和形象展示的评估审核。

民族社区旅游形象的再造是政府和企业合作和协调的运作结果。旅游运营商发现一个民族社区目的地可以作为旅游目的地发展，并且修建相配套的酒店、餐饮和娱乐设施，受到政府在税收、投资政策等方面的支持，可带来社会就业和地区产业的收益。政府推出广告、宣传节庆、举办会展和出版相关刊物，扩大旅游形象的影响力。民族社区旅游形象的再造有两种发展观，一是以旅游景区市场为驱动，二是以民族社区供给为关键。

（1）旅游形象的景区发展之路：稻城亚丁景区改善旅游设施，做高品位的特种旅游活动。旅游景区的资源类型对旅游形象的识别起到了主要的决定作用。丰富香格里拉的形象展示，既有历史宗教的识别系统，又有地貌生态的识别系统，既可以是静态的展示，也可以在开放场地设置图解、立体声等。依托景区景点所在的环境特征，针对旅游基础设施发展和旅游市场需求进行旅游形象再造。

（2）旅游形象的社区发展之路：香格里拉镇民族社区改善接待设施，做特色的民族接待服务。在了解景区旅游市场旅游者的人口统计特征、客源地理分布特征、旅游动机等方面信息的基础上，旅游形象再造的重点是将旅游者的需求落实到社区消费，比如解决交通条件、增加旅游线路产品和信息通达度、提供科学技术支持、开展教育培训规范与志愿者行动、规范治安和食品、建设完善旅游信息咨询中心等。

景区的旅游资源也是民族社区的生活资源，民族社区的居民对其有着天然深刻的感情联系，对于管理和共享民族社区的旅游形象有实际发言权。但是为了实现景区和社区的可持续发展，旅游政策制定者和经营者还面临着筹集资金的现实问题。本书提出的旅游形象自我识别和再造措施最终是为了民族社区居民和旅游者能够参与到旅游经济发展之中而不是被排除在外，减少群体内部和群体之间的紧张关系。

景区和社区对旅游形象的影响存在着稳定性和流动性、封闭和开放、内部和外部的对立关系。在对旅游形象的识别与再造中，无论是景区还是社区都不能孤立地存在。它们所承担的职责呈互补关系，一方的存在就意味着另一方的存在，双方都是对方必要的互补面。这种互补也意味着对立，或者说是内在张力，旅游自身就带着一种根本的矛盾特征。景区旅游要从浅表发展为深度探险、集休闲娱乐和民族特色于一体，本书探讨的稻城香格里拉式的民族社区的旅游形象识别和再造所遵循的是一种完全属于自己的道路，而且作者倾向于认为，民族社区的旅游形象既不完全是景区的，也不全然是社区的，而是相互围合的效应。

第二节　落点与展望

旅游活动是一种经济文化和社会活动。旅游形象不是一种静止的现象，景区和社区的识别影响会使得旅游形象发生巨大的变化。旅游形象的重要性和价值并非在于自我识别，而是在于宣传和培育旅游形象自我识别的同时，利用自我识别为旅游者创造具有实际意义的他者需求体验。主要涉及旅游者、社区居民、当地政府主管部门、旅游运营商等利益相关者。旅游形象随着旅游者在景区和社区的移动而发生空间尺度的变迁，主体的经验背景和感知产生变化，实际上会产生不同于自我的他者意象，形成和自我认同相对立的视角。

依托景区和社区的基础设施和配套服务，将民族社区的旅游形象的再造问题以人类学主客视角的转换在经济学中体现为供给和需求。对于民族社区和旅游市场来说，最佳的落点在于保持可持续发展的经济和环境收益。通过垄断经营兼顾满意度，通过高水平定价调节需求弹性，吸引大众旅游消费，同时稻城香格里拉在保护开发民族社区的原真朴实的同时，需要接近旅游者数量的平衡点。

由于景区直接支撑旅游形象，是旅游者识别旅游形象的基础，而社区对旅游形象的再造有巨大推力。只有社区和景区双重吸引，才能争取更多、更有效的旅游目标市场消费，延续文化遗产，增加旅游产业的经济附加值。本书从景区和社区出发，提出了民族社区旅游形象识别和再造的指导措施，涉及旅游发展对民族社区的影响、旅游者的识别、民族社区的认同、旅游形象的优先要素、再造民族社区形象战略决策。然后提出了完善民族社区的基础设施,如打造交通项目和环境治理项目,开发适宜民族社区参与的旅游活动,推广探险、特种、季节、包价等旅游产品和旅游线路,突显了民族社区作为旅游中转站的综合功能。本书最终提出了运用民族社区的传统经验和旅游景区的消费市场进行旅游形象再造的措施,以实现民族社区旅游形象的可持续发展。

在日益激烈的旅游市场竞争中,宜把社区公共群体的回应融入旅游市场发展的规划、实施和评价之中。识别和再造出最恰当的旅游形象定位,以争取目标旅游市场最大化。景区直接支撑旅游形象,是旅游者识别旅游形象的基础,而社区对旅游形象的再造有巨大推力。只有社区和景区双重吸引,才能争取更多、更有效的旅游目标市场消费,延续文化遗产,增加旅游产业的经济附加值。

景区和社区共同面对旅游者,提升外围旅游形象。突出重点客源市场,加强宣传促销攻势,深度拓展市场空间。以大力发展国内旅游市场,积极发展海外旅游市场为市场营销开发战略,突出重点,加大力度,开拓市场。要巩固川、滇、渝的市场成果,加大在珠三角、长三角重点客源城市开展新一轮的宣传促销系列活动,继续抓好我国港澳地区及东南亚国家和欧美国家的游客的宣传促销攻势。

民族社区的旅游形象在将来会成为旅游经济持续增长的着力点。越来越多的民族社区通过改善基础设施等争取旅游市场,而且中国西部的民族社区的增加以及现有旅游形象的进一步细分和再造使旅游形象的文化呈多元趋势,也使得民族社区居民获得公众关注,传统的、历史的民族社区旅游形象被提炼出来吸引旅游者,同时增强了民族社区的自我认同和文化延续。

今后在对民族社区旅游形象的研究中,要对景区体制管理问题进行探讨,由于稻城香格里拉亚丁景区内还有5个村,居民调控也成问题。香格里拉镇实行的交叉管理和平行管理,既有景区、自然保护区的区域管理,又有乡政府、县政府、州政府、省政府的属地管理,同时要适应市场机制,景区的经营管理由股份制经营公司进行运作,然而股份制经营公司自身也涉及合并、收购和再融资、抗风险等多种问题。景区也面临着单位和部门之间的职能职责关系及体制不顺等问题。由于旅游资源是社会公共资源,分属不同部门、不同行业监督管理,旅游执法的权责待明晰。加之旅游法律法规尚不完善,导致旅游行政主管部门的客观监管缺位。

本书论述的是民族社区的旅游形象的识别与再造问题,采用了旅游人类学、计量经济学和消费心理学相结合的“三维角度”的旅游形象设计和民族社区旅游形象识别与再造的“五要素结构模型”以及“景区+社区+市场”三要素的整体思路和具体案例,探讨了构成民族社区旅游形象的诸多方面,重点是描述和解释。今后还需要在民族社区的旅游形象再造的规模、管理、意义等方面进行深度探讨,可采用社会控制比较方法处理旅游经济漏损、地方权利构架、社会经济不等差距等变量，对民族社区和旅游市场的反应进行细化分析。还可采用最大似然参数等方法，进行预计因果关系模式的统计，探测优先要素的效能，这将成为今后旅游形象研究工作的方向。

附录：调查问卷

问卷编号：

民族社区和旅游形象的识别、再造问卷调查

您好！首先感谢您在百忙之中抽空填写这份问卷。这是一个有关旅游形象的研究，目的是探讨一个民族社区的旅游形象成功的关键因素。

此问卷由 50 个问题组成，预计将花费您 10 分钟时间。本研究是匿名性质，您的宝贵意见将仅用于本研究分析，问卷内容绝对保密，敬请安心作答。

非常希望能获得您的帮助，使我们的研究可以顺利完成。

类别	序号	调查内容	回答	备注
旅游形象	1	我认为通过媒体是最能让游客了解香格里拉的一种方式	① ② ③ ④ ⑤	请在左边列表中勾选你的回答：①表示"很不同意"；②表示"不同意"；③表示"一般"；④表示"同意"；⑤表示"很同意"
	2	我认为自然景色最能体现香格里拉的特色	① ② ③ ④ ⑤	
	3	我认为民族活动能让游客感受到香格里拉的民俗风情	① ② ③ ④ ⑤	
	4	我认为民族商品最能体现香格里拉的文化特色	① ② ③ ④ ⑤	
旅游发展	1	旅游需要交通条件得到改善	① ② ③ ④ ⑤	请在左边列表中勾选你的回答：①表示"很不需要"；②表示"不需要"；③表示"无所谓"；④表示"需要"；⑤表示"很需要"
	2	旅游需要住宿条件得到改善	① ② ③ ④ ⑤	
	3	旅游需要餐饮条件得到改善	① ② ③ ④ ⑤	
	4	旅游需要购物条件得到改善	① ② ③ ④ ⑤	

续表

类别	序号	调查内容	回答					备注
市场识别	1	我喜欢有关香格里拉的歌曲	①	②	③	④	⑤	请在左边列表中勾选你的回答： ①表示"很不喜欢"； ②表示"不喜欢"； ③表示"一般"； ④表示"喜欢"； ⑤表示"很喜欢"
	2	我喜欢有关香格里拉的舞蹈	①	②	③	④	⑤	
	3	我喜欢有关香格里拉的电影	①	②	③	④	⑤	
	4	我喜欢有关香格里拉的文学	①	②	③	④	⑤	
社区识别	1	社区形象的塑造需要更多从事旅游工作人员的参与	①	②	③	④	⑤	请在左边列表中勾选你的回答： ①表示"很不同意"； ②表示"不同意"； ③表示"一般"； ④表示"同意"； ⑤表示"很同意"
	2	提供旅游信息网络资讯是提升社区形象的有效措施之一	①	②	③	④	⑤	
	3	提供更多休闲娱乐方式给社区居民是提升社区形象的有效措施之一	①	②	③	④	⑤	
	4	改善社区清洁环境是提升社区形象的有效措施之一	①	②	③	④	⑤	
旅游形象再造	1	打造新的旅游形象需要政府推动	①	②	③	④	⑤	请在左边列表中勾选你的回答： ①表示"很不需要"； ②表示"不需要"； ③表示"无所谓"； ④表示"需要"； ⑤表示"很需要"
	2	打造新的旅游形象需要企业推动	①	②	③	④	⑤	
	3	打造新的旅游形象需要旅游者互动	①	②	③	④	⑤	
	4	打造新的旅游形象需要社区居民参与	①	②	③	④	⑤	

受访者个人信息

1. 您是哪里人：
2. 您的性别：(1)男　　(2)女
3. 您的年龄：(1)18 岁以下　　(2)19－30 岁　　(3)30－60 岁
　　　　　　(4)60 岁以上
4. 您的民族：(1)汉族　　(2)藏族　　(3)彝族　　(4)回族
　　　　　　(5)羌族　　(6)＿＿＿族
5. 婚姻状况：(1)未婚/单身　　(2)已婚无子女　　(3)已婚有子女
　　　　　　(4)离异
6. 教育程度：(1)小学毕业　　(2)初中毕业　　(3)高中/中专/技职校
　　　　　　(4)大专/本科　　(5)本科以上
7. 您的税前月收入：(1)少于 500 元　　(2)500－1000 元
　　　　　　　　　(3)1000－5000 元　　(4)5000－10000 元
　　　　　　　　　(5)10000 元以上

8. 您工作的类型：

1 政府部门	2 农业	3 牧业	4 林业	5 私营事业
6 交通部门	7 酒店旅馆	8 餐饮部门	9 教育部门	10 旅 行 社
11 旅游规划公司	12 会展组织	13 景区	14 医疗部门	15 其他

索　引